Frithjof Schuon · Den Islam verstehen

Frithjof Schuon

Den Islam verstehen

Eine Einführung
in die innere Lehre und
die mystische Erfahrung
einer Weltreligion

Otto Wilhelm Barth Verlag

1. Auflage 1988
Einzig berechtigte Übersetzung aus dem Französischen
von Irene Hoening in Gemeinschaft mit Harald von Meyenburg.
Titel des Originals: «Comprendre l'Islam».

Schutzumschlag von Manfred Waller unter Verwendung
eines Photos von Transglobe.

Inhalt

Gott ist das Licht des Himmels und der Erde.
Koran

Das erste, was Gott schuf, war der Intellekt.
Der Prophet

Gott gab seinen Dienern nichts, das höher zu schätzen wäre als das Erkenntnisvermögen.
Ali

Vorwort

Wie es der Titel des vorliegenden Buches anzeigt, ist es weniger unsere Absicht, den Islam darzustellen, als klarzulegen, warum die Muslime daran glauben; daher können gewisse Grundkenntnisse der islamischen Religion zum Verständnis der folgenden Seiten von Nutzen sein.

Was wir – in diesem Buch wie in den vorausgehenden – letzten Endes im Auge haben, ist die *Scientia sacra* oder die *Philosophia perennis,* die allheitliche Weisheit, die immer war und immer sein wird. Wenige Gespräche sind so nutzlos wie die üblichen Klagen über die niemals befriedigenden «Erforschungen des menschlichen Geistes»; in Wirklichkeit ist alles bereits gesagt, nur ist bei weitem nicht alles von jedermann verstanden worden. Es kann sich also nicht darum handeln, «neue Wahrheiten» zum Ausdruck zu bringen; dagegen kann es in unserer Zeit – wie überhaupt in jeder Zeit, die sich von den Ursprüngen abwendet – notwendig werden, einigen Menschen neugestaltete Schlüssel bereitzustellen – differenzierter und reflektierter als die alten, aber nicht besser –, um ihnen zu helfen, Wahrheiten wiederzuentdecken, die dem Wesenskern des Geistes mit unvergänglichen Lettern eingeprägt sind.

So wenig wie in meinen früheren Werken haben wir uns in diesem Buch einem engen Programm unterworfen; man wird daher in den folgenden Seiten einige Abschweifungen finden, die über den gesetzten Rahmen hinauszugehen scheinen, die wir in ihrem Kontext jedoch für unerläßlich hielten. Die Daseinsberechtigung von Aussagen oder Formen ist die

Wahrheit, nicht umgekehrt. Die Wahrheit ist zugleich eine und ohne Zahl, daher die in sich vollkommen homogene Vielfalt ihrer Sprache.

Dieses Buch wendet sich, was Sprache und Dialektik angeht, in erster Linie an westliche Leser, doch zweifeln wir nicht, daß auch morgenländische Leser mit westlicher Erziehung – die vielleicht die Begründetheit des Glaubens an Gott und die Überlieferung aus dem Auge verloren haben – ihren Nutzen davon haben könnten und jedenfalls verstehen, daß die Überlieferung keine kindliche und veraltete Mythologie ist, sondern eine äußerst wirkliche Lehre.

1 Der Islam

Der Islam ist die Verbindung zwischen Gott als solchem und dem Menschen als solchem.

Gott als solcher, das heißt, nicht insofern betrachtet, als er sich zu einer bestimmten Zeit auf eine bestimmte Weise manifestiert hat, sondern ganz unabhängig von der Geschichte – insofern, als er ist, was er ist, also insofern, als er kraft seines Wesens schöpft und offenbart.

Der Mensch als solcher, das heißt, nicht als gefallenes Geschöpf betrachtet, das eines erlösenden Wunders bedarf, sondern als gottförmiges (theomorphes) Geschöpf, das mit einer Intelligenz begabt ist, die das Absolute zu erkennen vermag, und mit einem Willen, der fähig ist, zu wählen, was dahin führt.

«Gott» zu sagen heißt, «sein», «schöpfen», «offenbaren» zu sagen oder – mit anderen Worten – «Wirklichkeit», «Manifestation (Kundgebung)», «Einung»; und «Mensch» zu sagen heißt, «Gottförmigkeit» zu sagen, «transzendentes Erkenntnisvermögen» (*intelligence transcendante*[1]), «freier Wille». Dies sind unseres Erachtens die Voraussetzungen der islamischen Sehweise, welche ihr ganzes Vorgehen erklären, und die nicht aus den Augen gelassen werden dürfen, wenn man irgendeinen Aspekt des Islam verstehen will.

Der Mensch erweist sich also von vornherein als ein zweifaches Gefäß, das für das Absolute geschaffen ist; der Islam füllt es – zuerst mit der Wahrheit des Absoluten und in der

1 «Intelligenz» im folgenden in diesem Sinne gebraucht (Anm. d. Übers.).

Folge mit dem Gesetz des Absoluten. Somit ist der Islam wesentlich eine Wahrheit und ein Gesetz – oder die Wahrheit und das Gesetz –, wobei erstere das Erkenntnisvermögen und letzteres den Willen anspricht. Auf diese Weise will er sowohl die Unsicherheit als auch die Unschlüssigkeit beseitigen, vor allem aber den Irrtum und die Sünde: den Irrtum, daß es das Absolute nicht gebe oder daß es bedingt sei oder daß es zwei Absolutheiten gebe oder daß das Bedingte absolut sei; die Sünde versetzt diese Irrtümer auf die Ebene des Wollens oder des Tuns.[1]

Der Begriff der Vorherbestimmung, der im Islam so stark hervortritt, setzt den Begriff der Freiheit nicht außer Kraft. Der Mensch ist der Vorherbestimmung unterworfen, denn er ist nicht Gott, aber er ist frei, denn er ist «nach dem Bilde Gottes geschaffen». Gott allein ist unbedingte Freiheit, aber die menschliche Freiheit ist trotz ihrer Bedingtheit – im Sinne des «relativ Absoluten» – dennoch nichts anderes als die Freiheit, so wie ein schwaches Licht nichts anderes ist als Licht. Die Vorherbestimmung zu leugnen liefe darauf hinaus, zu behaupten, Gott wisse die Ereignisse nicht «im voraus», er sei also nicht allwissend, was nicht sein kann.

Kurz, der Islam stellt das, was an Gott unwandelbar ist, dem gegenüber, was am Menschen beständig ist. Im Christentum ist der Mensch *a priori* Wille, genauer, verderbter Wille; das Erkenntnisvermögen, das natürlich nicht geleugnet wird, wird nur als ein Aspekt des Willens in Betracht gezogen. Der Mensch, das ist der Wille, und dieser ist beim Menschen Intelligenz; wenn der Wille verderbt ist, ist es zugleich auch die Intelligenz, in dem Sinne, daß diese jenen in keiner Weise zurechtrichten kann; folglich bedarf es eines göttlichen Eingreifens: des Sakraments. Im Islam, wo der Mensch Erkenntnisvermögen ist und wo dieses «über» dem

1 Diese beiden Lehren, die Lehre vom Absoluten und die Lehre vom Menschen, sind in den beiden Glaubensbezeugungen des Islam enthalten, deren erste Gott und deren zweite den Propheten bezeugt.

Willen steht, ist es der Inhalt oder die Ausrichtung der Intelligenz, welche sakramentale Wirksamkeit besitzen: Jeder, der anerkennt, daß das transzendente Absolute allein absolut und transzendent ist, und die willensmäßigen Folgerungen daraus zieht, ist gerettet. Die Bezeugung des Glaubens – die Shahâdah – bestimmt die Intelligenz, und das Gesetz des Islam – die Sharî'a – bestimmt den Willen; in der Esoterik – der Tarîqah – gibt es die der Einweihung zugehörigen Gnadengaben, welche die Bedeutung von «Schlüsseln» haben und unsere «übernatürliche Natur» nur wecken. Um es zu wiederholen: Unser Heil, seine Beschaffenheit und sein Verlauf sind durch unsere Gottförmigkeit im voraus angelegt: Da wir transzendentes Erkenntnisvermögen und freier Wille sind, sind es dieses Erkenntnisvermögen und dieser Wille oder das «natürlicherweise Übernatürliche» und die Freiheit, welche uns retten werden. Gott füllt nur die Schalen aufs neue, die der Mensch entleert, aber nicht zerstört hatte; es steht nicht in der Macht des Menschen, sie zu zerstören.

Ebenso ist allein der Mensch mit Sprache begabt, denn er allein von allen Geschöpfen der Erde ist unmittelbar und vollständig «nach dem Bilde Gottes geschaffen». Wenn nun diese Gottförmigkeit dank eines göttlichen Anstoßes das Heil oder die Befreiung bewirkt, so wird das Wort in gleicher Weise daran Anteil haben wie das Erkenntnisvermögen und der Wille. Tatsächlich werden diese letzteren durch das Gebet zur Entfaltung gebracht, das zugleich göttliches und menschliches Wort ist, wobei das betende Tun[1] auf den Willen und der Inhalt auf die Intelligenz zurückgehen; das Wort ist gleichsam der unstoffliche und dennoch sinnlich wahrnehmbare Körper unseres Wollens und unseres Verstehens. Im Islam ist nichts wichtiger als das vorschriftsmäßige, auf

1 Das Wort wird nicht notwendig geäußert, denn auch der formulierte Gedanke ist abhängig von der Sprache.

die Kaaba hin gerichtete Gebet (*çalât*) und die zum Herzen gerichtete «Anrufung Gottes» (*dhikru 'Llâh*); das Wort des Sufi hallt wider im allheitlichen Gebet der Menschheit und selbst im oft unausgesprochenen Gebet aller Lebewesen.

Das Neue am Islam liegt nicht in der Entdeckung der rettenden Rolle der Erkenntnis, des Willens und des Wortes – die versteht sich von selbst und ist jeder Religion bekannt –, sondern darin, sie im Bereich des semitischen Monotheismus zum Ausgangspunkt einer Heils- und Befreiungslehre gemacht zu haben. Die Erkenntnis geht in ihrem heilbringenden Inhalt auf, sie ist nichts anderes als die Erkenntnis der Einheit – oder des Absoluten – und der Abhängigkeit aller Dinge von dem Einen; ebenso ist der Wille, al-Islâm, die Unterwerfung unter das, was Gott, das Absolute, will – in bezug auf unser irdisches Dasein und unsere geistige Möglichkeit einerseits und in bezug auf den Menschen als solchen und den Menschen als Kollektiv andererseits. Das Wort ist die Verbindung mit Gott, es ist wesentlich Gebet und Anrufung. So gesehen, erinnert der Islam den Menschen weniger an das, was er wissen, tun und sagen soll, als an das, was dem Begriffe nach die Intelligenz, der Wille und das Wort sind: Die Offenbarung fügt keine neuen Grundbestandteile hinzu, sondern sie enthüllt die innerste Natur des empfangenden Gefäßes.

Wir könnten es auch folgendermaßen ausdrücken: Wenn sich der Mensch, der nach dem Bilde Gottes gemacht ist, von den anderen Geschöpfen durch seine transzendente Intelligenz, den freien Willen und die Gabe der Sprache unterscheidet, dann ist der Islam, wenn man der Ordnung der drei gottförmigen Fähigkeiten folgt, die Religion der Gewißheit, der Ausgewogenheit und des Gebetes. Damit kommen wir zurück auf die Dreiheit der islamischen Überlieferung: al-Imân (der «Glaube»), al-Islâm (das «Gesetz», wörtlich: Gehorsam) und al-Ihsân (der «Weg», wörtlich: die Tugend). Das wesentliche Mittel des letzteren ist das «Gedenken an Gott», wirksam gemacht durch das Wort auf der Grundlage der beiden ersten Teile. Al-Imân ist die Glaubensgewißheit vom Absoluten und – vom metaphysischen Gesichtspunkt aus, um den es uns hier geht – von der Abhängigkeit aller Dinge vom Absoluten. Al-Islâm – und der Prophet, insofern, als er den Islam verkörpert – ist eine Ausgewogenheit kraft des Absoluten und im Hinblick darauf. Al-Ihsân (die heiligende Tugend) schließlich führt durch die Wirkkraft des heiligen Wortes – insofern dieses Träger sowohl des Verstandes als auch des Willens ist – die beiden vorausgehenden Grundhaltungen ihrem wesentlichen Gehalt zu. Diese Rolle unserer Aspekte von Gottförmigkeit in dem, was wir den fundamentalen und «vortheologischen» Islam nennen können, ist um so bemerkenswerter, als die islamische Lehre, welche die Transzendenz Gottes und den unermeßlichen Abstand zwischen Ihm und uns ablehnt, die zugunsten des Menschen geschaffenen Analogien zuwider sind; dem Islam liegt es also fern, sich ausdrücklich und allgemein auf unsere Gottebenbildlichkeit zu stützen, obwohl der Koran sie bezeugt, indem er von Adam sagt: «Wenn Ich ihn zur Vollkommenheit geschaffen und ihm von Meinem Geistodem (*min Rûhî*) eingeblasen habe, fallt vor ihm nieder» (XV,29 u. XXXVIII,72), und obwohl der Anthropomorphismus Gottes im Koran den Theomorphismus des Menschen notwendig zur Folge hat.

*

Die islamische Lehre läßt sich in zwei Aussagen fassen: «Es gibt keine Gottheit (oder Wirklichkeit oder Absolutes) außer Gott (der Wirklichkeit, dem Absoluten) allein» (*Lâ ilaha illâ 'Llâh*), und «Mohammed (der Verherrlichte, Vollkommene) ist der Gesandte (der Künder, der Mittler, die Manifestation, das Sinnbild) der Gottheit» (*Muhammadun Rasûlu 'Llâh*); das sind die erste und die zweite «Glaubensbezeugung» (*shahâdah*).

Wir stehen hier zwei Behauptungen, zwei Gewißheiten,

zwei Wirklichkeitsebenen gegenüber: dem Absoluten und dem Relativen, der Ursache und der Wirkung, Gott und der Welt. Der Islam ist die Religion der Gewißheit und der Ausgewogenheit, so wie das Christentum die Religion der Liebe und des Opfers ist; wir sind der Auffassung, daß keine der Religionen einen Alleinanspruch hat, sondern daß sie den einen oder den andern Aspekt der Wahrheit stärker betonen. Der Islam will die Gewißheit einpflanzen – sein nach Einheit strebender Glaube stellt sich als etwas unmittelbar Einleuchtendes dar, ohne jedoch auf das Geheimnis zu verzichten[1] –, und er gründet sich auf zwei Gewißheiten, die keines Beweises bedürfen. Die eine betrifft die göttliche Ursache, welche zugleich Sein und Über-Sein ist, und die andere die formhafte und überförmliche Manifestation: Es handelt sich also einerseits um «Gott» und die «Gottheit» – im Sinne Meister Eckharts – und andererseits um die «Erde» und den «Himmel». Die erste der beiden Gewißheiten ist die, «daß allein Gott ist»; und die zweite, daß «alle Dinge von Gott abhängen».[2] Mit anderen Worten: «Es gibt keine absolute Gewißheit außerhalb des Absoluten»; ferner, im Lichte dieser Wahrheit: «Alles Manifeste – also alles Relative – ist an das Absolute gebunden.» Die Welt ist mit Gott verbunden – oder das Relative mit dem Absoluten – durch das Doppelband von Ursache und Zweck: Somit drückt das Wort «Gesandter» (Prophet) in der zweiten Shahâdah zunächst einen ursächlichen Zusammenhang und sodann eine

1 Das Geheimnis ist gleichsam die innere Unendlichkeit der Gewißheit; diese vermag jenes nicht auszuschöpfen.

2 Diese beiden Verhältnisse finden sich auch in folgendem Ausspruch des Korans ausgedrückt: «Wahrlich, wir gehören Gott (*innâ lil Lâhi*), und wahrlich, wir kehren zu Ihm zurück (*wa-innâ ilayhi râji'ûn*). Die Basmalah – die Formel «Im Namen Gottes des unendlich Guten, des immer Barmherzigen» (*Bismi 'Llâhi 'Rrahmânî 'Rrahîm*) – drückt ebenso die Abhängigkeit aller Dinge von der göttlichen Ursache aus.

Zweckbestimmtheit aus, wobei ersterer insonderheit die Welt und letztere den Menschen betrifft.[1]

Alle metaphysischen Wahrheiten sind in dem ersten Verhältnis enthalten und alle auf das Jenseits ausgerichteten im zweiten. Wir könnten aber auch noch hinzufügen: Die erste Shahâdah ist die Formel der Unterscheidung oder der «Bezeugung der göttlichen Unfaßbarkeit» (*tanzîh*) und die zweite die der Wiederherstellung oder der Bezeugung der Sinnbildlichkeit (*tashbîh*). Das Wort «Gottheit» (*ilah*) in der ersten Shahâdah – hier im gewöhnlichen und geläufigen Sinne verstanden – verweist auf die Welt, insofern sie unwirklich ist, denn Gott allein ist wirklich, und die zweite Shahâdah auf die Welt, insofern sie wirklich ist, weil nichts außerhalb Gottes bestehen kann; in bestimmten Hinsichten ist alles Er. Die erste Shahâdah zu verwirklichen heißt vor allem,[2] vollständig dessen bewußt zu werden, daß die göttliche Ursache allein wirklich ist und daß die Welt, wenngleich sie auf ihrer Ebene «existiert», «nicht ist»; das bedeutet somit, in einem gewissen Sinne, die allheitliche Leere zu verwirklichen. Die zweite Shahâdah zu verwirklichen heißt vor allem,[3] vollständig dessen eingedenk zu werden, daß die Welt – das Manifeste – «nichts anderes ist» als Gott oder die göttliche Ursache, denn «in dem Maße», in dem sie Wirk-

1 Oder auch: Die Ursache oder der Ursprung ist in dem Wort Rasûl («Gesandter») und die Zweckbestimmtheit in dem Namen Mohammed (der «Verherrlichte») enthalten. Die Risâlah (die «Sendung», das «Sendschreiben», der Koran) ist «herabgekommen in der *laylat al-Qadr* (der «Nacht des Geschicks»), und Mohammed ist «aufgestiegen» in der *laylat al-Mi'râj* (der «nächtlichen Reise») und nahm damit die Zweckbestimmtheit des Menschen bildlich vorweg.

2 «Vor allem» deshalb, weil die erste Shahâdah die zweite in hervorragender Weise enthält.

3 Diese Einschränkung bedeutet hier, daß die zweite Shahâdah letzten Endes, da sie, wie die erste auch, göttliches Wort oder «göttlicher Name» ist, dieselbe Erkenntnis vergegenwärtigt wie die erste: kraft der Wesenseinheit der Worte oder der Namen Gottes.

lichkeit besitzt, kann die Welt nichts anderes sein als das, was «ist», womit ausgedrückt ist, daß sie nur göttlich sein kann; das wiederum heißt, Gott überall und alles in Ihm zu sehen. «Wer mich gesehen hat, hat Gott gesehen», hat der Prophet gesagt; folglich ist der «Prophet» alles, im Hinblick auf die Vollkommenheit des Daseins einerseits und im Hinblick auf die Vollkommenheiten der Art und Weise oder des Ausdrucks andererseits.[1]

Wenn der Islam ausschließlich lehren wollte, daß es nur einen Gott gibt, nicht aber zwei oder mehrere Götter, hätte er keinerlei Überzeugungskraft. Das Feuer der Überzeugungskraft, die ihm tatsächlich eignet, rührt daher, daß er im Grunde die Wirklichkeit des Absoluten und die Abhängigkeit aller Dinge vom Absoluten lehrt. Der Islam ist die Religion des Absoluten, so wie das Christentum die Religion der Liebe und des Wunders ist; aber die Liebe und das Wunder gehören auch dem Absoluten an, sie drücken nichts anderes aus als ein Verhalten, das dieses uns gegenüber annimmt.

*

Geht man den Dingen auf den Grund, dann muß man feststellen, daß – abgesehen von allen dogmatischen Fragen – die tiefreichende Verständnislosigkeit zwischen Christen und Muslimen ihren Grund darin hat, daß der Christ ständig seinen Willen vor sich sieht – dieser Wille ist sozusagen er selbst –, womit er vor einem nicht festgelegten Raum der Berufung steht, in den er sich hineinwerfen und dabei seinen

1 Im Zusammenhang mit Ibn Arabî von einem Islam *cristianizado* zu sprechen heißt, aus dem Auge zu verlieren, daß die Lehre des Sheikh al-akbar (des größten aller Meister) wesentlich auf Mohammed aufbaut, daß sie selbst im einzelnen wie ein Kommentar des *Muhammadun Rasûlu 'Llâh* war, im Sinne der vedischen Sprüche: «Alle Dinge sind Âtman» und «Das bist du».

Glauben und seinen Heldenmut entfalten kann. Die islamische Ordnung der «äußerlichen» und wohlabgewogenen Vorschriften erscheint ihm wie der Ausdruck einer Mittelmäßigkeit, die zu allen Zugeständnissen bereit und jeglichen Aufschwungs unfähig ist; die Tugend der Muslime erscheint ihm in der Theorie – denn in der Praxis kennt er sie nicht – als etwas Künstliches und Eitles. Ganz anders ist die Sehweise des Muslim: Vor sich – vor seiner Erkenntnis, welche das Einzige gewählt hat – hat er keinen Willensraum, der ihm wie eine Versuchung zu ichhaften Abenteuern erschiene, sondern ein Netz von Kanälen, von Gott vorgesehen zum Ausgleich seiner lebendigen Willensregungen; dieses Gleichgewicht, das ganz und gar nicht um seiner selbst willen erstrebt wird, wie das die an einen willensbestimmten, mehr oder weniger ausschließlichen Idealismus gewöhnten Christen glauben, ist im Gegenteil letztlich nur eine Grundlage dazu, in der tröstenden und befreienden Betrachtung des Unwandelbaren den Ungewißheiten und widerstreitenden Strebungen des Ich zu entrinnen. Kurz: Wenn die Haltung der Ausgewogenheit, die der Islam anstrebt und verwirklicht, in den Augen der Christen als berechnende, des Übernatürlichen unfähige Mittelmäßigkeit erscheint, besteht die Gefahr, daß der opferbereite Idealismus des Christentums von den Muslimen mißverstanden wird als ein Individualismus, der die Gottesgabe der Erkenntnisfähigkeit mißachtet.

Wenn hier der Einwand erhoben wird, daß der durchschnittliche Muslim sich nicht mit Betrachtung abgibt, dann entgegnen wir, daß auch dem normalen Christen das Opfer kein Anliegen mehr ist; jeder Christ trägt in sich eine Bereitschaft zum Opfer, die vielleicht niemals verwirklicht wird, ebenso hat jeder Muslim durch seinen Glauben die Anlage zu einer Betrachtung, die in seinem Herzen vielleicht niemals zur Entfaltung gelangt. Niemand kann indes bestreiten, daß die christliche und die muslimische Mystik nicht nur weit davon entfernt sind, von gegensätzlicher Art zu sein, sie zeigen, im Gegenteil, derart schlagende Ähnlichkeiten, daß man geglaubt hat, daraus auf – einseitige oder wechselseitige – Entlehnungen schließen zu müssen. Hierzu sei gesagt: Wenn man voraussetzt, daß der Ausgangspunkt der Sufi der gleiche war wie der der christlichen Mystiker, dann erhebt sich die Frage, weshalb sie Muslime geblieben sind und wie sie es ertragen haben, das zu sein. Tatsächlich waren sie nicht heilig «trotz» ihrer Religion, sondern «durch» diese; weit entfernt davon, verkappte Christen zu sein, taten Menschen wie Al-Hallâj oder Ibn Arabî im Gegenteil nichts anderes, als den Islam seinen höchsten Möglichkeiten entgegenzuführen, wie das auch ihre großen Vorgänger schon getan hatten. Entgegen manchem Anschein – wie dem Fehlen des Mönchtums als gesellschaftlicher Einrichtung – schließt der Islam, der die Armut ebenso befürwortet wie das Fasten, die Einsamkeit und das Schweigen, alle Anfänge einer betrachtenden Askese in sich.

Wenn der Christ das Wort «Wahrheit» vernimmt, denkt er sofort an die Tatsache, daß «das Wort Fleisch wurde», der Muslim dagegen, ebenso selbstverständlich, daß «es keine Gottheit gibt außer Gott allein», was er gemäß dem Grad seiner Erkenntnis entweder wörtlich oder dem metaphysischen Sinne nach versteht. Das Christentum gründet sich auf ein «Ereignis», der Islam auf ein «Sein», ein «Wesen der Dinge»; das, was im Christentum als einmalige Tatsache erscheint – die Offenbarung –, wird im Islam zur sich wiederholenden Manifestation des Ursatzes (Prinzips).[1] Wenn es

1 Auch der Fall, nicht allein die Fleischwerdung, ist ein einmaliges «Ereignis», das ein «Wesen», nämlich das des Menschen, gänzlich bestimmen können soll. Für den Islam ist der Fall Adams ein notwendiges Offenbarwerden des Bösen, ohne daß das Böse das eigentliche Wesen des Menschen bestimmen könnte, denn dieser kann seine Gottförmigkeit nicht verlieren. Im Christentum scheint das göttliche «Handeln» das göttliche «Wesen» in gewisser Weise zu überwiegen, in dem Sinne, daß das «Han-

für die Christen die Wahrheit ist, daß Christus sich kreuzigen ließ, kann für die Muslime – für welche die Wahrheit ist, daß es nur einen Gott gibt –, die Kreuzigung Christi – ihrem Wesen nach – nicht «die Wahrheit» sein; die Ablehnung des Kreuzes durch die Muslime ist eine Weise, dies auszudrücken. Der muslimische «Antihistorizismus» – den man sinnentsprechend auch als «platonisch» oder «gnostisch» bezeichnen könnte – gipfelt in dieser Ablehnung, die im Grunde ganz äußerlich, für einige, im Hinblick auf die Absicht, sogar fragwürdig ist.[1]

Die Zurückhaltung des Islam, die sich nicht gegen das Wunder, sondern gegen den jüdisch-christlichen – vornehmlich christlichen – Apriorismus des Wunders richtet, findet ihre Erklärung im Überwiegen des Pols «Erkenntnis» gegenüber dem Pol «Existenz»: Der Islam will sich auf das geistig unmittelbar Einleuchtende gründen, auf das Bewußtsein vom Absoluten, zufolge der dem Menschen eigenen Natur, die hier als eine gottförmige Intelligenz betrachtet wird, nicht aber als ein Wille, der nur darauf wartet, zum Guten oder Bösen verführt zu werden durch Wunder oder Versuchungen. Wenn der Islam als die in der Reihe der großen Offenbarungen zuletzt erschienene sich nicht auf das Wunder stützt – obgleich er es notwendigerweise gelten läßt, andernfalls er keine Religion wäre –, dann auch darum, weil der Antichrist «viele durch seine Wundertaten verführen wird».[2] Die geistige Gewißheit, welche den äußersten Gegensatz bildet zu der «Umkehr», die das Wunder hervor-

deln» auf die Definition Gottes selbst zurückstrahlt. Diese Sichtweise mag summarisch erscheinen, es besteht jedoch hier eine sehr feine Unterscheidung, die beim Vergleich der beiden Theologien nicht vernachlässigt werden darf.

1 So Abu Hatim, erwähnt von Louis Massignon in *Le Christ dans les Evangiles selon Al-Ghazzâlî.*

2 Ein katholischer Autor der Jahrhundertwende konnte ausrufen: «Wir brauchen Zeichen, konkrete Tatsachen!» Solche Worte wären bei einem Muslim undenkbar, sie würden im Islam den Eindruck der Ungläubigkeit

bringt – und die der Islam in Form eines unverrückbar auf Einheit zielenden Glaubens, eines durchdringenden Sinnes für das Absolute gewährt –, ist ein Element, das dem Teufel nicht zugänglich ist. Der kann wohl ein Wunder nachäffen, aber keine unmittelbare geistige Gewißheit, er kann eine Erscheinung nachahmen, nicht aber den Heiligen Geist, ausgenommen gegenüber denjenigen, die getäuscht werden wollen und die ohnehin weder Sinn für die Wahrheit noch für das Heilige haben.

Weiter oben haben wir die unhistorische Sehweise des Islam angesprochen. Diese erklärt nicht allein die Absicht, nur die Wiederholung einer zeitlosen Wirklichkeit oder die Phase eines namenlosen Rhythmus, also eine «Neugestaltung» zu sein – jedoch im streng rechtgläubigen und überlieferungstreuen Sinne des Begriffes, sogar auch im übertragenen Sinne, denn eine echte Offenbarung entsteht notwendigerweise gleichsam von selbst und hängt nur von Gott ab, was immer der Anschein sein mag –, sondern auch Vorstellungen wie die der fortdauernden Schöpfung: Wäre Gott nicht jeden Augenblick Schöpfer, die Welt bräche in sich zusammen; da Er aber ständig Schöpfer ist, ist Er es, der in jeder Erscheinung wirksam ist, und es gibt keinen zweiten Ursprung, keine Zwischen-Ursachen, keine Naturgesetze, die zwischen Gott und dem kosmischen Ereignis wirksam werden könnten, außer im Falle des Menschen, der als Vertreter Gottes (*imâm*) auf Erden mit den wunderbaren Fähigkeiten der Erkenntnis und der Freiheit begabt ist. Doch auch diese unterliegen letzten Endes der göttlichen Bestimmung: Der Mensch wählt frei das, was Gott will; «frei» darum, weil Gott es so will; denn Gott kann nicht umhin, im Bereich des Bedingten seine unbedingte Freiheit kundzutun. Unsere Freiheit ist somit wirklich, doch diese Wirklichkeit ist täu-

hervorrufen oder sogar wie eine Anrufung des Teufels oder des Antichrist wirken, auf alle Fälle als eine überaus beschämende Narrheit erscheinen.

schend, wie das Bedingte, aus dem sie hervorgeht und worin sie ein Widerschein Dessen ist, Der ist.

Der grundlegende Unterschied zwischen dem Christentum und dem Islam tritt somit recht deutlich an dem in Erscheinung, was die Christen und die Muslime jeweils verabscheuen: Für den Christen ist vor allem die Ableugnung der Gottheit Christi und der Kirche verabscheuenswürdig, sodann die Sitten, die weniger asketisch sind als die eigenen – von der Wollust zu schweigen; der Muslim verabscheut die Ableugnung Allahs und des Islam, weil ihm die höchste Einheit und deren Unbedingtheit und Transzendenz von überwältigender Selbstverständlichkeit und Majestät sind und weil der Islam, das Gesetz, für ihn göttlicher Wille ist, das folgerichtige – ausgleichende – Hervorgehen aus dieser Einheit. Nun deckt sich – und hier vor allem wird der ganze Unterschied deutlich – der göttliche Wille nicht notwendigerweise mit dem Begriff des Opfers, er kann sogar, je nach den Umständen, das «Nützliche mit dem Angenehmen verbinden»; folglich wird der Muslim sagen: «Was Gott will, ist gut», und nicht: «Gott will das Schmerzhafte»; von der Vernunft her ist der Christ derselben Meinung wie der Muslim, doch seine Empfindungen und Vorstellungen neigen eher der zweiten Formulierung zu. Aus islamischer Sicht hat der göttliche Wille nicht von vornherein das Opfer und das Leiden als Pfand der Liebe im Blick, sondern die Entfaltung der gottförmigen Intelligenz (*min Rûhî*, «von meinem Geiste»), welche ihrerseits von der Unwandelbarkeit bestimmt ist und folglich unser Sein in sich schließt, andernfalls sie geheuchelt wäre (*nifâq*), denn Erkennen ist Sein; in Wirklichkeit strebt die scheinbare «Leichtigkeit» des Islam, wir sagten es bereits, eine Ausgewogenheit an, deren zureichender Grund letzten Endes im «senkrechten» Streben liegt, in der Betrachtung, in der Erkenntnis. In einer gewissen Hinsicht müssen wir gegensätzlich zu Gott handeln, und in einer anderen Hinsicht wie Er. Denn einerseits sind wir Gott ähnlich, weil wir da sind, andererseits im Gegensatz zu Ihm, weil wir, wenn auch daseiend, von Ihm getrennt sind. Zum Beispiel: Gott ist Liebe, folglich sollen wir lieben, weil wir Ihm ähnlich sind; wiederum aber richtet er und nimmt auch Rache, was wir nicht tun können, denn wir sind nicht Er. Da diese Haltungen jedoch immer nur angenähert sind, können und müssen die Lehren daraus verschieden sein; in uns ist – zumindest grundsätzlich – immer Raum für eine schuldhafte Liebe und eine gerechte Rache. Alles ist hier eine Frage der Betonung und der Abgrenzung; die Wahl ist abhängig von einer Sehweise, die nicht willkürlich ist – sonst wäre es keine –, sondern dem Wesen der Dinge oder einem bestimmten Aspekt dieses Wesens angemessen.

*

Alle die Haltungen, die wir aufgezählt haben, gründen sich auf die Lehrsätze oder, tiefer, auf die metaphysischen Sehweisen, die diese ausdrücken, mithin auf einen bestimmten «Standpunkt» in Hinsicht auf den betrachtenden Menschen und auf einen bestimmten «Aspekt» in Hinsicht auf den betrachteten Gegenstand. Sobald sich das Christentum auf die Göttlichkeit einer irdischen Erscheinung gründet – Christus ist nicht an sich irdisch, sondern nur insofern, als er sich in Raum und Zeit bewegt –, muß es folgerichtig die Relativität in das Absolute einführen oder vielmehr das Absolute auf einer Stufe betrachten, die noch relativ ist, der der Trinität.[1]

1 Wer von Unterscheidung spricht, spricht von Relativität. Allein der Ausdruck «trinitarische Beziehungen» beweist, daß der angenommene Standpunkt – schicksalhaft und zwangsläufig – auf der jeder Bhakti eigentümlichen metaphysischen Ebene liegt. Die Gnosis geht über diese Ebene hinaus, indem sie der «Gottheit» im Sinne Meister Eckharts oder dem «Vater», wenn die Trinität im «senkrechten» Sinne betrachtet wird, die Absolutheit beimißt; der «Sohn» entspricht dabei dem Sein – der ersten Bedingtheit «im Unbedingten» – und der Heilige Geist der Tat.

Da etwas «Relatives» als absolut betrachtet wird, muß das Absolute etwas Relatives an sich haben, und da die Fleischwerdung ein Akt der Barmherzigkeit oder der Liebe ist, muß Gott zunächst unter diesem und der Mensch unter einem entsprechenden Aspekt betrachtet werden, dem des Willens und der Liebe; ebenso muß der geistige Weg verwirklichte Liebe sein. Die Betonung des Willens im Christentum hängt mit der christlichen Auffassung des Absoluten zusammen, und diese ist wiederum gleichsam durch die «Geschichtlichkeit» Gottes bestimmt, wenn dieser Ausdruck erlaubt ist.

In vergleichbarer Weise muß der Islam, sobald er sich auf die Unbedingtheit Gottes gründet – da er seiner Form nach ein semitischer Dogmatismus ist[1] –, folgerichtig das Irdische vom Absoluten ausschließen, er muß also, zumindest auf der Ebene des gesprochenen Wortes, die Göttlichkeit Christi leugnen. Er muß nicht leugnen, daß es in Gott auch Relatives gibt, denn er läßt zwangsläufig die göttlichen Eigenschaften gelten, sonst würde er Gottes Ganzheit sowie jede Möglichkeit einer Beziehung zwischen Gott und der Welt ableugnen; alles unmittelbar Göttliche außerhalb des alleinigen Urgrundes muß er jedoch ablehnen. Die Sufis sind die ersten, anzuerkennen, daß nichts außerhalb der «höchsten Wirklichkeit» bestehen kann; denn zu sagen, die Einheit schließe alles aus, heißt mit anderen Worten, daß sie von einem anderen Standpunkt her – dem der Weltwirklichkeit – alles einschließe; indessen ist diese Wahrheit nicht in ein Dogma zu fassen, aber sie ist logisch in dem *Lâ ilaha illâ 'Llâh* enthalten.

Wenn der Koran behauptet, der Messias sei nicht Gott,

1 Der Dogmatismus ist durch die Tatsache gekennzeichnet, daß er einem bestimmten «Standpunkt» oder «Aspekt» uneingeschränkte Bedeutung und Ausschließlichkeit beilegt. In der reinen Metaphysik löst sich jeder begriffliche Widerspruch (*antinomie*) in der Gesamtwahrheit auf – was nicht mit Gleichmacherei verwechselt werden darf, welche bestehende Gegensätze leugnet.

dann meint er: Der Messias ist nicht «ein anderer Gott» als Gott, oder er ist als irdischer Messias nicht Gott;[1] und wenn der Koran das Trinitätsdogma ablehnt, meint er: In «Gott als solchem», das heißt, im Absoluten, das jenseits von Unterscheidungen ist, gibt es keine Dreiheit. Schließlich, wenn der Koran den Tod Christi zu leugnen scheint, so kann man daraus entnehmen, daß Jesus in Wirklichkeit den Tod überwunden hat, während die Juden glaubten, Christus in seinem Wesen selbst getötet zu haben.[2] Die Wahrheit des Symbols ist hier der Wahrheit der Tatsache überlegen in dem Sinne, daß eine geistige Verneinung die Form einer stofflichen Verneinung annimmt.[3] Andererseits aber grenzt der Islam durch diese Verneinung – oder doch diesen Anschein von Verneinung – den auf Christus ausgerichteten Weg inso-

1 Christlich ausgedrückt: Die menschliche Natur ist nicht die göttliche Natur. Wenn der Islam in dieser und keiner anderen Form darauf besteht, so aufgrund seines besonderen Blickwinkels.

2 «Von denen, die auf dem Gottesweg getötet werden, sagt nicht, sie wären tot, sondern sagt, daß sie leben; auch wenn ihr das nicht versteht» (Koran II,149). – Vgl. *Sentiers de Gnose,* Kapitel: «Le sentiment d'absolu dans les religions», S. 15, Fußnote.

3 Die gleiche Bemerkung trifft auf das Christentum zu, wenn zum Beispiel die Heiligen des Alten Testaments – selbst Enoch, Abraham, Moses und Elia – vom Himmel ausgeschlossen bleiben sollen, bis Christus «in die Hölle hinabgestiegen ist». Trotzdem ist Christus vor dieser Höllenfahrt im Lichte der Verklärung zwischen Moses und Elias erschienen und hat in einem Gleichnis den «Schoß Abrahams» erwähnt. Diese Tatsachen lassen natürlich verschiedene Auslegungen zu, doch bleiben die christlichen Auffassungen deshalb nicht weniger unvereinbar mit der jüdischen Überlieferung. Was sie rechtfertigt, ist ihre geistige Symbolik und mithin ihre Wahrheit: Das Heil kommt notwendigerweise durch den Logos, und dieser – obwohl in einer bestimmten Form in der Zeit manifestiert – ist jenseits der Voraussetzung der Zeit. Denken wir auch an den offensichtlichen Widerspruch, daß Johannes der Täufer es verneinte, Elias zu sein, während Christus das Gegenteil versicherte. Wenn dieser Widerspruch – der sich durch den Unterschied der gemeinten Bezüge auflöst – zwischen zwei Religionen auftreten konnte, so wurde er gründlich ausgenützt, unter dem Vorwand, daß «Gott sich nicht widersprechen kann».

weit aus, als er selbst betroffen ist, und es ist nur folgerichtig, daß er das tut, da sein Weg nicht der gleiche ist und er die dem Christentum eigentümlichen Gnadenmittel nicht beanspruchen kann.

Auf der Ebene der vollständigen Wahrheit, die alle nur möglichen Standpunkte, Aspekte und Weisen einbegreift, ist jeder Rückgriff auf den bloßen Verstand selbstverständlich ungeeignet. Daher ist es zum Beispiel müßig, gegen das Dogma einer fremden Religion geltend zu machen, daß ein Irrtum, der vom Verstand ausgewiesen wird, auf einer anderen Ebene nicht zu einer Wahrheit werden könne, denn das hieße vergessen, daß der Verstand auf mittelbare Weise verfährt oder mittels Spiegelungen und daß seine Axiome in dem Maße unzureichend sind, wie er sich auf das Gebiet des reinen Geistes begibt. Der Verstand ist seinem Wesen nach formgebunden, und in seinem Wirken bedient er sich der Form, er verfährt mittels «Verdichtungen», durch Entscheidung zwischen zwei Möglichkeiten und Ausschluß anderer Möglichkeiten, oder mit Hilfe von Teilwahrheiten, wenn man so will; er ist nicht, wie der reine Geist, überförmliches und «fließendes» Licht. Zwar bezieht er seine Unerbittlichkeit oder überhaupt seine Gültigkeit vom Geiste her, aber an die wirklichen Gehalte rührt er allein durch Rückschlüsse, nicht durch unmittelbares Schauen; er ist unerläßlich, um etwas in sprachliche Form zu bringen, die unmittelbare Erkenntnis aber führt er nicht herbei.

Im Christentum geht die Grenzlinie zwischen dem Relativen und dem Absoluten durch Christus hindurch; im Islam trennt sie die Welt von Gott oder sogar – in der Esoterik – die göttlichen Eigenschaften von der göttlichen Wesenheit, ein Unterschied, der sich durch die Tatsache erklärt, daß die Exoterik zwangsläufig immer vom Bedingten ausgeht, die Esoterik hingegen vom Absoluten, dem sie einen strengen Sinn beilegt, sogar den strengstmöglichen. Die Sufi sagen auch, daß die göttlichen Eigenschaften als solche nur in bezug auf die Welt offenbar werden und daß sie selbst ununterschieden und nicht aussagbar sind: Folglich kann man von Gott nicht in einem unbedingten Sinne sagen, er sei ein «barmherziger» oder «rächender» Gott – wenn man hier davon absieht, daß er barmherzig ist, «ehe» er als Rächer auftritt. Die wesenhaften Eigenschaften, wie die «Heiligkeit» oder die «Weisheit», werden erst zu unterschiedlichen Eigenschaften in Verbindung mit unserem unterscheidenden Verstand, ohne deshalb in ihrem eigenen Sein etwas von ihrer unendlichen Wirklichkeit zu verlieren – ganz im Gegenteil.

Zu sagen, die islamische Sehweise sei möglich, heißt mit anderen Worten zu bestätigen, daß sie notwendig sei und daß es sie folglich geben muß. Sie ist für die von der Vorsehung für sie bestimmten Menschen notwendig. Die Sehweisen als solche haben dennoch nichts Absolutes, denn es gibt nur eine Wahrheit. Vor Gott sind ihre Unterschiede bedingt, und die Werte der einen finden sich in irgendeiner Form stets auch in der anderen wieder. Es gibt nicht nur ein Christentum des «Glaubenseifers», der gefühlsbetonten Liebe und der Aufopferung, sondern ebenso, in dieses eingefügt, ein Christentum der «Erleuchtung», der Erkenntnis, der reinen Betrachtung und des «Friedens»; gleicherweise umrahmt der «trockene» Islam – sei er legalistisch oder metaphysisch – einen «feuchten» Islam,[1] der ergriffen ist von Schönheit, Liebe und Opfer. Das muß so sein, aufgrund der Einheit nicht nur der Wahrheit, sondern auch des Menschengeschlechts. Diese Einheit ist bedingt, gewiß, denn die Unterschiede bestehen ja; dennoch ist sie hinreichend wirklich, um die Wechselbeziehung – oder die geistige Allgegenwart –, um die es geht, zu ermöglichen oder zu erzwingen.

*

1 In Anlehnung an alchemistische Begriffe.

Ein Punkt, auf den wir hier kurz eingehen wollen, ist die Frage der muslimischen Sittenlehre. Wenn man gewisse scheinbare Widersprüche in ihr erblicken will, muß man folgendes berücksichtigen: Der Islam unterscheidet den Menschen als solchen vom Menschen im Kollektiv, der sich als ein neues Wesen darstellt, das bis zu einem gewissen Grade, darüber hinaus jedoch nicht, dem Gesetz der natürlichen Auslese unterworfen ist. Damit ist gesagt, daß der Islam jedes Ding an seinen Platz stellt und es seinem besonderen Wesen gemäß behandelt. Er betrachtet den Menschen im Kollektiv nicht durch die entstellende Perspektive eines mystischen Idealismus, der im gegebenen Falle nicht anwendbar ist, vielmehr berücksichtigt er die Gesetze, die jede Art beherrschen und die innerhalb einer jeden von Gott gewollt sind. Der Islam ist eher die Sehweise der Gewißheit und der Natur der Dinge als die des Wunders und der idealistischen Improvisation; damit soll nicht das Christentum mittelbar kritisiert werden – dieses ist, was es sein muß –, sondern es soll die Absicht und Wohlbegründetheit der islamischen Weise, die Dinge zu sehen, deutlicher herausgestellt werden.[1]

Wenn es im Islam eine deutliche Unterscheidung gibt zwischen dem Menschen an sich[2] und dem Menschen im Kollektiv, so sind beide Wirklichkeiten nichtsdestoweniger zutiefst miteinander verbunden, da das Kollektiv ein Aspekt

1 Wenn man von dem Gedanken ausgeht, daß die Esoterik dem Begriffe nach vor allem das Sein der Dinge und nicht das Werden oder unsere vom Willen bestimmte Lage betrachtet, dann ist für den christlichen Gnostiker der Christus das Wesen der Dinge, jenes «Wort, durch das alles gemacht ist und ohne das nichts gemacht ... ist». Der Friede Christi ist, in diesem Zusammenhang, das Ruhen des Geistes (*intellect*) in «dem, was ist».

2 Es ist nicht die Rede vom «einzelnen Menschen», denn dieser Ausdruck hätte auch noch den Nachteil, daß er den Menschen im Zusammenhang mit dem Kollektiv, nicht aber von Gott her bestimmt. Es wird nicht einer von mehreren Menschen unterschieden, sondern die menschliche Person von der Gesellschaft.

des Menschen ist – kein Mensch kann ohne Familie geboren werden – und da umgekehrt die Gesellschaft eine Vervielfachung von Einzelwesen ist. Aus dieser gegenseitigen Abhängigkeit oder Wechselbeziehung ergibt sich, daß alles, was im Hinblick auf das Kollektiv geleistet wird – wie der Zehnte für die Armen oder der heilige Krieg –, für den einzelnen einen geistigen Wert besitzt und umgekehrt; diese Umkehrung hat insofern mehr Gültigkeit, als das Einzelwesen dem Kollektiv vorangeht, denn alle Menschen stammen von Adam ab, nicht aber Adam von den Menschen.

Das Gesagte erklärt, warum der Muslim nicht, wie es der Hindu und der Buddhist tun, die äußeren Riten aufgibt zugunsten einer geistigen Methode, die diese ersetzen kann, oder aufgrund eines geistigen Ranges, der ihn seinem Wesen nach dazu ermächtigen würde.[1] Ein Heiliger kann vorge-

1 Der Grund zu solchem Aufgeben der allgemeinen Riten ist jedoch bekannt und wird zuweilen offenbar, sonst hätte Ibn Hanbal den Sufis nicht vorgeworfen, sie erweiterten die Betrachtung auf Kosten des Gebetes und strebten letztlich nach Befreiung von den vom Gesetz vorgeschriebenen Pflichten. Tatsächlich unterscheidet man zwischen (zu Gott) «reisenden» und (von Gott) «angezogenen» Derwischen (*sâlikûn* und *madjâdhib*): Die ersteren bilden die ganz große Mehrheit, sie gehorchen dem Gesetz, während sich die letzteren davon mehr oder weniger befreien, wobei man sie weitgehend in Ruhe läßt, weil man sie gerne als bemitleidenswerte Halbnarren nimmt, manchmal aus Furcht oder sogar auch aus Verehrung. Im indonesischen Sufismus scheinen Fälle, wo die Riten zugunsten des reinen Herzensgebetes aufgegeben werden, nicht selten zu sein; dort wird das Bewußtsein von der Einheit als allheitliches Gebet betrachtet, das von den vorgeschriebenen Gebeten entbindet; das höchste Bewußtsein soll die «polytheistische Vielheit» (*mushrik*) der Riten ausschließen, da das Absolute keine Zweiheit kennt. Im Islam allgemein scheint es – abgesehen von der besonderen Unterscheidung zwischen *sâlikûn* und *madjâdhib* – immer die äußere Trennung zwischen «Nomisten» und «Anomisten» gegeben zu haben, den einen, die dem Gesetz seiner Sinnbildlichkeit und Zweckmäßigkeit wegen anhängen, und den anderen, die vom Gesetz gelöst sind um der Überlegenheit des Herzens (*qalb*) und der unmittelbaren Erkenntnis (*ma'rifah*) willen. Jalâl ad-Dîn Rûmî sagt in seinem *Mathnâwî*: «Die Anhänger der Riten sind ein Stand und die,

schriebener Gebete nicht mehr bedürfen, da er sich in einem Zustand befindet, der durchdrungen ist von Gebet und «Trunkenheit»[1]– doch hört er darum nicht auf, sie zu verrichten, um mit allen und in allen zu beten, auf daß alle in ihm beten. Er verkörpert den «mystischen Leib», den jede Glaubensgemeinschaft darstellt, oder – von einem anderen Gesichtspunkt her gesehen – das Gesetz, die Überlieferung, das Gebet als solches. Als ein in Gesellschaft lebendes Wesen muß er durch das Vorbild künden, und als persönlicher Mensch muß er dem, was menschlich ist, ermöglichen, sich zu verwirklichen und sich gewissermaßen durch ihn hindurch zu erneuern.

Die metaphysische Durchsichtigkeit der Dinge und das geistige Schauen, das ihr entspricht, bewirken, daß die Sexualität im überlieferten Rahmen ihrer Gesetzmäßigkeit – nämlich in psychologischer und sozialer Ausgewogenheit – verdienstlichen Charakter annehmen kann, was das Vorhandensein dieses Rahmens übrigens im voraus beweist. Mit anderen Worten: Es zählt nicht nur die sinnliche Lust, son-

deren Herzen und Seelen in Liebe entbrannt sind, bilden einen anderen», was allein an die Sufis gerichtet ist – unter Bezug auf das «Wesen der Gewißheit» (*'ayn al-yaqîn*) – und übrigens ganz offensichtlich keinerlei Zwang zur Entscheidung zwischen zwei Möglichkeiten beinhaltet, wie es das Leben von Jalâl ad-Dîn selbst beweist. Kein «Freigeist» könnte Vorteil daraus ziehen. Schließlich sei darauf hingewiesen, daß, nach Al-Junayd, der, «welcher die Einung mit Gott» (*muwahhid*) verwirklicht, die «Nüchternheit» (*çahw*) wahren muß und sich vor «Vergiftung (durch Rauschmittel)» (*sukr*) ebenso hüten muß wie vor «Zügellosigkeit» (*ibâhiyah*).

1 Der Koran sagt: «Geht in trunkenem Zustand nicht zum Gebet», was in höherem und bejahendem Sinne verstanden werden kann; der Sufi, der sich in einem geistigen Zustand (*maqâm*) der Glückseligkeit befindet, oder auch nur der Anrufende (*dhâkir*, der das *dhikr* übt, die islamische Entsprechung zum *Japa* der Hindus), der sein geheimes Beten als einen «Wein» (*khamr*) betrachtet, könnte die allgemeinen Gebete grundsätzlich unterlassen; ich sage «grundsätzlich», denn tatsächlich gibt die Sorge um Ausgewogenheit und gegenseitige Verantwortung, die im Islam so ausgeprägt ist, den Ausschlag in die andere Richtung.

dern – ganz abgesehen von dem Anliegen der Erhaltung der Art – auch ihr qualitativer Inhalt, ihre zugleich unabhängig von uns bestehende und erlebte Sinnbildlichkeit. Die Grundlage der muslimischen Sittenlehre ist stets die biologische Wirklichkeit und nicht ein Idealismus, der im Widerspruch steht zu den Möglichkeiten des Kollektivs und zu den unleugbaren Rechten der Naturgesetze. Doch hat diese Wirklichkeit, obgleich sie die Grundlage unseres sinnlichen und kollektiven Lebens bildet, nichts Absolutes, denn wir sind halb-himmlische Wesen; sie kann auf der Ebene unserer persönlichen Freiheit jederzeit neutralisiert, auf der Ebene unseres Daseins innerhalb der Gesellschaft jedoch nicht aufgehoben werden. Was über die Sexualität gesagt wurde,[1] gilt – im Hinblick auf die reine Verdienstlichkeit – entsprechend für die Nahrung: Wie in allen Religionen ist unmäßiges Essen im Islam eine Sünde – mit Maßen und in Dankbarkeit gegen Gott ist das Essen nicht nur keine Sünde, sondern sogar eine wirklich verdienstliche Handlung. Doch die Entsprechung ist nicht vollkommen, denn der Prophet «liebte die Frauen», nicht «die Nahrung». Die Liebe zur Frau steht hier im Zusammenhang mit dem Edelmut und der Großherzigkeit, ohne von ihrer rein beschaulichen Sinnbildlichkeit zu sprechen, die sehr viel weiter reicht.

Man macht es dem Islam oftmals zum Vorwurf, seinen Glauben durch das Schwert verbreitet zu haben; dabei vergißt man jedoch erstens, daß bei der Ausbreitung des Islam

1 Viele indische Heilige haben sich überhaupt nicht um die Kasten gekümmert, doch ist es keinem eingefallen, sie aufzuheben. – Die Frage, ob es zweierlei Moral gebe, eine für den einzelnen und die andere für den Staat, bejahen wir, jedoch immer mit der Einschränkung, daß die eine, je nach den äußeren oder inneren Umständen, stets auf den Bereich der anderen übergreifen kann. Auf gar keinen Fall ist es erlaubt, daß die Absicht, «dem Böswilligen keinen Widerstand zu leisten», zu Komplizenschaft, Verrat oder Selbstmord führt.

insgesamt die Überzeugung eine größere Rolle gespielt hat als der Krieg; zweitens, daß nur die Polytheisten und Götzendiener gezwungen werden konnten, die neue Religion anzunehmen;[1] drittens, daß der Gott des Alten Testaments nicht weniger kriegerisch ist als der Gott des Korans, ganz im Gegenteil, und viertens, daß sich seit der Thronbesteigung Konstantins auch die Christen des Schwertes bedient haben. Hier stellt sich lediglich die Frage: Ist die Anwendung von Gewalt im Hinblick auf die Vertretung und Ausbreitung einer Wahrheit von entscheidender Bedeutung angängig? Es besteht kein Zweifel, daß dies zu bejahen ist, denn die Erfahrung beweist uns, daß wir denen, die unverantwortlich leben, in ihrem eigenen Interesse zuweilen mit Gewalt begegnen müssen. Da diese Möglichkeit besteht, muß sie sich, wenn die Umstände es gebieten,[2] auch manifestieren, geradeso, wie dies für die umgekehrte Möglichkeit, den Sieg durch die Kraft, welche der Wahrheit selbst innewohnt, gilt; es ist die innere oder äußere Natur der Dinge, welche die Wahl zwischen zwei Möglichkeiten bestimmt. Einerseits heiligt der Zweck die Mittel, und andererseits können die Mittel den Zweck entweihen, was bedeutet, daß die Mittel im göttlichen Wesen urbildlich vorhanden sein müssen; so ist das «Recht des Stärkeren» im «Dschungel» vorgebildet, dem wir – bis zu einem gewissen Grade und insofern, als wir Teil der menschlichen Gesellschaft sind – unstreitig zugehören. Doch findet sich im «Dschungel» kein Beispiel für ein Recht auf Heimtücke und Gemeinheit, und selbst wenn sich derartige Züge fänden, würde unsere

1 Diese Haltung wurde, zumindest weitgehend, den Hindus gegenüber aufgegeben, als man sich klar wurde, daß der Hinduismus nicht mit dem arabischen Heidentum gleichzusetzen war; man stellte die Hindus dann den «Völkern des Buches» (*ahl al-Kitâb*), das heißt, den semitisch-abendländischen Monotheisten, gleich.

2 Daß Christus Gewalt anwandte gegen die Händler im Tempel, zeigt, daß diese Haltung nicht ausgeschlossen werden konnte.

Würde als Menschen es uns verbieten, daran teilzunehmen. Niemals darf die Härte bestimmter biologischer Gesetze mit der Schändlichkeit verwechselt werden, deren allein der Mensch aufgrund seiner entarteten Gottähnlichkeit fähig ist.[1]

Von einem bestimmten Gesichtspunkt aus kann man sagen, daß der Islam zwei Ausdehnungsweisen besitzt, eine

1 «Wir sehen muslimische und katholische Fürsten sich verbünden, nicht nur, wenn es darum geht, die Macht eines gefährlichen Glaubensgenossen zu brechen, sondern auch um einander großherzig zu helfen bei der Überwindung von Unordnung und Auflehnung. Der Leser wird nicht ohne Kopfschütteln erfahren, daß 1010 in einer der Schlachten um das Kalifat von Córdoba katalanische Streitkräfte die Lage retteten und daß dabei drei Bischöfe für den ‹Beherrscher der Gläubigen› ihr Leben ließen... Al-Mansur hatte mehrere Grafen in seiner Begleitung, die sich ihm mit ihren Truppen angeschlossen hatten, und die Anwesenheit christlicher Garden am andalusischen Hofe war nichts Außergewöhnliches... Bei der Eroberung eines feindlichen Gebietes wurde auf die religiöse Überzeugung der Bevölkerung soweit wie möglich Rücksicht genommen; man erinnere sich nur, daß Mansur, der gewöhnlich wenig Skrupel hatte, beim Sturm auf Santiago Sorge trug, die Kirche, die das Grab des Apostels enthielt, vor jeder Entweihung zu schützen, und daß die Kalifen in vielen weiteren Fällen die Gelegenheit nützten, ihre Ehrfurcht vor den Dingen zu bezeugen, die dem Feinde heilig waren; die Christen zeigten in vergleichbaren Fällen eine ähnliche Haltung. Jahrhundertelang wurde der Islam in den zurückeroberten Gebieten geachtet, und erst im 16. Jahrhundert wurde er auf Anstiften eines fanatischen und übermächtig gewordenen Klerus systematisch verfolgt und ausgerottet. Während des ganzen Mittelalters hingegen begleitete die Toleranz gegenüber der fremden Auffassung und die Achtung vor dem Empfinden des Feindes die unaufhörlichen Kämpfe zwischen Mauren und Christen und milderte viele Härten und das Elend des Krieges und machte die Kämpfe so ritterlich wie möglich... Trotz der sprachlichen Kluft wurden die Achtung vor dem Gegner und die hohe Wertschätzung seiner Tugenden und, in der Poesie beider Seiten, das Verstehen seiner Empfindungen zum gemeinsamen nationalen Band; diese Poesie bezeugt auf beredte Weise die Liebe oder Freundschaft, welche über alle Hindernisse hinweg Muslime und Christen oftmals vereinte» (Ernst Kühne, *Maurische Kunst*, Berlin, 1924).

waagerechte, die des Willens, und eine senkrechte, die des Erkenntnisvermögens; wir werden die erstere mit dem Begriff «Gleichgewicht»[1] bezeichnen und die zweite mit dem Begriff «Einung». Der Islam ist seinem Wesen nach Gleichgewicht und Einung. Er erhöht den Willen nicht von vornherein durch das Opfer, er neutralisiert ihn durch das Gesetz, und das Hauptgewicht legt er auf die Betrachtung. Die Ausdehnungsweisen des «Gleichgewichts» und der «Einung» – in die «Waagerechte» und die «Senkrechte» – betreffen zugleich den Menschen an sich und die Gemeinschaft; hier besteht natürlich keine Identität, aber eine Zusammengehörigkeit, welche die Gemeinschaft auf ihre Weise und gemäß ihren Möglichkeiten an dem Wege der Einung des einzelnen teilhaben läßt und umgekehrt. Eine der wichtigsten Auswirkungen des Gleichgewichts ist gerade das Übereinkommen zwischen dem Gesetz, welches den Menschen als solchen, und jenem, welches die menschliche Gesellschaft im Auge hat; das Christentum war, der Natur der Dinge gehorchend, aufgrund von Erfahrungen ebenfalls dahin gekommen, doch ließ es gewisse «Risse» bestehen, ohne von vornherein die Betonung auf die Verschiedenheit der beiden menschlichen Ebenen und folglich auf ihren Ausgleich zu legen. Wir wiederholen: Der Islam ist ein vom Absoluten her bestimmtes und auf das Absolute hin ausgerichtetes Gleichgewicht; das Gleichgewicht – wie der Rhythmus, den der Islam rituell durch die vorgeschriebenen, dem Laufe der Sonne entsprechenden Gebete und «mythologisch» durch die rückwärtsweisende Reihe der göttlichen «Boten» und

1 Das Ungleichgewicht enthält ebenfalls einen bejahenden Sinn, jedoch mittelbar; jeder heilige Krieg ist ein Ungleichgewicht. Bestimmte Worte Christi, z. B. «Ich bin nicht gekommen, den Frieden zu bringen, sondern das Schwert», lassen sich dahingehend ausdeuten, daß sie das Ungleichgewicht einsetzen im Hinblick auf die Einung; das Gleichgewicht wird allein durch Gott wiederhergestellt werden.

der offenbarten «Bücher»[1] verwirklicht – ist die Teilhabe des Vielfältigen am Einen und des Bedingten am Unbedingten. Ohne Gleichgewicht finden wir – auf der Grundlage dieser Sehweise – nicht die Mitte, und ohne diese ist weder Aufstieg noch Einung möglich.

*

Wie alle überlieferungstreuen Kulturen ist der Islam ein «Raum», keine «Zeit»; die «Zeit» ist für den Islam nur das Verfallen des «Raumes». «Es wird niemals eine Zeit kommen», hat der Prophet vorhergesagt, «die nicht ärger wäre als die vorausgegangene.» Dieser «Raum», diese unwandelbare Überlieferung umgibt – abgesehen von der Entfaltung und Abwandlung der Formen bei der anfänglichen Ausgestaltung der Überlieferung – die muslimische Menschheit gleich einem Symbol nach Art der körperhaften Welt, die uns ständig und unmerklich mit ihrer Symbolik speist; in der Regel leben die Menschen unter einem Symbol, das auf den Himmel hinweist, auf eine Öffnung zum Unendlichen. Die moderne Wissenschaft hat die schützenden Grenzen dieses Symbols durchstoßen und es dadurch selbst zerstört, sie hat diesen Hinweis und diese Öffnung beseitigt, so wie die moderne Welt überhaupt die Raumsymbole – welche die überlieferten Kulturen sind – zerbricht; was sie den «Stillstand» und die «Sterilität» nennt, ist in Wirklichkeit die Gleichartigkeit und Stetigkeit des Symbols.[2] Wenn der

1 Wenn einerseits das Gleichgewicht nach der Mitte hin gerichtet ist, so ist andererseits der Rhythmus vor allem auf den «Ursprung» als die qualitative Wurzel aller Dinge bezogen.

2 «Weder Indien noch die Pythagoräer haben moderne Wissenschaft getrieben, und bei ihnen Elemente rationaler Technik, die an unsere Wissenschaft erinnern, von metaphysischen Elementen zu sondern, die ganz und gar nicht daran erinnern, ist ein willkürliches und gewaltsames Unterfangen, das wirklicher Objektivität zuwiderläuft. Ein solcherart ‹gereinigter› Platon ist nur noch von anekdotischem Interesse, während doch seine

Muslim, der der Überlieferung noch treu ist, den Verfechtern des «Fortschritts» sagt: «Euch bleibt nur noch, den Tod abzuschaffen», oder wenn er fragt: «Könnt ihr die Sonne am Untergang hindern oder sie zum Aufgehen veranlassen?», dann drückt er genau das aus, was der islamischen «Sterilität» zugrunde liegt: einen wunderbaren Sinn für die Verhältnismäßigkeit und, was auf dasselbe hinausläuft, einen Sinn für das Absolute, der sein ganzes Leben beherrscht.

Um die überlieferungstreuen Kulturen im allgemeinen und den Islam im besonderen zu verstehen, muß man ferner der Tatsache Rechnung tragen, daß für sie nicht der in der Täuschung befangene Durchschnittsmensch das menschliche oder psychologische Richtmaß ist, sondern der Heilige, der, losgelöst von der Welt, auf Gott ausgerichtet ist. Er allein ist völlig «richtig», und deshalb hat allein er uneingeschränkt Daseinsberechtigung, daher ein gewisser Mangel an Empfindungsvermögen hinsichtlich des schlicht und einfach Menschlichen. Da die menschliche Natur gegenüber dem Höchsten Guten wenig empfänglich ist, muß sie – in dem Maße, in dem ihr die Liebe abgeht – zumindest die Furcht haben.

Im Leben eines Volkes gibt es gleichsam zwei Hälften; die eine bildet das Schauspiel seines irdischen Daseins und die andere seine Verbindung mit dem Absoluten; was den Wert eines Volkes oder einer Kultur bestimmt, ist daher nicht das Wortwörtliche seines irdischen Traumes – denn hier ist alles

ganze Lehre dahin ging, den Menschen im überzeitlichen und überlogischen Leben des Denkens heimisch zu machen, wovon die Mathematik wie auch die sinnlich faßbare Welt Sinnbilder sein können. Wenn folglich die Völker während Abertausenden von Jahren und in allen Teilen der Welt auf unsere selbständige Wissenschaft verzichten konnten, dann deshalb, weil diese Wissenschaft nicht notwendig ist, und wenn sie als Zivilisationserscheinung unvermittelt und an einer einzigen Stelle aufgetreten ist, dann wird daraus ihre Zufälligkeit deutlich» (Fernand Brunner: *Science et Réalité,* Paris 1954).

nur Symbol –, sondern seine Fähigkeit, das Absolute zu «spüren», und, bei besonders begabten Seelen, die Fähigkeit dorthin zu gelangen. Es ist also vollkommen trügerisch, diese Dimension der Beziehung zum Absoluten außer acht zu lassen und eine menschliche Welt nach irdischen Unterscheidungsmerkmalen zu werten, indem man zum Beispiel eine materielle Zivilisation mit einer anderen vergleicht. Der Abstand von einigen Jahrtausenden, der den steinzeitlichen Indianer vom materiellen und wissenschaftlichen Raffinement des Weißen trennt, ist nichts im Hinblick auf das beschauliche Erkenntnisvermögen und die Tugenden, die allein den Wert des Menschen und seine dauernde Wirklichkeit ausmachen, oder jenes Etwas, das uns erlaubt, ihn wirklich, nämlich im Angesicht des Schöpfers, zu werten. Zu meinen, Menschen seien mit uns verglichen «im Rückstand», weil ihr Erdentraum Formen annimmt, die weniger ausgebildet, gerade deshalb aber oftmals aufrichtiger sind als die unseren, ist weit «naiver», als zu glauben, daß die Erde flach oder daß ein Vulkan ein Gott sei. Die größte Naivität ist es ganz gewiß, denTraum für etwas Unbedingtes zu halten und ihm sämtliche wesentlichen Werte zu opfern, zu vergessen, daß das «Wichtige» erst jenseits seiner Ebene beginnt oder vielmehr daß – wenn es auf Erden «Wichtiges» gibt – es nur kraft dessen besteht, was jenseits alles Irdischen ist.

Man stellt die moderne Zivilisation als Denkweise oder Kulturform gern den überlieferungstreuen Kulturen gegenüber, vergißt jedoch, daß das moderne Denken – oder die Zivilisation, die es erzeugt – nur eine unbestimmte und in gewisser Weise nicht genau zu bestimmende Strömung ist, weil es keine wirkliche, also vom Unwandelbaren herrührende Grundwahrheit mehr gibt. Das moderne Denken ist keine festumrissene Lehre unter anderen, es ist das, was seine derzeitige Entwicklungsphase erfordert, und wird das sein, wozu die materialistische und experimentelle Wissenschaft oder die Maschine es machen werden. Nicht mehr das Erkenntnisvermögen des Menschen entscheidet, was der Mensch, was Intelligenz, was die Wahrheit ist, sondern die Maschine – oder die Physik, die Chemie, die Biologie. Unter diesen Voraussetzungen hängt der Geist mehr und mehr von dem «Klima» ab, das durch seine eigenen Schöpfungen entsteht: Der Mensch vermag nicht mehr menschlich zu urteilen, nämlich bestimmt von einem Absoluten, welches der eigentliche Urstoff der Erkenntnis ist; indem er sich in einen ausweglosen Relativismus verirrt, läßt er sich von den Zufälligkeiten der Wissenschaft und der Technik beurteilen, bestimmen und einstufen. Da er dieser verwirrenden Zwangsläufigkeit, die sie ihm auferlegen, nicht mehr entrinnen kann und da er sich seinen Irrtum[1] nicht eingestehen will, bleibt ihm nichts übrig, als seiner Menschenwürde und seiner Freiheit zu entsagen. Die Wissenschaft und die Maschine sind es, die ihrerseits den Menschen schaffen, und sie sind es, die «Gott erschaffen», wenn es erlaubt ist, sich so auszudrükken,[2] denn die Leere, welche Gott hinterläßt, kann keine Leere bleiben. Die Wirklichkeit Gottes und das, was der menschlichen Natur von Ihm aufgeprägt ist, fordern einen Gottesersatz, ein falsches Absolutes, welches das Nichts eines seines Urstoffs beraubten Verstandes ausfüllen kann. Man spricht heute viel von «Menschlichkeit», aber man vergißt, daß der Mensch, sobald er seine Vorrechte zugunsten der Materie, der Maschine, des mengenmäßigen Wissens

1 Hier besteht etwas wie eine Perversion des Selbsterhaltungstriebes, ein Bedürfnis, den Irrtum zu verstärken, um ein ruhiges Gewissen zu haben.

2 Die Spekulationen Teilhard de Chardins liefern das schlagende Beispiel für eine Theologie, die der Versuchung durch Mikroskope, Teleskope sowie Maschinen und deren philosophischen und sozialen Folgen nicht widerstehen konnte – ein «Sündenfall», der ausgeschlossen wäre bei auch nur dem geringsten unmittelbaren, auf Erkenntnis beruhenden Wissen von nichtstofflichen Wirklichkeiten. Die «unmenschliche» Seite der besagten Lehre ist übrigens sehr aufschlußreich.

aufgibt, aufhört, im eigentlichen Sinne «Mensch» zu sein.[1]

Wenn man von «Kultur» (*civilisation*) spricht, verbindet man mit diesem Begriff gemeinhin ein Streben nach hohen Werten; Kultur ist jedoch nur dann ein Wert, wenn sie übermenschlichen Ursprungs ist und für den «Kulturmenschen» den Sinn für das Heilige in sich schließt: Nur ein Volk, das diesen Sinn für das Heilige besitzt und damit lebt, hat wirklich Kultur. Dem, der uns entgegenhält, diese Einschränkung berücksichtige nicht alle Bedeutungen dieses Wortes und eine «kultivierte» Welt wäre auch ohne Religion denkbar, entgegnen wir, daß die «Kultur» in diesem Falle gleichgültig wird oder vielmehr, daß sie dann – da es zwischen dem Heiligen und etwas anderem keine echte Wahl gibt – eine äußerst trügerische Verirrung darstellt. Der Sinn für das Heilige ist für jede Kultur von grundlegender Bedeutung, weil er für den Menschen überhaupt von grundlegender Bedeutung ist; das Heilige – das Unwandelbare, Unverletzliche, folglich unendlich Erhabene – gehört zum eigensten Urstoff unseres Geistes und Daseins. Die Welt ist unglücklich, weil die Menschen unterhalb ihrer eigenen Ebene leben; der Irrtum des modernen Menschen besteht darin, die Welt verbessern zu wollen, ohne den Menschen bessern zu wollen oder zu können; und dieser offenbare Widerspruch, dieser Versuch, eine bessere Welt auf der Grundlage einer schlechteren Menschheit zu schaffen, kann nur mit der Vernichtung des Menschlichen und folglich auch des Glückes enden. Den Menschen bessern heißt, ihn wieder mit dem Himmel verbinden, das zerrissene Band wieder neu knüpfen; es heißt, ihn der Herrschaft der Leidenschaften, dem Kult der Materie, der Menge und der List zu entreißen und ihn wieder mit der Welt des Geistes und der heiteren Klarheit zu vereinen, wir möchten sogar sagen, mit der Welt des zureichenden Grundes.

1 Am vollständigsten «menschlich» ist das, was dem Menschen die besten Möglichkeiten für das Jenseits bietet, und das ist eben dadurch auch das, was seinem Wesen zutiefst entspricht.

In dieser Ordnung von Begriffen – und da es sogenannte Muslime gibt, die nicht zögern, den Islam als «Präzivilisation» einzustufen, muß unterschieden werden zwischen «Gefallenheit», «Verfall», «Entartung» und «Abirrung»: Die ganze Menschheit ist «gefallen», als Folge des verlorenen Edens, besonders auch aufgrund der Tatsache, daß sie in das «eiserne Zeitalter» eingebunden ist; bestimmte Kulturen sind im Zustand des «Verfalls», so die Mehrzahl der überlieferungstreuen Welten des Morgenlandes zur Zeit der westlichen Eroberungen;[1] eine große Anzahl unzivilisierter Stämme ist «entartet», entsprechend dem Ausmaß ihrer Rohheit; die moderne Zivilisation ist «abgeirrt», und diese Abirrung verbindet sich mehr und mehr mit einem echten Verfall, der vor allem in der Literatur und Kunst spürbar ist. Wir möchten hier von einer «Postzivilisation» sprechen, um auf die Wertung zurückzukommen, die ein wenig weiter oben erwähnt wurde.

Dabei stellt sich eine Frage, die vielleicht am Rande unseres Themas liegt, nichtsdestoweniger jedoch damit in Zusammenhang steht, denn wenn vom Islam die Rede ist, ist von Überlieferung zu sprechen, und wenn von dieser gehandelt wird, muß auch gesagt werden, was sie nicht ist: Was bedeutet es tatsächlich, wenn heutzutage so oft die Forderung laut wird, die Religion solle sich mit sozialen Problemen befassen? Es bedeutet ganz schlicht, daß sie sich auf die Maschinen einstellen soll, daß die Theologie, um es unumwunden zu sagen, die Dienerin der Industrie werden soll.

1 Dennoch war es nicht dieser Verfall, der sie «kolonisierbar» machte, sondern im Gegenteil ihre «Normalität», welche den «technischen Fortschritt» ausschloß; Japan, das überhaupt nicht dekadent war, widerstand dem ersten Ansturm westlicher Waffen ebensowenig wie andere Länder. Wir beeilen uns hinzuzufügen, daß heutzutage der alte Gegensatz Abendland–Morgenland auf politischer Ebene fast nirgendwo hervortritt, oder er zeigt sich im Innern der Völker selbst; von außen gesehen handelt es sich nur noch um Spielarten des modernen Geistes, die einander gegenüberstehen.

Ohne Zweifel hat es immer soziale Probleme gegeben, infolge von Mißbrauch, der einerseits auf den Zustand des gefallenen Menschen und andererseits auf das Vorhandensein großer Kollektive – mit ungleichen Gruppen – zurückzuführen ist. Im Mittelalter jedoch – das, aus sich selbst heraus betrachtet, weit entfernt davon war, eine ideale Epoche zu sein – und auch lange danach noch schöpfte der Handwerker viel Glück aus seiner Arbeit, die noch menschlich war, und aus seiner Umgebung, die der Begabung und dem Geist seines Volkes noch angemessen war. Wie immer das gewesen sein mag, es gibt nun einmal den modernen Arbeiter, und die Wahrheit geht ihn etwas an: Er muß vor allem verstehen, daß es falsch ist, der durchaus künstlichen Eigenschaft «Arbeiter» den Charakter einer zum Menschentum gehörenden Kategorie zuzuschreiben, denn die Menschen, die tatsächlich Arbeiter sind, können jeder beliebigen natürlichen Gruppe angehören; ferner, daß jede äußere Lage nur bedingt ist und der Mensch stets Mensch bleibt; daß die Wahrheit und das geistige Leben sich dank ihrer Allumfassendheit und ihres gebieterischen Charakters jeder Lage einfügen können; daß das sogenannte «Arbeiterproblem» im Grunde nichts anderes ist als das Problem des Menschen, der in bestimmte Gegebenheiten gestellt ist, mithin immer das Problem des Menschen an sich; schließlich, daß die Wahrheit es nicht erfordern kann, daß wir uns gegebenenfalls durch Kräfte unterdrücken lassen, die ebenfalls nur den Maschinen dienen, so wenig wie sie es uns erlaubt, unsere Ansprüche auf das Begehren zu gründen, das in gar keinem Falle das Maß unserer Bedürfnisse sein kann. Es muß hinzugefügt werden: Wenn alle Menschen dem innersten Gesetz gehorchten, das dem Menschsein aufgeprägt ist, dann gäbe es weder soziale noch allgemein menschliche Probleme; abgesehen von der Frage, ob es überhaupt möglich wäre, die Menschheit zu bessern – es ist tatsächlich unmöglich –, muß auf jeden Fall jeder sich selbst bessern und niemals glauben, daß die inneren Wirklichkeiten für das Gleichgewicht der Welt ohne Bedeutung sind. Vor trügerischem Optimismus gilt es sich ebenso zu hüten wie vor der Verzweiflung, denn der erstere steht im Widerspruch zu der flüchtigen Weltwirklichkeit, in der wir leben, und die zweite zur ewigen Wirklichkeit, die wir schon in uns tragen und die allein unseren irdischen Menschzustand verständlich macht.

Ein arabisches Sprichwort, welches die Haltung der Muslime dem Leben gegenüber widerspiegelt, lautet: «Die Langsamkeit ist Gottes, die Hast ist des Teufels».[1] Das führt uns zu folgender Überlegung: Da die Maschinen die Zeit verschlingen, ist der moderne Mensch ständig in Eile, und da der dauernde Zeitmangel bei ihm Zwangsregungen der Hast und Oberflächlichkeit hervorruft, nimmt er diese Zwangsregungen – die ebensoviele Gleichgewichtsstörungen ausgleichen – für Überlegenheit und verachtet im Grunde den Menschen von früher mit seinen «idyllischen» Gewohnheiten, vor allem aber den altmodischen Morgenländer mit seinem langsamen Gang und dem umständlich zu wickelnden Turban. Aus Mangel an Erfahrung kann man sich nicht mehr vorstellen, welchen qualitativen Gehalt die überlieferungsgemäße «Langsamkeit» hatte oder wie die Menschen früher «geträumt» haben; man gibt sich mit der Karikatur zufrieden, das ist viel einfacher und wird zudem von einem trügerischen Hang zum Bewahren gefordert. Wenn die sozialen Probleme – mit natürlich materiellem Hintergrund – den Geist unserer Zeit so weitgehend bestimmen, dann nicht allein aufgrund der sozialen Folgen der Technik und der unmenschlichen Bedingungen, die sie hervorruft, sondern auch aufgrund des Fehlens einer beschaulichen Umwelt, die für das Glück des Menschen doch notwendig ist, was immer sein «Lebensstandard» sein mag,

1 *Festina lente*, sagten die Alten.

um einen ebenso rohen wie geläufigen Ausdruck zu gebrauchen.[1]

*

Wir haben den Turban erwähnt, als vom langsamen Gleichmaß in einer überlieferungsgemäßen Umgebung die Rede war;[2] wir müssen ein wenig dabei verweilen, um darüber nachzudenken. Die Gedankenverbindung zwischen dem Turban und dem Islam ist keineswegs zufällig: «Der Turban», sagte der Prophet, «ist eine Grenze zwischen dem Glauben und dem Unglauben», und ferner: «Meine Gemeinschaft wird nicht zerfallen, solange sie den Turban trägt»; auch die folgenden Ahâdîth werden angeführt: «Am Tage des Gerichts wird der Mensch für jede Windung des Turbans (*kawrah*) um seinen Kopf ein Licht empfangen»; «Tragt den Turban, denn so nehmt ihr zu an Großmut.» Was wir hier hervorheben möchten, ist, daß man überzeugt ist, daß der Turban dem Gläubigen eine Art Würde, Weihe, eine erhabene Demut vermittelt.[3] Er scheidet ihn von den chaoti-

1 Jede beschauliche Haltung und folglich jede Weigerung, die gesamtheitliche Wahrheit und den Sinn des Lebens in die äußere Betriebsamkeit zu verlegen, wird «Flucht vor der Verantwortung», Weltflucht oder Eskapismus genannt. Mit der Bezeichnung «Verantwortung» schmückt man das scheinheilig zweckgerichtete Festhalten an der Welt und übersieht dabei angelegentlich, daß die Flucht, sollte es sich denn nur um eine solche handeln, nicht immer die falsche Haltung ist.

2 Eine Langsamkeit, welche die Geschwindigkeit nicht ausschließt, wenn diese sich aus den natürlichen Eigenschaften der Dinge ergibt oder wenn sie das natürliche Ergebnis von Umständen ist – was ihre Übereinstimmung mit den Sinnbildlichkeiten und den entsprechenden geistigen Haltungen einbegreift. Es gehört zum Wesen des Pferdes, schnell laufen zu können; eine Fantasia läuft mit Geschwindigkeit ab; ein Schwerthieb muß blitzgeschwind ausgeführt werden, eine heilbringende Entscheidung ebenso. Die Waschung vor dem Gebet ist schnell zu vollziehen.

3 Im Islam stellt man sich die Engel und alle Propheten mit einem Turban bekleidet vor; die Farben wechseln mitunter, entsprechend der Symbolik.

schen und zerstreuten Geschöpfen – den «Umherirrenden» (*dâllûn*) der Fâtihah –, er richtet ihn aus auf eine göttliche Achse – den «rechten Weg» (*aç-çirât al-mustaqîm*) des gleichen Gebetes – und bestimmt ihn so zur Betrachtung. Mit einem Wort: Der Turban setzt sich, gleich einem himmlischen Gewicht, allem entgegen, was unheilig und eitel ist. Da es der Kopf ist – das Gehirn –, wo wir unsere Wahl treffen zwischen dem Wahren und dem Falschen, dem Dauernden und dem Vergänglichen, dem Wirklichen und dem Trügerischen, dem Ernsten und dem Nichtigen, steht es ihm zu, das Zeichen dieser Wahl zu tragen; das materielle Zeichen soll das geistige Bewußtsein stärken, wie es übrigens bei jeder kultischen Kopfbedeckung, sogar bei jedem liturgischen oder einfach der Überlieferung entstammenden Gewand der Fall ist. Der Turban «umschließt» gewissermaßen das Denken, das ständig zu Abschweifung, Vergessen oder Unglauben bereit ist; er erinnert an die heilige Gefangenschaft der leidenschaftlichen, Gott fliehenden Natur.[1] Das Gesetz des Koran übernimmt die Wiederherstellung eines verlorenen ursprünglichen Gleichgewichts, daher das Hadîth: «Tragt den Turban und unterscheidet euch darin von den (ins Ungleichgewicht geratenen) Völkern, die euch vorausgingen.»[2]

1 Der hl. Vincent von Paul hatte, als er die Hauben der «Filles de la Charité» schuf, die Absicht, ihnen so etwas wie eine Erinnerung an die mönchische Abgeschiedenheit aufzuerlegen.

2 Der Haß gegen den Turban, wie der Haß gegen die «Romantik», das «Malerische», das «Folkloristische», erklärt sich aus der Tatsache, daß die «romantischen» Welten gerade jene sind, in denen Gott noch wahrscheinlich ist; wenn man den Himmel abschaffen will, ist es folgerichtig, damit zu beginnen, eine Umgebung zu schaffen, welche die geistigen Dinge wie Fremdkörper erscheinen läßt. Um mit Erfolg erklären zu können, Gott sei nicht wirklich, muß um den Menschen eine falsche Wirklichkeit geschaffen werden, die notwendigerweise unmenschlich sein wird, denn allein das Unmenschliche kann Gott ausschließen. Es geht darum, die Einbildungskraft zu verfälschen, folglich, sie zu töten; die moderne Geisteshaltung zeigt den erstaunlichsten Mangel an Vorstellungskraft, der sich denken läßt.

Hier sind einige Worte über den Schleier der muslimischen Frauen angebracht. Der Islam trennt scharf zwischen der Welt des Mannes und der Welt der Frau, zwischen der gesamten Gemeinschaft und der Familie, welche ihr Kern ist, oder zwischen der Straße und dem Heim, wie er auch die Gesellschaft vom Einzelwesen trennt und die Exoterik von der Esoterik. Das Heim – wie die Frau, die es verkörpert – ist unverletzlich und somit heilig. Die Frau verkörpert sogar in gewisser Weise, aufgrund bestimmter Aspekte ihres Wesens und ihrer Aufgabe, die Esoterik; die «esoterische Wahrheit» – die Haqîqah – wird als eine «weibliche» Wirklichkeit empfunden, wie auch die Barakah (der Segen, der geistige Einfluß). Der Schleier und die Abgeschiedenheit der Frau stehen übrigens in Zusammenhang mit der zyklischen Endphase, in der wir leben – wo Leidenschaften und Bosheit zunehmend vorherrschen – und zeigen eine gewisse Analogie mit dem Verbot des Weines und der Verhüllung der Mysterien.

*

In den überlieferungstreuen Gesellschaften gibt es neben den Unterschieden von Sehweise und Dogma auch noch die Unterschiede von Temperament und Geschmack: So erträgt das europäische Temperament schwer die übertreibende Ausdrucksweise, während sie für den Morgenländer eine Art und Weise darstellt, einen Gedanken oder eine Absicht zur Geltung zu bringen, das Erhabene zu bezeichnen oder das Unbeschreibliche, wie etwa die Erscheinung eines Engels oder die Ausstrahlung eines Heiligen, auszudrücken. Der Abendländer hält sich an die Genauigkeit der Tatsachen, aber sein Mangel an Einsichten in die «unwandelbaren Wesensgründe» (*al-ayân ath-thâbitah*) hebt das wieder auf und vermindert die Reichweite seines auf Beobachtung ausgerichteten Geistes um vieles. Der Morgenländer dagegen besitzt den Sinn für die metaphysische Durchsichtigkeit der Dinge, bei irdischen Tatsachen aber vernachlässigt er leicht die Genauigkeit – zu Recht oder zu Unrecht, je nachdem; für ihn hat das Symbol Vorrang vor der Erfahrung.

Die symbolische Übertreibung erklärt sich zum Teil aus dem folgenden Grundsatz: Zwischen der Form und dem, was sie enthält, besteht nicht nur Ähnlichkeit, sondern ebenso auch Gegensatz; wenn die Form – oder der Ausdruck – in der Regel dem Bild entsprechen muß, das sie vermittelt, kann sie auch, aufgrund der Kluft zwischen dem «Außen» und dem «Innen», zugunsten des reinen Inhalts vernachlässigt oder auch, wegen der Überfülle desselben, gleichsam «zerbrochen» sein. Der Mensch, der allein an das «Innen» gebunden ist, kann ohne jedes Bewußtsein von der äußeren Form sein und umgekehrt. Der eine Mensch wirkt erhaben, weil er heilig ist, ein anderer erbarmungswürdig, aus dem gleichen Grunde; und was für die Menschen gilt, gilt auch für ihr Reden und ihre Bücher. Der Preis für das Tiefe oder das Erhabene ist zuweilen ein Mangel an kritischem Sinn, was das Äußere anlangt – womit gewiß nicht gesagt sein soll, daß das so sein müßte, denn es handelt sich hierbei nur um eine widersprüchliche Möglichkeit. Anders gesagt: Wenn die fromme Überteibung ein Überfließen von Glaubensgewißheit und Aufrichtigkeit ist, hat sie das «Recht», sich keine Rechenschaft darüber zu geben, daß sie ein schlechtes Bild zeichnet, und es wäre undankbar und unangemessen, ihr daraus einen Vorwurf zu machen. Die Gottesfurcht wie auch die Wahrhaftigkeit erfordern, daß wir da, wo wir vor der Wahl stehen, die eigentliche Absicht sehen, nicht aber die Schwäche des Ausdrucks.

*

Die Pfeiler (*arkân*) des Islam sind die zweifache Bezeugung des Glaubens (*shahâdatân*), das fünfmal täglich wiederholte vorschriftsmäßige Gebet (*çalât*), das Ramadan-Fasten (*çiyâm, çawm*), der Zehnte (*zakât*), die Pilgerschaft (*hajj*); zuweilen fügt man noch den heiligen Krieg hinzu (*al-jihâd*), der mehr oder weniger zufälligen Charakters ist, weil er von den Umständen abhängt;[1] was die Waschung (*wudhû* oder *ghusl*) anlangt, so wird sie nicht besonders erwähnt, denn sie ist eine Voraussetzung für das Gebet. Wie wir oben sahen, weist die Shahâdah letztlich – und uns interessiert hier der umfassendste Sinn – auf die Unterscheidung zwischen dem Wirklichen und dem Unwirklichen hin, sodann – in ihrem zweiten Teil – auf die Verbundenheit der Welt mit Gott, in der zweifachen Beziehung von Ursprung und Ziel, denn die Dinge von Gott getrennt zu betrachten ist bereits Unglaube (*nifâq, shirk* oder *kufr*). Das Gebet verbindet den Menschen mit dem Gleichmaß und – durch die rituelle Ausrichtung gegen die Kaaba – mit der der Mitte zustrebenden Ordnung des allgemeinen Gebetes; die Waschung, die dem Gebet vorausgeht, bringt den Menschen grundsätzlich zurück in den Urzustand und in gewisser Weise zum reinen Sein. Das Fasten scheidet uns vom dauernden und verzehrenden Fluß des sinnlichen Lebens, es bringt eine Art Tod oder Reinigung in unser Fleisch;[2] das Almosen besiegt die Selbstsucht und den Geiz, es vergegenwärtigt die Zusammengehörigkeit aller Geschöpfe; es ist ein Fasten der Seele, so wie das eigentliche Fasten ein Almosen des Körpers ist. Die Pilgerschaft ist das Vorbild der inneren Reise zur Kaaba des Herzens, sie reinigt die Gemeinschaft, wie das kreisende Blut, indem es das Herz durchfließt, den Leib reinigt. Der heilige Krieg schließlich ist – immer von dem Standpunkt her gesehen, den wir hier

1 Das gleiche gilt für die Ebene des menschlichen Mikrokosmos, für den Verstand ebenso wie für den Willen: Weder das Begehren noch das Unterscheidungsvermögen werden beansprucht, wenn es am Gegenstand fehlt.

2 Der Ramadan ist im muslimischen Jahr das, was der jüdisch-christliche Sonntag in der Woche ist.

einnehmen – eine äußere und gemeinschaftliche Manifestation der Unterscheidung zwischen der Wahrheit und dem Irrtum; er ist gleichsam die sich von der Mitte fortbewegende negative Ergänzung zur Pilgerschaft – die Ergänzung, nicht der Gegensatz, denn er bleibt mit der Mitte verbunden und ist durch seinen religiösen Inhalt positiv.

Fassen wir die wesentlichen Merkmale des Islam noch einmal unter dem Gesichtspunkt zusammen, der uns wichtig ist: Unter normalen Umständen beeindruckt der Islam durch die Unerschütterlichkeit seiner Überzeugung sowie auch durch das Kämpferische seines Glaubens. Diese beiden einander ergänzenden Aspekte, der unbewegte innere und der bewegte äußere, entstammen im wesentlichen einem Bewußtsein des Absoluten, das einerseits unzugänglich macht für den Zweifel und andererseits den Irrtum mit Ungestüm zurückweist;[1] das Absolute – oder das Bewußtsein des Absoluten – erzeugt so in der Seele die Eigenschaften des Felsens und des Blitzes – vertreten einerseits durch die Kaaba, welche die Mitte ist, und andererseits durch das Schwert des heiligen Krieges, welches den Umkreis bezeichnet. Auf der geistigen Ebene legt der Islam die Betonung auf die Erkenntnis, da diese das Höchstmaß an Einheit verwirklicht, in dem Sinne, daß sie die Täuschung der Vielheit durchdringt und die Zweiheit von Subjekt und Objekt übersteigt. Die Liebe ist eine Form und ein Prüfstein der einenden Erkenntnis, oder auch, von einem anderen Blickpunkt her, eine Teilstrecke auf dem Wege dorthin. Auf der irdischen Ebene sucht der Islam das Gleichgewicht und stellt jedes Ding an seinen Platz, wobei er übrigens klar zwischen Einzelwesen

1 Aus dieser Sicht ist der Irrtum die Verneinung des Absoluten oder das Zurechnen von Bedingtem und Zufälligem zum Absoluten oder auch das Geltenlassen von mehr als einem Absoluten. Doch darf dieser metaphysische Ansatz nicht mit den Begriffsverbindungen verwechselt werden, die er im Bewußtsein der Muslime veranlassen kann und die lediglich einen symbolischen Sinn haben können.

und Gemeinschaft unterscheidet, nicht ohne ihrer wechselseitigen Zusammengehörigkeit Rechnung zu tragen. Al-Islâm ist der ausgewogene Menschenzustand im Lichte des Absoluten, in der Seele wie in der Gesellschaft.

Die Grundlage des geistigen Aufstiegs ist, daß Gott reiner Geist und der Mensch durch das Erkenntnisvermögen Ihm grundsätzlich ähnlich ist. Der Mensch geht zu Gott mit Hilfe dessen, was in ihm Gott am gleichförmigsten ist: seinem Erkenntnisvermögen, das zugleich geistiges Durchdringen und Betrachtung und dessen «übernatürlich-natürlicher» Inhalt das Absolute ist, welches erleuchtet und befreit. Die Eigenart eines Weges hängt von einer vorangehenden Bestimmung des Menschen ab: Ist der Mensch Leidenschaft – wie es die allgemeine Lehre des Christentums betont[1] –, dann ist sein Weg Leiden; ist er Begierde, dann ist sein Weg Verzicht; ist er Wollen, dann ist der Weg Anstrengung; ist er Erkenntnis, dann ist der Weg Unterscheidung, Sammlung und Betrachtung. Aber wir könnten auch sagen, der Weg ist dies, in dem Maße, als (und nicht *weil*) der Mensch dieses oder jenes Wesen hat; und das läßt uns verstehen, warum die muslimische Geistigkeit, obwohl sie sich gänzlich auf das Mysterium der Erkenntnis gründet, dennoch sowohl den Verzicht als auch die Liebe einbegreift.

Der Prophet hat gesagt: «Gott hat nichts Edleres als das Erkenntnisvermögen geschaffen, und sein Zorn fällt auf den, der es verachtet», und auch: «Gott ist schön, und er liebt die Schönheit.» Diese beiden Sätze sind bezeichnend: Für den Islam ist die Welt ein ungeheures Buch, angefüllt mit «Zeichen (*âyât*) oder Sinnbildern – Elementen der Schönheit –, die zu unserm Verständnis sprechen und die sich an jene wenden, «die verstehen». Die Welt ist aus Formen gemacht, und diese sind gleich den Überresten einer gefrorenen himmlischen Musik; die Erkenntnis oder Heiligkeit taut un-

1 Jedoch ohne daß es da eine grundsätzliche Beschränkung gäbe.

ser Gefrorensein auf, sie befreit die innere Melodie.[1] Man muß sich hierbei des Koranverses erinnern, der von den «Steinen» spricht, «aus denen Bäche entspringen», während es Herzen gibt, die «härter sind als Stein», was an das «Wasser des Lebens» Christi und an die «Ströme lebendigen Wassers» erinnert, die nach dem Evangelium «in den Herzen der Heiligen entspringen».[2]

Diese «Bäche» oder «lebendigen Wasser» sind jenseits der förmlichen und trennenden Verdichtungen; sie entstammen dem Bereich der «göttlichen Wahrheit» (*haqîqah*), zu welcher der «Weg» (*tarîqah*) führt – der von der «gemeinsamen Straße» (*sharî'ah*), dem allgemeinen Gesetz, ausgeht –, und auf dieser Ebene ist die Wahrheit nicht mehr ein Gefüge von Begriffen – das im wesentlichen übrigens angemessen und unerläßlich ist –, sondern ein «Element», wie das Wasser oder das Feuer. Das führt zu einer weiteren Betrachtung: Wenn es verschiedene Religionen gibt – deren jede dem Begriffe nach eine unbedingte und ausschließende Sprache spricht –, so darum, weil der Unterschied zwischen den Religionen sinngemäß genau dem Unterschied zwischen den einzelnen Menschen entspricht. Anders gesagt: Wenn die Religionen wahr sind, dann deshalb, weil jedesmal Gott ge-

1 Die Gesänge und Tänze der Derwische sind eine sinnbildhafte und folglich geistig wirksame Vorwegnahme der Rhythmen der Unsterblichkeit und auch – was auf das gleiche hinausläuft – des göttlichen Nektars, welcher im geheimen in den Adern aller Geschöpfe fließt. Hier ist übrigens ein Beispiel für einen gewissen Gegensatz zwischen dem Esoterischen und dem Exoterischen, der gelegentlich unvermeidlich ist: Die Musik und der Tanz sind vom allgemeinen Gesetz untersagt, aber die Esoterik macht davon Gebrauch, wie auch von der Symbolik des Weines, also von einem verbotenen Getränk. Darin liegt nichts Widersinniges, denn auch die Welt steht in einer gewissen Beziehung im Widerspruch zu Gott, obwohl sie «nach Seinem Bilde gemacht ist». Die Exoterik folgt dem «Buchstaben», die Esoterik der «göttlichen Absicht».

2 Jalâl ad-Dîn Rûmî: «Das Meer, das ich bin, hat sich in seine eigenen Wogen hineinergossen. Seltsames, grenzenloses Meer, das ich bin!»

sprochen hat, und wenn sie verschieden sind, dann darum, weil Gott verschiedene Sprachen gesprochen hat gemäß der Verschiedenheit der empfangenden Gefäße; und schließlich, wenn sie unbedingt und ausschließlich sind, dann deshalb, weil Gott in jeder von ihnen gesagt hat: «Ich». Diese Behauptung – das wissen wir nur zu gut, und es liegt außerdem in der Natur der Sache – ist auf der Ebene der exoterischen Orthodoxie nicht annehmbar,[1] sie ist es jedoch auf der Ebene der allheitlichen Orthodoxie, eben jener, von der Mohyiddîn ibn Arabî, der große Wortführer der Gnosis im Islam, mit folgenden Worten Zeugnis ablegte: «Mein Herz hat sich allen Formen geöffnet, es ist eine Weide für die Gazellen[2] und ein Kloster christlicher Mönche, es ist ein Götzentempel und ist die Kaaba des Pilgers und die Tafeln der Thora und das Buch des Koran. Ich übe die Religion der Liebe aus;[3] in welcher Richtung seine Karawanen[4] auch ziehen mögen, die Religion der Liebe wird meine Religion und mein Glaube sein» (*Tarjumân al-ashwâq*).[5]

1 Dieses Wort zeigt eine Begrenzung an, es enthält aber von vornherein keinen Vorwurf, denn die Grundlagen des Menschen sind nun einmal die, die sie sind.

2 Die «Gazellen» sind die geistigen Zustände.

3 Es handelt sich hier nicht um Mahabbah (Gottesliebe) im psychologischen oder methodischen Sinne, sondern um «gelebte Wahrheit» und «göttliche Anziehungskraft». Die «Liebe» steht hier den «Formen» gegenüber, die als «kalt» und «tot» angesehen werden. «Der Buchstabe tötet», sagt auch der hl. Paulus, während der «Geist lebendig macht». «Geist» und «Liebe» sind hier Synonyme.

4 Wörtlich: seine «Kamele». Wie die «Gazellen» stehen hier die «Kamele» für geistige Wirklichkeiten; sie stellen die inneren und äußeren Folgen – oder bewegte Weisen (*modi*) der «Liebe», das heißt, des «wesentlichen Bewußtseins», dar.

5 Ebenso sagt Jalâl ad-Dîn Rûmî in seinen Vierzeilern: «Wenn das Bild unseres Geliebten im Götzentempel ist, ist es unbedingt ein Irrtum, die Kaaba zu umschreiten. Wenn die Kaaba ihres Duftes beraubt ist, ist sie eine Synagoge. Und wenn wir in der Synagoge den Duft der Einung mit Ihm spüren, dann ist diese unsere Kaaba.» Im Koran drückt sich dieses

2 Koran und Sunnah

Die große göttliche Offenbarung des Islam ist der Koran; er erscheint als ein Unterscheiden (*furqân*) zwischen der Wahrheit und dem Irrtum.[1] In einem gewissen Sinne ist der ganze Koran – einer seiner Namen ist geradezu *Al-Furqân* («die Unterscheidung») – eine Art vielfacher Umschreibung der grundlegenden Unterscheidung, wie sie in der Shahâdah ausgedrückt ist; kurz zusammengefaßt ist sein ganzer Inhalt in den Worten: «Die Wahrheit ist gekommen, und der Irrtum (*al-bâtil*, das Eitle, Unbeständige) ist verschwunden; wahrlich, das Nichtige ist nur von kurzer Dauer» (Koran XVII,73).[2]

Bevor wir die Botschaft betrachten, wollen wir über ihre Form sprechen und über die Grundsätze, die sie bestimmen. Ein arabischer Dichter behauptete, er könne ein Buch schreiben, das besser wäre als der Koran, dessen Vortrefflich-

Allesumfassende vor allem in folgenden Versen aus: «Gottes ist der Orient und der Okzident, wohin ihr euch wendet, dort ist Gottes Antlitz» (II,115); – «Sprich: ruft Allah an oder Ar-Rahmân (den Allbarmherzigen); mit welchem Namen immer ihr Ihn anruft, Ihm (Gott) gehören die schönsten Namen» (XVII,110). In dem zuletzt zitierten Vers können die göttlichen Namen die geistigen Sehweisen bezeichnen, also die Religionen. Diese gleichen den Perlen des Rosenkranzes; die Schnur ist die Erkenntnis, die eine Wesenheit, die sie alle durchzieht.

1 In dieser Hinsicht ist es bezeichnend, daß im Islam Gott selbst oftmals *Al-Haqq* («die Wahrheit») genannt wird. «*Anâ Al-Haqq*, ich bin die Wahrheit», sagt Al-Hallaj und nicht «ich bin die Liebe».

2 Oder auch: «Wir (Allah) schleudern die Wahrheit dem Irrtum entgegen, damit sie ihn vernichte, und siehe, er (der Irrtum) schwindet schon» (Koran XXI,18).

keit er bestritt, allein schon des Stiles wegen; dieses Urteil, das natürlich der überlieferungsmäßigen Meinung des Islam zuwiderläuft, ist erklärlich bei einem Menschen, der nicht weiß, daß die Erhabenheit eines heiligen Buches grundsätzlich nicht literarischer Art ist; denn es gibt viele Texte, die einen geistigen Sinn enthalten und in denen die logische Klarheit sich mit der Kraft der Sprache oder der Anmut des Ausdrucks verbindet, jedoch ohne daß sie den Charakter der Heiligkeit hätten. Denn die heiligen Schriften sind nicht heilig wegen des Gegenstandes, den sie behandeln, auch nicht aufgrund der Art und Weise, in der sie das tun, sondern ihrer Stufe der Eingebung oder, was auf dasselbe hinausläuft, ihrer göttlichen Herkunft wegen; sie ist es, die den Inhalt des Buches bestimmt, und nicht umgekehrt. Der Koran kann – wie die Bibel – von einer Vielzahl von anderen Dingen reden als von Gott, zum Beispiel vom Teufel, vom heiligen Krieg oder den Gesetzen der Erbfolge, ohne darum weniger heilig zu sein, während andere Bücher von Gott oder von erhabenen Dingen handeln können, ohne darum Gotteswort zu sein.

Für die islamische Orthodoxie ist der Koran nicht allein das unerschaffene Wort Gottes – das sich dennoch durch geschaffene Bestandteile, wie Worte, Töne und Buchstaben, ausdrückt –, sondern auch das Muster der Vollkommenheit der Sprache schlechthin. Von außen betrachtet, scheint das Buch gleichwohl, abgesehen etwa vom letzten Viertel, dessen Form höchst poetisch ist, ohne jedoch Poesie zu sein, als eine mehr oder weniger unzusammenhängende und zuweilen zunächst unverständliche Sammlung von Aussprüchen und Berichten. Der unvorbereitete Leser, gleich, ob er den Text in einer Übersetzung oder auf arabisch liest, stößt sich an den dunklen Stellen, Wiederholungen, Tautologien und bei der Mehrzahl der langen Suren an einer Art Trockenheit, ohne zumindest den «spürbaren Trost» der klangvollen Schönheit zu haben, die sich bei der rituellen Lesung und beim Psalmodieren entfaltet. Doch das sind Schwierigkeiten, denen man in diesem oder jenem Ausmaß bei der Mehrzahl der heiligen Bücher begegnet.[1] Die scheinbare Zusammenhanglosigkeit solcher Texte[2] – wie das «Hohelied» oder bestimmte Stellen beim heiligen Paulus – hat stets die gleiche Ursache, nämlich das unermeßliche Mißverhältnis zwischen dem Geist auf der einen und den begrenzten Möglichkeiten der menschlichen Sprache auf der anderen Seite: Es ist, als zerbräche die geronnene armselige Sprache der Sterblichen unter dem ungeheuren Druck des himmlischen Wortes in tausend Stücke oder als habe Gott, um tausend Wahrheiten auszudrücken, nur ein Dutzend Worte zur Verfügung, was ihn zu bedeutungsschweren Anspielungen nötigt, zu Vereinfachungen, Abkürzungen, sinnbildhaften Zusammenfassungen. Eine heilige Schrift – und vergessen wir nicht, daß das für das Christentum nicht allein das Evangelium ist, sondern die ganze Bibel mit all ihren Rätseln und scheinbaren Ärgernissen – ist eine Ganzheit, sie ist ein mannigfaltiges Bild des

1 Es gibt zwei Hauptweisen oder Stufen der Eingebung – die eine ist unmittelbar und die andere mittelbar. Die unmittelbare Eingebung ist im Neuen Testament durch die Worte Christi und die Apokalypse vertreten und die zweite durch die evangelischen Berichte und die Briefe. Das Judentum drückt diesen Unterschied aus, indem es die Eingebung des Moses einem lichten und die der anderen Propheten einem dunklen Spiegel vergleicht. Bei den indischen Büchern sind die Texte zweitrangiger Eingebung (*smriti*) im allgemeinen leichter zugänglich und scheinbar einheitlicher als der Veda, welcher unmittelbarer Eingebung (*shruti*) entstammt, was beweist, daß die unmittelbare Verständlichkeit und leicht faßliche Schönheit eines Textes keineswegs Kriterien für die Tatsache oder die Stufe der Eingebung sind.

2 Es ist dieser Schein von «Zusammenhanglosigkeit» der Sprache des Korans – nicht die Grammatik oder die Syntax –, die der erwähnte Dichter glaubte tadeln zu müssen. Der Stil der offenbarten Bücher ist immer richtungweisend. Goethe hat die Ausdrucksweise der heiligen Texte sehr gut gekennzeichnet: «Dein Lied ist drehend wie das Sterngewölbe, Anfang und Ende immerfort dasselbe» (*West-östlicher Divan*, Buch Hafis, «Unbegrenzt»).

Seins, wechselhaft und umgestaltet im Hinblick auf das Gefäß Mensch. Sie ist ein Licht, das sich dem Lehm sichtbar machen oder dessen Form annehmen will, oder auch eine Wahrheit, die, da sie sich an Wesen wenden muß, die aus Lehm oder Unwissenheit gemacht sind, kein anderes Ausdrucksmittel hat als gerade das naturhafte Irren, den Stoff, aus dem unsere Seele gemacht ist.[1]

«Gott spricht kurz und bündig», wie die Rabbinen sagen, das erklärt auch die kühnen Auslassungen, die zunächst unverständlich sind, ebenso die Sinnüberlagerungen, die man bei Offenbarungen antrifft.[2] Außerdem, und dies ist ein entscheidender Grundsatz: die Wahrheit liegt, in bezug auf Gott, in der geistigen oder der gemeinmenschlichen Wirksamkeit des Wortes oder des Sinnbildes, nicht in der Genauigkeit der Tatsache, wenn diese psychologisch wirkungslos oder sogar schädlich ist. Gott will erlösen, weniger unterweisen, er hat die Weisheit und die Unsterblichkeit im Auge, nicht das äußere Wissen oder gar die Neugier. Christus nannte seinen Leib «den Tempel», was in Erstaunen setzen kann, wenn man bedenkt, daß das Wort ursprünglich und

1 Jalâl ad-Dîn Rûmî sagt in seinem *Kitâb fîhi mâ fîh*: «Der Koran ist wie eine Jungvermählte: Selbst wenn du versuchst, ihren Schleier zu lüften, zeigt sie sich dir nicht. Wenn du den Koran erörterst, wirst du nichts entdecken, und dir wird keine Freude werden; er verweigert sich dir, weil du versucht hast, den Schleier zu heben; indem er zur List greift und sich in deinen Augen häßlich macht und nicht begehrenswert, sagt er dir: Ich bin nicht der, den du liebst. Er kann sich also in verschiedenartigstem Licht zeigen.» Nach dem hl. Augustinus und anderen Kirchenvätern – Pius XII. erinnerte daran in seiner Enzyklika *Divino affante* – «hat Gott in die heiligen Bücher, die er selbst eingab, absichtlich Schwierigkeiten eingestreut, um uns anzuspornen, sie mit um so größerer Aufmerksamkeit zu lesen und zu durchforschen und uns in Demut zu üben durch die heilsame Feststellung, wie begrenzt das Fassungsvermögen unseres Verstandes ist».

2 So heißt es zum Beispiel, die *Bhagavadgîtâ* könne in siebenerlei verschiedener Bedeutung gelesen werden. Dieser Grundsatz ist in unseren Büchern mehrfach erwähnt worden.

anscheinend mit mehr Recht ein Gebäude aus Stein bezeichnete. Aber der Tempel aus Stein war sehr viel weniger das Gefäß des lebendigen Gottes als Christus – denn Christus war gekommen. Und in Wirklichkeit stand Christus die Bezeichnung «Tempel» mit viel mehr Recht zu als dem von Menschen geschaffenen Bauwerk: Wir behaupten sogar, daß der Tempel – der des Salomon wie der des Herodes – die bildliche Darstellung des Leibes Christi war, denn die zeitliche Abfolge spielt bei Gott keine Rolle. So rücken die heiligen Schriften zuweilen Worte oder sogar Geschehnisse an andere Stellen, im Zusammenhang mit einer höheren Wahrheit, die den Menschen entgeht. Aber bei den offenbarten Büchern bestehen nicht nur die innewohnenden Schwierigkeiten, hinzu kommt auch ihre zeitliche Ferne und kommen die Unterschiede der Denkweisen die Jahrhunderte hindurch oder, sagen wir, die qualitative Ungleichheit der Phasen des menschlichen Zyklus. Am Anfang war die Sprache anders – gleich, ob es sich um die Zeit der Rishi (Skrt., Empfänger der Lehre) oder um die Zeit Mohammeds handelt –; die Wörter waren noch nicht verbraucht, sie enthielten unendlich viel mehr, als wir erahnen können. Vieles, was sich damals für den Leser von selbst verstand, konnte mit Schweigen übergangen werden, später jedoch mußte es deutlich ausgedrückt – und nicht «hinzugefügt» – werden.[1]

Ein heiliger Text mit seinen scheinbaren Widersprüchen und Dunkelheiten hat etwas von einem Mosaik, zuweilen auch von einem Anagramm; doch es genügt, die orthodoxen – daher göttlich geleiteten – Kommentare beizuziehen, um zu erfahren, in welcher Absicht eine bestimmte Aussage ge-

1 Wir wollen uns hier nicht mit dem Aufwand an «psychologisierender» oder sonstiger Unintelligenz der modernen «Textkritik» aufhalten. Beschränken wir uns darauf, zu bemerken, daß sich in unserer Zeit der Teufel nicht nur der Nächstenliebe bemächtigt hat, indem er sie zu einem gottlosen und materialistischen Altruismus erniedrigen will, er hat auch die Auslegung der Heiligen Schrift an sich gerissen.

macht wurde und in welcher Beziehung sie gültig ist oder was, stillschweigend vorausgesetzt, es erlaubt, die auf den ersten Blick unvereinbaren Bestandteile des Textes miteinander zu verbinden. Die Kommentare sind aus der mündlichen Überlieferung hervorgegangen, welche die Offenbarung von Anfang an begleitete, oder sie entstammen Eingebungen aus der gleichen übernatürlichen Quelle. Ihre Aufgabe wäre demnach nicht allein, die Teile zu ergänzen, die im Text nicht enthalten, aber mitgemeint sind, und anzugeben, in welchem Zusammenhang oder in welchem Sinn etwas zu verstehen ist, sondern auch die verschiedenen Sinnbildlichkeiten zu erläutern, die oftmals gleichzeitig und einander überlagernd vorkommen. Kurz, die Kommentare bilden, von der Vorsehung bestimmt, einen Teil der Überlieferung, sie sind gleichsam die Kraft ihres Fortbestehens, selbst wenn ihre schriftliche Aufzeichnung oder gegebenenfalls ihre neuerliche Kundgebung nach einer Unterbrechung mehr oder weniger spät erfolgte, je nachdem, wie es die geschichtlichen Zeitläufte erforderten. «Die Tinte der Weisen (des Gesetzes oder des Geistes) ist gleich dem Blut der Märtyrer», hat der Prophet gesagt, was die entscheidende Rolle der orthodoxen Kommentare in jeder überlieferungstreuen Umgebung aufzeigt.[1]

Nach der jüdischen Überlieferung hat nicht der Wortlaut der heiligen Schriften Gesetzeskraft, sondern einzig ihre orthodoxen Kommentare. Die Thora ist «verschlossen», sie gibt sich nicht selber preis; die Weisen sind es, die sie «öff-

1 «Gott der Allerhöchste spricht nicht zu jedermann; gleich den Königen dieser Welt spricht er nicht mit jedem Flickschuster; er hat Gesandte und Stellvertreter ausgewählt; man nähert sich Gott über die Mittler, die er erwählt hat; Gott der Allerhöchste hat unter seinen Geschöpfen eine Auswahl getroffen, damit man durch den, den er erwählt hat, zu ihm gelangen kann» (Jalâl ad-Dîn Rûmî, *op. cit.*). Diese Stelle, welche die Propheten im Auge hat, ist auch auf die ermächtigten Ausleger der Überlieferung anwendbar.

nen». Es liegt im Wesen der Thora, daß sie von Anbeginn den Kommentar, die Mischna, erforderte. Es heißt, diese wäre in der Stiftshütte mitgeteilt worden, als Josua sie dem Sanhedrin übergab. Dieser war durch sie geweiht, also ist er von Gott eingesetzt wie die Thora und zusammen mit dieser. Und das ist wichtig: Der mündliche Kommentar, den Mose auf dem Sinai empfangen und an Josua weitergegeben hatte, ging zum Teil verloren und mußte von den Weisen auf der Grundlage der Thora wiederhergestellt werden. Dies zeigt deutlich, daß die Gnosis einen zugleich «waagerechten» und «senkrechten» inneren Zusammenhang hat, oder vielmehr, daß sie das geschriebene Gesetz auf eine gleichzeitig «waagerechte» und fortlaufende sowie «senkrechte» und unterbrochene Weise begleitet. Die Geheimnisse werden von Hand zu Hand weitergegeben, doch der Funke kann jederzeit aufflammen, allein durch die Berührung mit dem heiligen Text, kraft des Zusammentreffens eines bestimmten empfänglichen Menschen und der Unwägbarkeiten des Heiligen Geistes. Es heißt auch, Gott habe die Thora bei Tage verliehen, die Mischna aber bei Nacht;[1] oder auch: daß die Thora in sich unendlich sei, die Mischna dagegen, durch ihre Bewegung in der Zeit, unausschöpfbar; wir möchten hinzufügen, daß die Thora dem Ozean gleicht, der unbewegt und unausschöpfbar ist, die Mischna aber einem Flusse, der ständig in Bewegung ist. All das ist, *mutatis mutandis*, auf jede Offenbarung anzuwenden und insbesondere auch auf den Islam.

Was den Islam oder vielmehr seine Esoterik anlangt, so hat man folgendes Argument zu seinen Gunsten geltend gemacht: Wenn es Gewährsleute für den Glauben (*imân*) und für das Gesetz (*islâm*) gibt, muß es das auch für den Weg (*ihsân*) geben, und diese Gewährsleute sind niemand anderer

1 Hier wird sich der Leser daran erinnern, daß Nikodemus sich während der Nacht aufmachte, Christus zu treffen, was einen Hinweis auf die Esoterik oder Gnosis enthält.

als die Sufi und ihre berufenen Vertreter. Allein die folgerichtige Notwendigkeit, daß es für diesen dritten Bereich Gewährsleute geben muß – und daß die «Theologen des äußeren Bereiches» (*'ulamâ azh-zhâhir*) das zugeben müssen, ohne es erklären zu können –, ist einer der Beweise für die Berechtigung des Sufitums und damit auch seiner Lehren und Methoden wie auch seiner Organisationen und Meister.

Diese Betrachtungen über die heiligen Bücher machen es notwendig, das Wort «heilig» selbst etwas näher zu bestimmen: Heilig ist erstens das, was an das Transzendente gebunden ist, ferner das, was den Charakter unbedingter Gewißheit besitzt, und drittens das, was sich dem Verständnis und der Überprüfung durch den gewöhnlichen menschlichen Geist entzieht. Stellen wir uns einen Baum vor, dessen Blätter – ohne unmittelbare Kenntnis von der Wurzel zu besitzen – die Frage erörtern, ob es diese Wurzel gebe oder nicht oder welche Form sie habe, falls es sie gebe. Wenn dann eine von der Wurzel ausgehende Stimme ihnen sagen könnte, es gebe die Wurzel und sie habe diese oder jene Form, dann wäre diese Botschaft heilig. Das Heilige ist die Anwesenheit der Mitte im Umkreis, des Unwandelbaren in der Bewegung; die Würde ist ohne Zweifel ein Ausdruck des Heiligen, denn auch in ihr tut sich die Mitte nach außen kund; das Herz wird sichtbar in den Gebärden. Das Heilige führt in das Bedingte etwas Unbedingtes ein, es verleiht den vergänglichen Dingen eine Art Ewigkeit.

*

Um die ganze Bedeutung des Korans zu begreifen, muß man dreierlei in Betracht ziehen: seinen lehrlichen Gehalt, den wir in den großen kanonischen Abhandlungen des Islam, wie z. B. in den Lehren Abu Hanîfahs und Et-Tahâwîs klar ausgedrückt finden; seinen erzählenden Inhalt, der alle Schicksale der Seele schildert; seine göttliche Magie, das heißt, seine geheimnisvolle und in einem gewissen Sinne wundertätige Macht.[1] Diese Quellen der metaphysischen und auf das Jenseits ausgerichteten Lehre, der mystischen Psychologie und wunderwirkenden Kraft, sind unter dem Schleier atemloser Worte verborgen, die einander oftmals widersprechen, hinter Bildern von Kristall und Feuer, aber auch hinter Reden in majestätischen Rhythmen, gewoben aus allen Fasern der *Conditio humana,* des Menschseins.

Doch der übernatürliche Charakter dieses Buches beruht nicht allein auf seinem lehrlichen Inhalt, seiner psychologischen und mystischen Wahrheit und seiner verwandlungsmächtigen Magie, er erscheint gleichermaßen in seiner alleräußerlichsten Wirksamkeit, im Wunder seiner Verbreitung. Die Auswirkungen des Korans in Raum und Zeit stehen in keinem Verhältnis zu dem literarischen Eindruck, den der Wortlaut des Textes dem profanen Leser vermitteln kann. Wie jede heilige Schrift ist auch der Koran zunächst ein «verschlossenes» Buch und dennoch, in anderer Hinsicht, jener der grundlegenden Heilswahrheiten, zugleich ein «offenes» Buch.

Es gilt beim Koran, die allgemeine Erhabenheit des göttlichen Wortes von der besonderen Erhabenheit eines Inhalts zu unterscheiden, der sich ihm überlagern kann, zum Beispiel, wenn von Gott oder seinen Eigenschaften die Rede ist; in gleicher Weise unterscheidet man die Vortrefflichkeit des Goldes von der des Meisterwerks, das aus diesem Metall gefertigt ist. Das Meisterwerk offenbart auf unmittelbare

1 Nur diese Macht kann die Bedeutung der Koranlesungen erklären. Ibn Arabî erwähnt in seinem *Risâlat al-Quds* die Tatsache, daß Sufi ihr Leben damit zubrachten, den Koran ohne Unterlaß zu lesen oder zu rezitieren, was undenkbar und sogar unausführbar wäre, wenn es nicht unter der Hülle des geschriebenen Textes eine tatsächliche und wirkende geistige Anwesenheit gäbe, die die Worte und das Denken übersteigt. Übrigens können manche Verse vermöge dieser Kraft des Korans Dämonen austreiben und Krankheiten heilen, zumindest dann, wenn bestimmte Umstände zusammenwirken.

Weise den Adel des Goldes, und ebenso drückt der Adel des Inhalts eines heiligen Verses den Adel des Urstoffs aus, des Korans, des in sich ununterschiedenen göttlichen Wortes, jedoch ohne dessen unendlichen Wert mehren zu können; und das hängt wiederum zusammen mit der «göttlichen Magie», mit der verwandelnden und zuweilen wunderwirkenden Kraft der göttlichen Rede, von der wir sprachen.

Diese wunderbare Wirkkraft ist eng verbunden mit der Sprache der Offenbarung, dem Arabischen, daher die kanonische Unrechtmäßigkeit und rituelle Unwirksamkeit der Übersetzungen. Eine Sprache ist heilig, wenn Gott sie gesprochen hat,[1] und damit Gott sie spreche, muß sie bestimmte Eigenschaften aufweisen, die sich in keiner späteren Sprache mehr finden. Schließlich ist es wesentlich, zu verstehen, daß von einer bestimmten zyklischen Epoche an und seit der Verhärtung der irdischen Umwelt, die sie mit sich brachte, Gott nicht mehr spricht, jedenfalls nicht als Offenbarender; anders ausgedrückt, alles, was sich von einer gewissen Zeit an als neue Religion darstellt, ist zwangsläufig falsch;[2]

1 Daraus müßte also geschlossen werden, daß das Aramäische eine heilige Sprache ist, da Christus sie gesprochen hat, doch sind hier drei Vorbehalte zu machen: Erstens ist im Christentum wie im Buddhismus der Avatâra selbst die Offenbarung, so daß die Schriften – abgesehen von ihrer Lehre – nicht die umfassende zentrale Aufgabe haben, die ihnen in anderen Fällen zukommt; zweitens ist der aramäische Wortlaut der Reden Christi nicht erhalten, was unsere vorhergehende Bemerkung unterstützt; und drittens war für Christus selbst das Hebräische die heilige Sprache. Obwohl der Talmud versichert, daß die «Engel das Aramäische nicht verstehen», ist diese Sprache dennoch von hervorragendem liturgischem Wert; sie wurde – lange vor Christus – durch Daniel und Esra «sakralisiert».

2 Das gleiche gilt für die initiatischen Orden. Man kann – vielmehr Gott kann – einen neuen Zweig aus einem alten Stamm wachsen lassen oder um eine bereits bestehende Einweihung eine Bruderschaft gründen, wenn ein zwingender Grund dazu besteht und wenn diese Art Bruderschaft in der entsprechenden Überlieferung üblich ist, auf keinen Fall aber kann

im großen und ganzen ist das Mittelalter die äußerste Grenze.[1]

So wie die Welt, ist der Koran zugleich eins und vielfältig. Die Welt ist eine Vielfalt, welche zerstreut und zerteilt, der Koran eine Vielfalt, welche sammelt und zur Einheit führt. Die Vielfalt des heiligen Buches – die Mannigfaltigkeit der Wörter, Sätze, Bilder und Erzählungen – erfüllt die Seele, hernach fesselt sie sie und versetzt sie unmerklich, vermittels einer Art «göttlicher List»,[2] in den Zustand unwandelbarer Gelassenheit. Die Seele, die an den Fluß der Erscheinungen gewöhnt ist, gibt sich dem widerstandslos hin, sie lebt darin und wird von ihnen gespalten und zerstreut und sogar mehr noch: Sie wird zu dem, was sie denkt und tut. Die offenbarte Rede hat die Fähigkeit, eben diese Neigung aufzufangen und ihre Bewegung, dank der himmlischen Beschaffenheit des Inhalts und der Sprache, gleichzeitig umzukehren, so daß die Fische der Seele arglos und gemäß ihrem gewohnten Gleichmaß in das göttliche Netz gehen.[3] Es gilt, in das Denken, in

man eine «Gesellschaft» gründen, die eine Selbstverwirklichung zum Ziel hat, aus dem einfachen Grunde, weil eine derartige Verwirklichung ausschließlich unter die Zuständigkeit überlieferungstreuer Organisationen fällt; selbst wenn jemand eine echte Einweihung (*initiation*) in den Rahmen einer «Gesellschaft» oder «geistigen» *fellowship*, das heißt einer profanen Gemeinschaft, einzuführen versuchte, kann man sicher sein, daß eben dieser Rahmen alle Wirksamkeit lähmen und zwangsläufig Abweichungen hervorrufen würde. Die geistigen Schätze fügen sich nicht in jeden beliebigen Rahmen.

1 Tatsächlich ist der Islam die letzte Weltreligion. Was den Glauben der Sikhs anlangt, so ist er eine Esoterik ähnlich der des Kabir, deren Sonderstellung sich aus den ganz außergewöhnlichen Voraussetzungen erklärt, welche auf die Nähe des Hinduismus und des Sufismus zurückgehen; doch handelt es sich auch in diesem Falle um eine letzte Möglichkeit.

2 Im Sinne des Sanskrit-Wortes *upâya*.

3 Dies trifft für jede heilige Schrift zu, insbesondere auch für die biblische Geschichte: Die Schicksale Israels sind die Schicksale der Seele, die auf der Suche nach ihrem Herrn ist. Im Christentum obliegt diese Aufgabe des «verwandelnden Zaubers» hauptsächlich den Psalmen.

dem Maße, in dem es das ertragen kann, das Bewußtsein von dem metaphysischen Gegensatz zwischen dem Urstoff (Substanz) und den endlichen und vergänglichen daseienden Dingen (Akzidenzien) einzuführen; es ist der derart erneuerte Geist, der vor allem anderen Gott denkt und der alles in Gott denkt. Anders gesagt: Durch das Mosaik von Texten, Aussprüchen und Worten löscht Gott die Bewegung der Gedanken aus, indem er selbst die Form der Denkbewegung annimmt. Der Koran ist gleichsam die bildliche Darstellung dessen, was das menschliche Gehirn denken und empfinden kann, und gerade dadurch beruhigt Gott die Unruhe des Menschen und läßt in die Gläubigen das Schweigen, die Gelassenheit und den Frieden einströmen.

*

Im Islam – wie übrigens auch im Judentum – bezieht sich die Offenbarung wesentlich auf die Symbolik des Buches: Das ganze Weltall ist ein Buch, dessen Buchstaben die kosmischen Elemente sind – die Buddhisten würden von Dharmas sprechen –, welche durch unzählige Verbindungen und unter dem Einfluß der göttlichen Ideen die Welten, Wesen und Dinge hervorbringen; die Wörter und Sätze des Buches sind die Kundgaben der schöpferischen Möglichkeiten – die Wörter in Hinsicht auf den Inhalt und die Sätze auf das Beinhaltende; denn der Satz ist gleichsam ein Raum – oder eine Dauer –, der eine vorausbestimmte Folge gleichzeitiger Möglichkeiten enthält und dabei das bildet, was wir einen «göttlichen Plan» nennen können. Diese Symbolik des Buches unterscheidet sich von der des Wortes durch das Merkmal ihrer Unbewegtheit: Tatsächlich entfaltet sich das Wort in der Dauer und erlaubt die Wiederholung, während das Buch alle seine Aussagen gleichzeitig enthält, in ihm findet ein gewisser Ausgleich statt, da alle Buchstaben gleich sind, und das ist übrigens sehr bezeichnend für die Sehweise des

Islam. Allein, diese Sehweise – wie auch die der Thora – enthält auch die Symbolik des Wortes: Das Wort aber ist dann eins mit dem Ursprung. Gott spricht, und Sein Wort nimmt Gestalt an in Form des Buches. Dieses Gestaltwerden hat natürlich sein Vorbild in Gott, so daß man behaupten kann, das «Wort» und das «Buch» seien zwei Anblicke des reinen SEINS, des zugleich schöpferischen und offenbarenden Ursatzes (Prinzips); indessen heißt es, der Koran sei das Wort Gottes, nicht aber, das Wort gehe vom Koran oder dem Buche aus.

Zuallererst ist das «Wort» das SEIN als ewige Tat des ÜBER-SEINS, der göttlichen Wesenheit;[1] aber als Gesamtheit der Manifestationsmöglichkeiten ist das Sein das «Buch». Danach, auf der Ebene des Seins selbst, ist das Wort – oder nach einem anderen Bild das Schreibrohr[2] – die schöpferische Tat, das Buch hingegen ist der SCHÖPFUNGS-URSTOFF;[3] hier besteht ein Zusammenhang mit der *Natura naturans* und der *Natura naturata* im höchsten Sinne, den diese Begriffe annehmen können. Auf der Ebene des Daseins schließlich – der Manifestation, wenn man so will – ist das Wort der «göttliche GEIST», der zentrale und umfassende INTELLEKT, der gewissermaßen «im Auftrage» das Wunder der Schöpfung bewirkt und fortbestehen läßt; das Buch ist dann das Gesamt der «gestaltgewordenen» Möglichkeiten, die vielzählige Welt der Geschöpfe. Das «Wort» ist somit der Anblick der «dynamischen» Einfalt oder der einfachen «Tat»; das «Buch», der Anblick der «statischen» Vielfalt oder des unterschiedenen Seins.[4]

1 Die Gottheit oder der Urgrund bei Meister Eckhart.

2 Vgl. hierzu das Kapitel *«En-Nûr»* im Buch des Autors *L'Œil du Cœur*.

3 Nach indischer Lehre die göttliche *Prakriti*.

4 Im Christentum findet sich das «Buch» ersetzt durch den «Leib», mit den beiden Ergänzungen «Fleisch» und «Blut» oder «Brot» und «Wein»; *in divinis* ist der Leib zunächst die erste Selbstbestimmung der Gottheit, somit die erste Ausprägung des Unendlichen, danach der allheitliche Ur-

Oder auch: Gott hat die Welt erschaffen wie ein «Buch»; und seine Offenbarung ist in Gestalt eines Buches zur Welt herabgekommen; aber der Mensch muß in der Schöpfung das göttliche Wort vernehmen und durch das Wort wieder zu Gott emporsteigen; Gott ist für den Menschen Buch geworden, und der Mensch muß um Gottes willen Wort werden.[1] Der Mensch ist durch seine mikrokosmische Vielfalt und seinen existentiellen «Gerinnungs»-Zustand ein «Buch», während Gott, unter diesem Anblick betrachtet, durch seine metakosmische Einheit und seine ursächliche «Wirksamkeit» reines Wort ist.

*

Der greifbarste Inhalt des Korans besteht nicht aus lehrlichen Darlegungen, sondern aus historischen und symbolischen Erzählungen und eschatologischen Bildern; die reine Lehre tritt aus diesen beiden Arten von Bildern heraus, sie wird von ihnen gleichsam eingefaßt. Abgesehen von der Majestät des arabischen Textes und seinem nahezu magischen Widerhall, könnte man an dem Inhalt ermüden, wenn man nicht wüßte, daß er uns auf eine durchaus faßbare und unmittelbare Weise angeht, das heißt, daß die «Ungläubigen» (*kâfirûn*), die Polytheisten, die Gott mit falschen Gottheiten in Verbindung bringen (*mushrikûn*), und die Heuchler (*munâfiqûn*) in uns selbst stecken; daß die

stoff, wahrer «mystischer Leib» Christi, und schließlich die Welt des Geschöpflichen, eine «gestaltgewordene» Manifestation dieses Leibes.

1 Wie wir gesehen haben, ist GOTT-SEIN das Buch schlechthin, und auf der Ebene des Seins ist der Pol «Urstoff» der erste Widerschein dieses Buches; das Wort, welches die dynamische Ergänzung dazu ist, wird dann zum Schreibrohr, zur senkrechten Achse der Schöpfung. Andererseits hat auch der Mensch einen Wort-Aspekt, vertreten durch seinen Namen; Gott schafft den Menschen, indem Er ihm einen Namen gibt; die Seele – betrachtet unter dem Bezug ihrer Einfachheit oder Einheit – ist ein Wort des Schöpfers.

Propheten unseren Geist und unser Gewissen darstellen; daß alle die Geschichten des Korans sich fast täglich in unserer Seele abspielen, daß unser Herz Mekka ist; daß der Zehnte, das Fasten, die Pilgerschaft, der heilige Krieg ebenso viele beschauliche Haltungen oder geheime oder offenbare Tugenden sind.

Neben dieser Auslegung gibt es eine andere, welche die Erscheinungen der Welt betrifft, die uns umgibt. Der Koran ist die Welt, die äußere und die innere, die stets an Gott gebunden bleibt in der Doppelbeziehung von Ursprung und Ziel; aber diese Welt, oder diese beiden Welten, zeigen Risse, welche Tod oder Vernichtung ankündigen, oder genauer, Verwandlung, und das lehren uns die apokalyptischen und eschatologischen Suren; alles, was die Welt betrifft, betrifft uns, und umgekehrt. Diese Suren vermitteln uns ein vielfältiges und ergreifendes Bild von der Zerbrechlichkeit unseres irdischen Zustandes und der Materie sowie von dem unvermeidlichen Wiederaufgesogenwerden des Raumes und der Elemente in den unsichtbaren Urstoff des verursachenden «Protokosmos». Es ist das Stürzen der sichtbaren Welt ins Unstoffliche – ein Sturz «nach innen» oder «nach oben», um einen Ausdruck des heiligen Augustinus abzuwandeln –, und es ist auch die Gegenüberstellung der von der Erde losgerissenen Geschöpfe mit der überwältigenden Wirklichkeit des Unendlichen.

Der Koran stellt mit seinen «Außenflächen» eine Kosmologie vor, welche von den Erscheinungen und ihrer Endlichkeit handelt, und mit seinem «Skelett» eine Metaphysik des Wirklichen und des Unwirklichen.

*

Es ist einleuchtend, daß die Bilderwelt des Korans hauptsächlich von Kämpfen angeregt ist, denn der Islam entstand in einer Atmosphäre des Kampfes. Die Seele auf der Suche nach Gott muß kämpfen. Der Islam hat den Kampf nicht erfunden; die Welt ist ein ständiges Ungleichgewicht, denn leben ist kämpfen. Dieser Kampf ist jedoch nur ein Anblick der Welt, er vergeht mit der Ebene, der er zugehört; deshalb ist der Koran auch durch und durch erfüllt von einem Stil kraftvoller Gelassenheit. Psychologisch ausgedrückt, würde man sagen, die Kampfbereitschaft des Muslim wird ausgeglichen durch den Schicksalsglauben; im geistigen Leben wird der «heilige Krieg» des Geistes gegen die «verführerische» («befehlende») Seele (*en-nafs, al-'ammârah*) übertroffen und geläutert durch den Frieden in Gott, durch das Bewußtsein vom Absoluten. Es ist, als kämpften letztlich nicht mehr wir selber. Das führt uns wiederum zu der Symbiose «Kampf-Erkenntnis» der *Bhagavadgîtâ* sowie zu bestimmten Aspekten der ritterlichen Kunst im Zen. Den Islam zu üben, gleich auf welcher Ebene, heißt, sich bei der Anstrengung zu erholen; der Islam ist der Weg des Gleichgewichts und des Lichtes, das sich über das Gleichgewicht legt.

Die Ausgewogenheit ist das Band zwischen der Unausgewogenheit und der Einung, so wie die Einung das Band ist zwischen der Ausgewogenheit und der Einheit; diese ist die «senkrechte» Ausdehnung. Unausgewogenheit und Ausgewogenheit, Ungleichmäßigkeit und Gleichmaß, Trennung und Einung, Teilung und Einheit: das sind die großen Themen des Korans und des Islam. Im Sein und im Werden wird alles im Zusammenhang mit der Einheit und ihren Stufungen betrachtet – oder im Zusammenhang mit dem Mysterium ihrer Verneinung.

Der Christ muß, um zu Gott zu gelangen, «rückhaltlos seiner selbst entsagen», wie der heilige Johannes vom Kreuz sagte; für den Christen ist es erstaunlich, wenn er vernimmt, daß für den Muslim der Schlüssel zum Heil darin liegt, zu glauben, daß Gott eins ist. Was er zunächst nicht wissen kann, ist, daß alles von der Beschaffenheit dieses Glaubens abhängt, von seiner «Aufrichtigkeit» (*ikhlâç*); das Rettende ist die Reinheit oder Ausschließlichkeit dieses Glaubens, und diese Ausschließlichkeit bringt natürlich den Verlust des Ich mit sich, ungeachtet dessen, wie dieser zum Ausdruck kommt.

Was die äußerliche und bedingte Ablehnung der christlichen Trinität durch den Koran betrifft, so sind folgende feine Unterschiede zu berücksichtigen: Die Trinität kann unter einer «senkrechten» und zwei «waagerechten» Sehweisen betrachtet werden, deren eine der anderen übergeordnet ist. Die «senkrechte» Sehweise (Überseiendes Sein, Sein, Dasein) hat die «absteigenden» Hypostasen der Einheit oder des Absoluten oder, wenn man so will, des Wesens im Auge, folglich die Stufen der Wirklichkeit; die übergeordnete «waagerechte» Sehweise entspricht der vedischen Dreiheit *Sat* (seinsübersteigende Wirklichkeit), *Chit* (absolutes Bewußtsein) und *Ananda* (grenzenlose Glückseligkeit), das heißt, sie betrachtet die Trinität, insofern sie in der Einheit verborgen ist.[1] Die untergeordnete «waagerechte» Sehweise hingegen ermittelt die Einheit als eine in der Trinität verborgene Wesenheit, die somit Seinscharakter besitzt und die drei grundlegenden Aspekte oder Weisen des reinen Seins vertritt – daher die Dreiheit Sein–Weisheit–Wille (Vater–Sohn–Geist). Der Begriff einer Trinität als «Entfaltung» (*tajallî*) der Einheit oder des Absoluten steht der Einheitslehre des Islam in nichts entgegen; was sich ihr entgegenstellt, ist einzig und allein, schon der Trinität, sogar der ontologischen Trinität, so wie die Exoterik sie sieht, Absolutheit zuzuschreiben. Strenggenommen reicht dieser letztere Gesichtspunkt an das Absolute nicht heran, womit gesagt ist, daß er etwas Relativem Absolutheit verleiht und daß er Mâyâ und die Stufen der Wirklichkeit und der Täuschung nicht kennt.

1 Das Absolute ist nicht absolut, insofern, als es Aspekte enthält, sondern insofern es diese übersteigt; folglich ist es als Trinität nicht absolut.

Er erfaßt nicht das metaphysische – aber nicht «pantheistische»[1] – Einssein von Manifestation und Ursatz, daher noch weniger die Folgerung, welche dieses Einssein vom Gesichtspunkt des Geistes und der befreienden Erkenntnis in sich schließt.

Hier drängt sich eine Bemerkung auf hinsichtlich der «Ungläubigen» (*kâfirûn*), das heißt hinsichtlich derer, die gemäß dem Koran nicht, wie die Juden und die Christen, zu den «Völkern des Buches» zählen (*ahl al-Kitâb*): Wenn die Religion der «Ungläubigen» falsch ist – oder wenn die Ungläubigen ungläubig sind, weil ihre Religion falsch ist –, warum haben die Sufi erklärt, Gott könne nicht nur in den Kirchen und Synagogen gegenwärtig sein, sondern auch in den Tempeln der Götzendiener? Darum haben sie es erklärt, weil in den «klassischen» und «traditionellen» Fällen von Heidentum der Verlust der vollständigen Wahrheit und der heilbringenden Wirkmächtigkeit im wesentlichen die Folge einer tiefreichenden Wandlung der Sinnesart der Anbeter, nicht aber der etwaigen Falschheit der Symbole ist; in allen Religionen im Umfeld jeder der drei monotheistischen semitischen Religionen, wie auch in den heute noch bestehenden «Fetischismen»,[2] wurde eine ursprünglich betrachtende Sinnesart, welche den Sinn für die metaphysische Durchsichtigkeit der Formen besaß, schließlich leidenschaftlich, weltlich[3] und im eigentlichen Sinne des Wortes abergläu-

1 Denn diese Identität ist in keiner Weise «materiell», nicht einmal «wesenhaft» im kosmologischen Sinne des Wortes.

2 Das Wort dient hier nur als herkömmliches Zeichen, um die heruntergekommenen Überlieferungen zu kennzeichnen; wenn ich es gebrauche, so will ich mich damit nicht über den Wert dieser oder jener afrikanischen oder melanesischen Überlieferung äußern.

3 Nach dem Koran ist der Ungläubige (*kâfir*) durch seine «Weltlichkeit» gekennzeichnet, d. h. durch seine Vorliebe für die Güter dieser Welt und seine Gleichgültigkeit (*ghaflah*) gegenüber den Gütern der jenseitigen Welt.

bisch.[1] Das Symbol, welches anfangs die sinnbildlich dargestellte Wirklichkeit durchscheinen ließ – von der es, strenggenommen, ein Aspekt ist –, wurde tatsächlich zum undurchdringlichen und unverstandenen Bild, also zum Idol, und dieser Verfall der allgemeinen Geisteshaltung mußte sich wiederum seinerseits auf die Überlieferung selbst auswirken, sie schwächen und auf verschiedene Weisen verfälschen; die Mehrzahl der alten heidnischen Kulte ist von Machttrunkenheit und Sinnlichkeit gekennzeichnet. Natürlich gibt es, selbst innerhalb der tatsächlich lebendigen Religionen, ein persongebundenes Heidentum, so wie sich umgekehrt die Wahrheit und die Frömmigkeit in einer tatsächlich entarteten Religion behaupten können, was indessen die Unversehrtheit ihrer Symbolik voraussetzt. Es wäre jedoch ganz falsch zu glauben, eine der heutigen großen Weltreligionen könnte heidnisch werden, denn dazu haben sie nicht die Zeit; der zureichende Grund ihres Daseins ist in einem gewissen Sinne, bis zum Weltende bestehenzubleiben. Hierfür sind sie von ihren Begründern ausdrücklich verbürgt, was bei den vergangenen heidnischen Kulten nicht der Fall war, die keine menschlichen Begründer hatten und deren Fortbestand bedingt war; die urzeitlichen Sehweisen sind «räumlicher», nicht «zeitlicher» Art. Unter den großen urzeitlichen Überlieferungen hatte allein der Hinduismus dank seiner Avatâras[2] die Möglichkeit,

1 Nach dem Evangelium glauben die Heiden, sie würden erhört, weil sie viele Worte machen. Der «Aberglaube» besteht im Grunde in der Täuschung, die Mittel für den Zweck zu halten bzw. die Formen zu verehren, nicht aber ihren das Vergängliche übersteigenden Gehalt.

2 Übrigens hinderte das nicht, daß andere Zweige der Urüberlieferung – «hyperboräischer» oder «atlantischer» Herkunft – ebenfalls am Rande der Geschichte überdauern konnten, doch konnte es sich in diesem Falle nicht um große städtische Überlieferungen handeln. Hiervon abgesehen, wenn von Heidentum die Rede ist – und wir übernehmen dieses gebräuchliche Wort ohne Rücksicht auf seine Etymologie und den peinlichen Geruch, der ihm anhaftet und der vor allem durch Miß-

verjüngen. Wie immer sich das verhalten mag, es liegt nicht in unserer Absicht, hier auf Einzelheiten einzugehen, sondern lediglich begreiflich zu machen, warum, vom Standpunkt eines Sufis, nicht Apollo verkehrt ist, sondern die Art, ihn zu betrachten.[1]

Kehren wir jedoch zurück zu den «Völkern des Buches». Wenn der Koran scharfe, gegen das Christentum und mit um so größerem Recht gegen das Judentum gerichtete Angriffe enthält, dann deshalb, weil der Islam nach diesen Religionen gekommen ist, was bedeutet, daß er verpflichtet war – und es gibt immer einen Gesichtspunkt, der ihm das erlaubt –, sich als eine Verbesserung dessen darzustellen, was ihm vorausging. Anders ausgedrückt, verkündet der Koran eine Sehweise, welche es erlaubt, über bestimmte formale Aspekte der beiden früheren monotheistischen Religionen «hinauszugehen». Einen vergleichbaren Fall sehen wir nicht nur in der Einstellung des Christentums gegenüber dem Judentum – wo das aufgrund der messianischen Idee selbstverständlich ist und weil das Christentum gleichsam die «bhaktische» Esoterik des Judentums ist –, sondern auch in der Haltung des Buddhismus gegenüber dem Brahmanentum. Auch hier fällt das zeitliche Späterkommen zusammen mit einer Sehweise, die nicht wesentlich, aber symbolisch überlegen ist, was die scheinbar überholte Überlieferung ganz offensichtlich unberücksichtigt lassen kann, denn jede Sehweise ist eine Welt für sich – folglich eine Mitte und ein Maß – und enthält auf ihre Weise jeden verbindlichen Gesichtspunkt. Durch die Folgerichtigkeit der Dinge ist die spätere Überlieferung zu der symbolischen Haltung von Überlegenheit

brauch entstand –, ist zweifellos stets ein Vorbehalt zu machen in bezug auf die weisheitsmäßige Esoterik, welche der Mehrheit unzugänglich und die tatsächlich nicht imstande ist, auf sie einzuwirken.

1 Folglich auch, ihn darzustellen, wie es die «klassische» Kunst beweist.

«verurteilt»,[1] andernfalls sie, wenn man so sagen kann, gegenstandslos wäre. Doch es gibt auch eine echte Symbolik des zeitlichen Vorrangs, und in bezug darauf muß die neue – und von ihr her gesehen endgültige – Überlieferung das verkörpern, «was vorher war», oder das, «was immer war»; ihre Neuheit – oder ihr Stolz – ist folglich ihr unbedingter «zeitlicher Vorrang».

*

Der reine Geist ist der «innewohnende Koran»; der ungeschaffene Koran – der Logos – ist der göttliche Geist; dieser letztere nimmt Gestalt an in Form des irdischen Korans, er entspricht «objektiv» der anderen – innewohnenden und «subjektiven» – Offenbarung, dem menschlichen Geist.[2] Christlich ausgedrückt könnte man sagen, Christus sei gleichsam die «Vergegenständlichung» des Geistes und dieser die «subjektive» und ständige Offenbarung Christi. Es gibt folglich für die Kundgabe der göttlichen Weisheit zwei Pole: erstens die Offenbarung «über uns» und zweitens den Geist «in uns»; die göttliche Offenbarung liefert die Symbole, und der Geist enträtselt sie und «erinnert» sich ihrer Inhalte; dadurch erlangt er aufs neue «Bewußtsein» seines eigenen Grundes. Die Offenbarung entfaltet sich, und der Geist sammelt sich; der Aufstieg stimmt überein mit dem Abstieg.

1 Eine Haltung, die von einer bestimmten Seite her und auf einer bestimmten Ebene ohne weiteres gerechtfertigt ist und die sich beim Monotheismus aus der Tatsache erklärt, daß die jüdische, die christliche und die islamische Religion jeweils dem Wege der «Tat», der «Liebe» und der «Erkenntnis» entsprechen, in dem Maße, in dem sie das als exoterische Lehren und ohne Schaden für ihren tiefsten Gehalt können.

2 «Subjektiv», weil erfahrungsgemäß in uns selbst vorhanden. Auf den Geist angewandt, ist das Wort «subjektiv» ebenso unpassend wie das Beiwort «menschlich»; in beiden Fällen handelt es sich einfach darum, den «Zugangsweg» zu bestimmen.

Aber es gibt eine andere Haqîqah (göttliche Wahrheit), die ich hier erwähnen möchte, nämlich diese: Die göttliche Gegenwart hat im Bereich des sinnlich Wahrnehmbaren zwei Symbole oder Mittler – oder zwei natürliche «Offenbarungen» – erster Ordnung: das Herz in uns, welches unsere Mitte ist, und die Luft um uns, die wir atmen. Die Luft ist die Kundgebung des Äthers, welcher die Formen webt, und sie ist zugleich die Trägerin des Lichts, welches ebenfalls das ätherische Element offenbart.[1] Wenn wir atmen, dringt die Luft in uns ein, und das ist – symbolisch gesprochen –, als dränge mit dem Licht der Schöpfungsäther in uns ein; wir atmen die allumfassende Gegenwart Gottes. Ebenso besteht ein Zusammenhang zwischen dem Licht und der Frische, denn beide Empfindungen sind befreiend. Was außen Licht ist, ist innen Frische. Wir atmen die lichte, frische Luft, und unser Atem ist ein Gebet, wie das Schlagen unseres Herzens. Die leuchtende Helligkeit geht zurück auf den Geist und die Frische auf das reine Sein.[2]

Die Welt ist ein Gewebe, dessen Fäden von Äther sind; wir sind mit allen den anderen Geschöpfen in sie verwoben. Alles sinnlich Wahrnehmbare geht aus dem Äther hervor, welcher alles umschließt; alle Dinge sind gestaltgewordener Äther. Die Welt ist ein unermeßlich großer Teppich; mit jedem Atemzuge ergreifen wir Besitz von der ganzen Welt, weil wir den Äther einatmen, aus dem alles geschaffen ist,[3] und weil wir aus dem Äther «bestehen». Und wie die Welt

1 Die Griechen übergingen den Äther mit Stillschweigen, wahrscheinlich weil sie ihn als in der Luft verborgen betrachteten, die ja auch unsichtbar ist. Im Hebräischen bezeichnet das Wort *avir* zugleich die Luft und den Äther; das Wort *aor*, «Licht», hat dieselbe Wurzel.

2 Im Islam wird gelehrt, daß sich am Ende der Zeiten das Licht von der Hitze scheiden wird und daß diese die Hölle sein wird, jenes hingegen das Paradies; das himmlische Licht ist kühl und die höllische Hitze finster.

3 Symbolische Ausdrucksweise, denn da der Äther vollkommene Fülle ist, ist er unveränderlich und kann gar nicht in Bewegung sein.

ein unermeßlicher Teppich ist, in dem sich alles im Gleichmaß eines fortgesetzten Wechsels wiederholt oder auch alles sich gleich bleibt im Rahmen des Gesetzes der Unterscheidung, so ist auch der Koran – und mit ihm der ganze Islam – ein Teppich oder Gewebe, dessen Mitte sich auf unendlich mannigfaltige Weise überall wiederholt und dessen Mannigfaltigkeit lediglich die Einheit entfaltet. Der allumfassende Äther – das naturhafte Element ist nur sein ferner und vergröberter Widerschein – ist nichts anderes als das göttliche Wort, das überall «Sein» und «Bewußtsein» und das überall «schöpferisch» und «befreiend» oder «offenbarend» und «erleuchtend» ist.

Die Natur, die uns umgibt – Sonne, Mond, Sterne, Tag und Nacht, Jahreszeiten, Wasser, Berge, Wälder, Blumen –, ist eine Art Offenbarung; diese drei Dinge: Natur, Licht und Atem sind zutiefst verbunden. Die Atmung muß sich mit dem Gedenken an Gott verbinden; man muß mit Ehrfurcht, sozusagen mit dem Herzen, atmen. Es ist gesagt, daß Gottes Geist – der göttliche Hauch – «über den Wassern» schwebte und daß Gott «durch Einhauchen» die Seele schuf und auch, daß der Mensch, der «vom Geiste geboren ist», dem Winde gleicht, «den du hörst, von dem du aber nicht weißt, woher er kommt noch wohin er geht».

Es ist bezeichnend, daß der Islam im Koran als ein «Weiten der Brust» (*inshirâh*) beschrieben wird, daß zum Beispiel gesagt wird, «Gott weitet uns die Brust für den Islam». Der Zusammenhang zwischen der islamischen Lehre und der initiatischen Bedeutung der Atmung und auch des Herzens ist ein Schlüssel von größter Bedeutung für das Verständnis der sufischen Geheimnisse. Auf gleichem Wege und dem Wesen der Dinge gemäß gelangen wir auch zur allumfassenden Erkenntnis.

Das «Gedenken an Gott» gleicht dem tiefen Atmen in der Einsamkeit eines Hochgebirges: Die von der Reinheit des ewigen Schnees gesättigte Morgenluft macht die Brust weit; sie wird zum Raum, der Himmel dringt ins Herz hinein.

Aber dieses Bild schließt noch eine weiter entfaltete Symbolik ein, die der «allheitlichen Atmung»: Das Ausatmen bezieht sich auf die kosmische Manifestation oder die schöpferische Phase und das Einatmen auf die Einung mit dem Geist, auf die Heilsphase, die Rückkehr zu Gott.

*

Einer der Gründe, weshalb die Abendländer Mühe haben, den Koran richtig zu bewerten, und weshalb sie sogar zuweilen die Frage aufwerfen, ob dieses Buch tatsächlich die Voraussetzungen zu einem geistigen Leben enthält,[1] liegt in der Tatsache, daß sie in einem Text einen deutlich ausgedrückten und unmittelbar einsichtigen Sinn suchen, während die Semiten – und die Orientalen überhaupt – sich für Wortsymbolik begeistern und «in die Tiefe schürfend» lesen: Die offenbarte Rede ist eine Aneinanderreihung von Symbolen, aus denen in dem Maße die Funken springen, als der Leser die geistige Geometrie der Wörter durchschaut. Diese sind Richtungspunkte angesichts einer unausschöpfbaren Lehre, der inbegriffene Sinn ist alles, die Dunkelheiten des Wortlauts sind Schleier, welche die Erhabenheit des Inhalts anzeigen.[2] Aber selbst wenn man das sybillinische Gefüge einer großen Anzahl heiliger Texte außer acht läßt, sagen wir, daß der Orientale wenigen Worten vieles entnimmt: Wenn der Koran zum Beispiel mahnt, «das Jenseits ist besser für euch als das Diesseits» oder «das Erdenleben ist nur ein Spiel», oder wenn er behauptet: «Ihr habt Feinde an euren Frauen und Kindern» oder auch: «Sprich Allah! dann über-

1 Louis Massignon hat es bejaht.

2 So hat übrigens das Mittelalter – dem Altertum folgend – die Bibel gelesen. Die Ablehnung der Hermeneutik, Pfeiler der unversehrten überlieferten Geistigkeit, endet verhängnisvoll bei der «Kritik» – und der Zerstörung – der heiligen Texte; es bleibt nichts, wenn man zum Beispiel vom «Hohenlied» nur den wörtlichen Sinn gelten läßt.

lasse die andern ihrem eitlen Treiben!» oder schließlich, wenn er das Paradies verspricht «dem, der den Ort seines Herrn gefürchtet und seiner Seele das Begehren verwehrt hat», wenn der Koran so spricht, ergibt sich daraus für den Muslim[1] eine ganze asketische und mystische Lehre, die ebenso scharfsinnig und vollständig ist wie jede andere geistige Lehre, die diesen Namen verdient.

Allein der Mensch besitzt die Gabe des Wortes, denn er allein unter allen Geschöpfen der Erde ist unmittelbar und vollkommen nach «dem Bilde Gottes geschaffen»; und da der Mensch kraft dieser Ähnlichkeit gerettet ist – vorausgesetzt, daß diese durch geeignete Mittel zur Geltung gebracht wird –, das heißt kraft des sachlichen Erkenntnisvermögens,[2] des freien Willens und der wahrhaften Rede, die nicht geäußert sein muß –, wird man ohne Mühe die entscheidende Rolle verstehen, welche diese Worte im eigentlichen Sinne, die Verse des Korans, im Leben des Muslim spielen. Sie sind nicht allein Sätze, welche Gedanken vermitteln, sondern gewissermaßen Wesen, Mächte, Talismane; die Seele des Muslim ist gleichsam aus heiligen Formeln gewoben, in denen er sich müht und worin er ausruht, in denen er lebt und in denen er stirbt.

Am Anfang dieses Buches haben wir gesehen, daß die Absicht der Formel *Lâ ilaha illâ 'Llâh* deutlich wird, wenn man unter dem Begriff *ilah* – dessen wörtlicher Sinn «Gottheit» ist – die Wirklichkeit versteht, deren Grad oder Beschaffenheit zu bestimmen bleibt. Der erste Teil der Bezeu-

1 «Für den Muslim», nicht «für jeden Muslim».

2 Die Unvoreingenommenheit, die es Adam erlaubte, alle Dinge und Geschöpfe zu «benennen», oder in anderen Worten, die es dem Menschen erlaubt, die Gegenstände, die Pflanzen und Tiere zu erkennen, während diese ihn nicht erkennen. Aber der eigentliche Inhalt dieses Erkenntnisvermögens ist das Absolute. Wer das Höhere vermag, vermag auch das Geringere, und der Mensch kann die Welt erkennen, weil er Gott erkennen kann. Das menschliche Erkenntnisvermögen ist auf seine Weise ein «Gottesbeweis».

gung, welcher verneinend ist («Es gibt keine Gottheit...»), bezieht sich auf die Welt, welche sie auf das Nichts zurückführt, indem sie ihr alles Positive nimmt; der zweite, welcher bejahend ist («... außer Gott, Allah»), bezieht sich auf die absolute Wirklichkeit oder das Sein. Das Wort «Gottheit» (*ilah*) könnte man durch irgendein Wort ersetzen, das einen bejahenden Begriff enthält; im ersten Satz der Formel bliebe das Wort unbestimmt, im zweiten aber würde es unbedingt und ausschließlich als göttlicher URGRUNDbestimmt,[1] so wie bei dem Namen Allah, «die Gottheit», im Zusammenhang mit dem Wort *«ilah»*, «Gottheit».[2] In der Shahâdah gibt es die metaphysische Unterscheidung zwischen dem Nichtwirklichen und dem Wirklichen, außerdem die kämpferische Tugend; diese Formel ist zugleich das Schwert der Erkenntnis und das Schwert der Seele, wobei die Befriedung durch die Wahrheit ebenso unterstrichen wird wie die Gelassenheit in Gott.

Eine andere grundlegende Lehraussage des Islam – nach der zweifachen Bezeugung des Glaubens ohne Zweifel die wichtigste – ist die Weiheformel, die Basmalah, «Im Namen Gottes des unendlich Gütigen,[3] des immer Barmherzigen» (*Bismi' Llahi 'Rrahmâni 'Rrahîm*).[4] Es ist die Formel der Offenbarung, die den Suren des Korans vorangestellt ist, mit einer einzigen Ausnahme, wo eine Sure als Fortsetzung der vorangehenden betrachtet wird: Diese Weiheformel ist das

1 Ein Werk des Sheikhs Al-Allaoui enthält tatsächlich eine ganze Litanei der Shahâdah: *Lâ quddûsa* (heilig) *illâ 'Llâh*; *lâ 'alîma* (weise) *illâ Llâh*, und so fort, mit sämtlichen göttlichen Eigenschaften.

2 Wir sahen vorher, daß die erste Bezeugung unmittelbar verbunden ist mit der zweiten, der des Propheten, die sie unausgesprochen enthält und die gleichsam durch Polarisation aus ihr hervorgeht.

3 Das ist die Grundbedeutung dieses Namens. Gegen die Übersetzung des Namens Rahmân mit «der Gnädige» ist nichts einzuwenden, denn die Gnade ist gleichsam der Gehalt der Barmherzigkeit.

4 Daher das Wort *basmalah*, das Sagen von: *Bismi 'Llahi*... Die arabische Schreibweise ist: *Bismi Allahi al-Rahmâni al-Rahîm*.

erste Wort des offenbarten Buches, denn mit ihr beginnt «Die Eröffnende» (*Sûrat al-Fâtihah*), die Einführungssure. Es heißt, die Fâtihah enthalte im wesentlichen den ganzen Koran und die Basmalah ihrerseits die ganze Fâtihah; die Basmalah selbst ist in dem Buchstaben *bâ* und dieser wiederum in seinem unterscheidenden Punkt enthalten.[1]

Die Basmalah ist eine Art Ergänzung der Shahâdah: diese ist ein geistiger «Aufstieg» und jene ein ontologischer «Abstieg»; in indischen Begriffen würden wir die erstere als «shivaistisch» und die zweite als «vishnuistisch» bestimmen. Wenn wir hier noch einmal zwei vedantische Formeln von größter Bedeutung aufgreifen dürfen, dann würden wir sagen, die Shahâdah zerstört die Welt, weil «die Welt falsch ist, denn nur Brahman ist wahr», während die Basmalah, im Gegenteil, die Welt weiht oder heiligt, weil «alles Âtman ist». Aber die Basmalah ist bereits in der Shahâdah enthalten, nämlich in dem Wort *illâ* (zusammengezogen aus *in lâ*, «wenn nicht»), welches der «Isthmus» (*barzakh*) zwischen der verneinenden und der bejahenden Aussage der Formel ist, wobei die erste Hälfte des Wortes bejahend ist (*in*, «wenn») und die zweite verneinend (*la*, «nicht»).

Anders gefaßt, ist die Shahâdah das Nebeneinanderstellen der Verneinung *lâ ilaha* (keine Gottheit) und des Namens Allah (Gott, die Gottheit), und diese Gegenüberstellung ist verbunden durch ein Wort, dessen erste Hälfte, die bejahend ist, sich mittelbar auf Allah bezieht, und dessen zweite Hälfte, die verneinend ist, mittelbar auf die «Nichtwirklich-

1 Der Buchstabe *bâ*, im arabischen Alphabet der zweite – der erste ist das *alif*, ein einfacher senkrechter Strich mit axialer Symbolik –, hat die Form eines waagerechten Striches, der leicht gekrümmt ist, wie eine Schale, er erfordert einen daruntergeschriebenen Punkt. Ali, der Schwiegersohn des Propheten, und später der Sufi Esh-Schîblî setzten sich diesem Punkt unter dem *bâ* gleich, um ihren Zustand des «höchsten Einsseins» auszudrücken. Dieser unterscheidende Punkt entspricht dem ersten Tropfen der göttlichen Tinte (*Midâd*), der vom Schreibrohr getropft ist; es ist der göttliche Geist, *Er-Rûh*, oder das Urbild der Welt.

keit». Folglich gibt es in der Mitte der Shahâdah gleichsam ein umgekehrtes Bild der Beziehung, die sie ausdrückt, und diese Umkehrung ist die Wahrheit, wonach die Welt die ihrer Stufe eigene Wirklichkeit besitzt, denn von der göttlichen Ursache kann nichts abgetrennt werden.

Und aus diesem geheimnisvollen Herzen der Shahâdah geht die zweite Shahâdah hervor, wie Eva der Seite Adams entnommen ist. Nachdem die göttliche Wahrheit «nein» gesagt hat zu der Welt, die Gott sein wollte, sagt sie «ja» im Rahmen eben dieses «Nein», denn die Welt an sich kann nicht von Gott getrennt werden. Allah kann nicht umhin, in gewisser Weise oder gemäß bestimmter Gesetze, die sich aus Seiner Natur und der Natur der Welt ergeben, in ihr zu sein.

Man kann von einem etwas anderen Standpunkt her auch sagen, die Basmalah sei der göttliche und offenbarende Strahl, welcher die Wahrheit der zweifachen Shahâdah in die Welt trägt:[1] Die Basmalah ist der «herabkommende» Strahl, und die Shahâdah ist sein Inhalt, das waagerechte Bild, welches in der Welt die Wahrheit Gottes widerspiegelt; in der zweiten Shahâdah (*Muhammadun Rasûlu 'Llâh*) spiegelt sich dieser senkrechte Strahl selbst wider, die Projektion der Botschaft wird zu einem Teil der Botschaft. Die Basmalah weiht alles, besonders auch die Verrichtungen des Lebens samt deren unvermeidlichen und berechtigten Freuden. Durch diese Weihe kommt in den Genuß etwas von der göttlichen Glückseligkeit; es ist, als ob Gott in den Genuß einginge und daran teilhätte oder als ob der Mensch ein wenig, aber mit vollem Recht, in Gottes Glückseligkeit einträte. Wie die Basmalah, so hebt auch die zweite Shahâdah

1 Ebenso wie Christus das Wort ist, welches durch den Heiligen Geist in die Welt getragen wird. In diesem Fall ist die Shahâdah die geoffenbarte Botschaft; wenn wir dagegen weiter oben sagten, die Basmalah sei in der ersten Shahâdah enthalten, so wie die zweite Shahâdah in dem Wort *illâ*, so handelte es sich um die Shahâdah *in divinis*, das heißt, betrachtet als nicht-manifestierte Wahrheit.

die Verneinung auf, welche durch die erste Shahâdah ausgesagt ist, die ihre «ausgleichende Dimension» oder ihre «Berichtigung» bereits in sich trägt, nämlich, symbolisch gesprochen, in dem Wort *illâ*, aus dem das *Muhammadun Rasûlu 'Llâh* hervorgeht.

Wir könnten die Frage auch von einer etwas anderen Seite her angehen: die Weihe «im Namen Gottes, des unendlich Barmherzigen, des immer wirkenden Erbarmers» setzt etwas voraus, in bezug worauf sich die Idee der Einheit – die von der Shahâdah ausgesagt wird – verwirklichen muß, und dieser Bezug wird durch die Basmalah selbst angezeigt, in dem Sinne, daß sie als göttliches Wort das schafft, was hernach auf das Ungeschaffene zurückgeführt werden muß. Die göttlichen Namen *Rahmân* und *Rahîm*, beide abgeleitet von *Rahmah*, «Barmherzigkeit, Erbarmen», bedeuten die Gott innewohnende Barmherzigkeit (der erste) und Sein äußeres Erbarmen (der zweite). Der erste weist folglich auf eine unendliche Eigenschaft hin und der zweite auf eine unbegrenzte Manifestation dieser Eigenschaft. Man könnte auch jeweils so übersetzen: «Schöpfer aus Liebe» und «Erretter aus Erbarmen» oder, indem man ein Hadith zum Vorbild nimmt, sie folgendermaßen erläutern: Er-Rahmân ist der Erschaffer der Welt, insofern, als er von vornherein ein für allemal die Lebensvoraussetzungen auf Erden bereitet hat, und Er-Rahîm ist der Retter der Menschen, insofern, als er der Welt die Glückseligkeit des Jenseits gewährt oder insofern er hier auf Erden dazu die Keime anlegt oder die Wohltaten austeilt.

In den Namen Rahmân und Rahîm steht die göttliche Barmherzigkeit dem menschlichen Unvermögen gegenüber, in dem Sinne, daß das Bewußtsein unseres Unvermögens zusammen mit dem Vertrauen das sittliche Gefäß ist, welches die Barmherzigkeit empfängt. Der Name *Rahmân* ist wie der lichte Himmel und der Name *Rahîm* wie ein warmer Strahl, der vom Himmel kommt und den Menschen belebt.

In dem Namen Allah sind die Aspekte furchtbarer Transzendenz und umhüllender Ganzheit enthalten; wenn es nur den Aspekt der Transzendenz gäbe, wäre es schwierig oder sogar unmöglich, diesen Namen zum Gegenstand der Betrachtung zu machen. Von einem anderen Gesichtspunkt her kann man sagen, daß der Name Allah zugleich Gelassenheit, Hoheit und Geheimnis ausströmt: Die erste Eigenschaft geht zurück auf die Ununterschiedenheit des Urstoffs, die zweite auf die Erhabenheit des Ursatzes und die dritte auf die Selbstheit, die zugleich verborgen und überwältigend ist. In dem arabischen Schriftzeichen des Namens Allah unterscheiden wir eine waagerechte Linie, die der Schreibrichtung, sodann die senkrechten Geraden von *alif* und *lam* und am Ende eine mehr oder weniger runde Linie, die sich symbolisch einem Kreis gleichsetzen läßt. Diese drei Elemente sind gleichsam Hinweise auf drei «Ausdehnungsweisen»: die Gelassenheit, welche «waagerecht» und ununterschieden ist wie die Wüste oder eine Schneedecke;[1] die Erhabenheit, welche «senkrecht» und unbeweglich ist wie ein Gebirge;[2] und das Geheimnis, das sich «in die Tiefe» erstreckt und auf die Selbstheit und auf die Erkenntnis zurückgeht. Das Geheimnis der Selbstheit umschließt jenes des Einsseins, denn die göttliche Natur, welche sowohl Ganzheit als auch Transzendenz ist, umfaßt alle möglichen göttlichen Aspekte, einschließlich der Welt mit ihren unzählbaren individualisierten Brechungen des höchsten Selbst.

*

1 Dies drückt der bereits angeführte Vers aus: «Sprich: Allah! dann überlasse sie ihren eitlen Reden» (VI,91), oder jener andere: «Ist es nicht im Gedenken an Allah, daß die Herzen in Sicherheit zur Ruhe kommen?» (XIII,28).

2 «Allah! Es gibt keine Gottheit außer Ihm, dem Lebendigen (*Al-Hayy*), dem durch Sich selbst Bestehenden (*Al-Qayyûm*)» (II,255 und III,1).

Die Fâtihah-Sure, «die (den Koran) eröffnet», ist von entscheidender Bedeutung, wie wir bereits sagten, denn sie bildet das einhellige Gebet des Islam. Sie besteht aus sieben Erklärungen oder Versen: «1. Lob Gottes, des Herrn der Welten; 2. der unendlich Gütige, der immer Barmherzige; 3. der König des Letzten Gerichts; 4. Du bist es, den wir anbeten, und bei Dir suchen wir Zuflucht; 5. leite uns auf den rechten Weg; 6. den Weg derer, über denen Deine Gnade waltet; 7. nicht derer, über denen Dein Zorn waltet, noch derer, welche in die Irre gehen.»

«Lob Gottes, des Herrn der Welten»: Der Ausgangspunkt dieser Formel ist unser Zustand der Freude am Dasein; dasein, das ist genießen, denn atmen, essen, leben, die Schönheit sehen, eine Arbeit verrichten, das ist alles Genuß. Es ist jedoch wichtig zu wissen, daß jede Vollkommenheit oder Befriedigung, jede äußere oder innere Eigenschaft nur die Auswirkung einer transzendenten und einzigen Ursache ist und daß diese Ursache, die einzige, die es gibt, unzählbare Welten der Vollkommenheit hervorbringt und bestimmt.

«Der unendlich Gütige, der immer Barmherzige»: Der Gütige bedeutet, daß Gott uns im voraus das Dasein und alle die Bedingungen und Voraussetzungen, die es einschließt, geschenkt hat; und weil wir da sind und begabt sind mit Erkenntnisvermögen, dürfen wir diese Gaben weder vergessen noch sie uns selber zuschreiben; wir haben uns nicht selber geschaffen und haben weder das Auge noch das Licht erfunden. «Der Barmherzige»: Gott schenkt uns unser täglich Brot, und nicht nur das – er schenkt uns auch unser ewiges Leben, unsere Teilhabe an der Einheit und folglich an dem, was unsere wahre Natur ist.

«Der König des Letzten Gerichtes»: Gott ist nicht allein der Herr der Welten, er ist auch der Herr ihres Endes; er bringt sie zur Entfaltung, dann zerstört er sie. Wir, die wir uns im Dasein befinden, müssen wissen, daß alles Dasein seinem Ende zuläuft, daß die Mikrokosmen ebenso wie die

Makrokosmen in einer Art göttlichem Nichts enden. Zu wissen, daß das Bedingte vom Unbedingten kommt und von ihm abhängt, heißt, zu wissen, daß es nicht das Unbedingte ist und daß es ihm gegenüber verschwindet.[1]

«Du bist es, den wir anbeten, bei Dir suchen wir Zuflucht»: Die Anbetung ist das Erkennen Gottes außerhalb von uns und über uns – es ist folglich die Unterwerfung unter den unendlich fernen Gott, während die Zuflucht die Rückkehr zu dem Gott in uns ist, in der Tiefe unseres Herzens; es ist das Vertrauen zu einem unendlich nahen Gott. Der Gott «außen» gleicht der Unendlichkeit des Himmels; der Gott «innen» der Vertrautheit des Herzens.

«Leite uns auf den rechten Weg»: Das ist der aufsteigende Weg, der Weg, der zur befreienden Einheit führt; es ist die Einung von Willen, Liebe und Erkenntnis.

«Den Weg derer, über denen Deine Gnade waltet»: Der rechte Weg ist der Weg, auf dem die Gnade uns nach oben zieht; allein durch die Gnade können wir diesem Weg folgen; doch müssen wir uns dieser Gnade öffnen und uns ihren Forderungen fügen.

«Nicht derer, über denen Dein Zorn waltet, noch derer, welche in die Irre gehen»: Nicht derer, die sich der Gnade widersetzen und die sich dadurch dem Strahl der Gerechtigkeit und der Strenge aussetzen oder die das Band, das sie mit der vor-seienden Gnade verbindet, zerreißen. Indem sie unabhängig sein wollen von der göttlichen Ursache oder selbst Ursache sein wollen, fallen sie gleich Steinen, taub und blind; die göttliche Ursache gibt sie preis. «Noch derer, welche in die Irre gehen»: Das sind diejenigen, die – ohne sich dem Einen geradezu zu widersetzen – sich dennoch aus Schwäche in der Vielfalt verlieren; sie verneinen das Eine nicht und wollen sich seinen Rang nicht anmaßen, aber sie

1 Man wird bemerkt haben, daß das «Letzte Gericht» eine zeitliche Symbolik enthält im Gegensatz zur räumlichen Symbolik des «Herrn der Welten».

bleiben, was sie sind, und folgen ihrer vielfältigen Natur, als wären sie nicht mit Erkenntnisvermögen begabt; kurz, sie leben unterhalb ihrer Möglichkeiten und liefern sich den kosmischen Mächten aus, aber ohne sich zu verlieren, wenn sie sich Gott unterwerfen.[1]

*

Das Leben des Muslim ist durchwebt mit Formeln, so wie beim Gewebe der Schuß die Kette durchwebt. Die Basmalah, sagten wir, eröffnet und heiligt jedes Unternehmen, sie macht die gewöhnlichen Verrichtungen des Lebens, wie die Waschungen und die Mahlzeiten, zu heiligen Handlungen. Die Formel «Lob sei Gott» (*al-hamdu lil 'Llâh*) schließt sie ab und führt damit ihre positive Wirkung auf die einzige Ursache aller Wirkungen zurück, dergestalt jeden Genuß «sublimierend», damit alles in Übereinstimmung mit der Gnade unternommen werde, als irdische Auswirkung der göttlichen Glückseligkeit; in diesem Sinne wird alles als Symbol dieser Glückseligkeit vollzogen.[2] Diese beiden Formeln bezeichnen die zwei Phasen der Heiligung und der Vollendung, das *Coagula* und das *Solve*; die Basmalah ruft

1 Nach islamischer Auslegung betreffen diese drei Kategorien (Gnade, Zorn, Irren) jeweils die Muslime, welche dem Weg der Mitte folgen, die Juden, die Jesus nicht anerkannten, und die Christen, die ihn vergöttlichten. Die Wahl der Symbole ist exoterisch einleuchtend, der Sinn aber ist allumfassend und bezieht sich auf die drei Grundstrebungen des Menschen.

2 Vgl. die *Bhagavadgîtâ*: «Somit, o Sohn von Kunti, bringe mir als Opfer dar, was du tust, was du issest, was du opferst, was du verschenkst, was du auf dich nimmst. Du wirst frei sein von der Fessel der Werke, ihre Früchte mögen gut oder schlecht sein; und mit einer gänzlich auf die heilige Einung gerichteten Seele, frei, wirst du zu Mir kommen» (IX,27 u. 28). – Gemäß einer unter den Muslimen gängigen Vorstellung wird eine Mahlzeit ohne die Basmalah in Gesellschaft mit Satan verzehrt; das gleiche gilt für jede andere wesentliche Handlung.

die göttliche Ursache an – das heißt die Gegenwart Gottes – in den vergänglichen Dingen, und das *Hamd* – das Lob – löst diese Dinge gewissermaßen auf, indem es sie auf ihre Ursache zurückführt.

Die Formeln «Ehre sei Gott» (*Subhâna Llâh*) und «Gott ist größer» (*Allâhu akbar*) werden, einem Hadith entsprechend, oftmals dem Hamd beigesellt und zusammen aufgesagt. Man sagt «Ehre sei Gott», um eine der göttlichen Majestät entgegenstehende Irrlehre zu entkräften, diese Formel betrifft daher insonderheit Gott selbst, sie trennt von den geschöpflichen Dingen, das Hamd hingegen bindet die Dinge auf eine bestimmte Weise an Gott. Die Formel «Gott ist größer» – das *Takbîr* – «eröffnet» das vorgeschriebene Gebet und bezeichnet den Wechsel der Stellung während der Weihehandlung. Durch den Komparativ des Wortes «groß» (*kabîr*), der übrigens oft für einen Superlativ gehalten wird, bringt sie zum Ausdruck, daß Gott stets «größer» oder «der Größte» (*akbar*) sein wird, damit erscheint sie wie eine Umschreibung der Shahâdah.[1]

Eine andere Formel von geradezu lebenswichtiger Bedeutung im Leben der Muslime ist diese: «Wenn Gott es will» (*in shâ'a 'Llâh*); mit dieser Aussage erkennt der Muslim seine Abhängigkeit an, seine Schwäche, seine Unwissenheit vor Gott und sagt sich gleichzeitig los von jedem leidenschaftlichen Anspruch; es ist wesentlich die Formel der Gelassenheit. Damit wird zugleich bekräftigt, daß Gott das Ziel aller Dinge ist, daß er das einzige unbedingt sichere Ende unseres Daseins ist; es gibt keine Zukunft außer ihm.

Wenn die Formel «Wenn Gott es will» die Zukunft betrifft, insofern, als wir die Gegenwart in sie verlegen – vertre-

1 Der Überlieferung nach tilgen alle diese Formeln – soundsoviele Male gesprochen – auf wunderbare Weise die Sünden, wären sie auch zahlreich wie die Tropfen im Meer. Hier besteht eine Ähnlichkeit mit den «Ablässen», die im Katholizismus an bestimmte Formeln oder Gebete gebunden sind.

ten durch unser Begehren, das wir tätig geltend machen –, dann betrifft die Formel «Es steht geschrieben» (*kâna maktûb*) die Gegenwart, insofern, als wir in ihr der Zukunft begegnen, die ihrerseits durch das Schicksal vertreten ist, dem wir uns duldig unterwerfen. Auch die Formel «Was Gott wollte (ist eingetreten)» (*mâ shâ'a 'Llâh*) bezieht die Vorstellung «Wenn Gott es will» (*in shâ'a 'Llâh*) auf die Vergangenheit und die Gegenwart. Das Ereignis oder der Beginn des Ereignisses ist vergangen, aber seine Entfaltung oder unsere Feststellung, daß das Ereignis vergangen oder gegenwärtig ist, ist Gegenwart. Der muslimische «Fatalismus», dessen Wohlbegründetheit durch die Tatsache gestützt wird, daß er mit dem Tätigsein in vollkommener Übereinstimmung steht – die Geschichte beweist es –, dieser «Fatalismus» ergibt sich folgerichtig aus der Grundanschauung des Islam, wonach alles von Gott abhängt und zu ihm zurückkehrt.

Der Muslim – besonders derjenige, der die Sunna bis in ihre kleinsten Verästelungen hinein befolgt[1] – lebt in einem Geflecht von Symbolen, er wirkt mit an seiner Entstehung, da er sie lebt, und zieht Gutes daraus auf ebenso vielerlei Weise, als er sich an Gott und das Jenseits erinnert, und wäre es auch nur mittelbar. Dem Christen, der moralisch im leeren Raum der möglichen Berufungen lebt, folglich im Bereich des Unvorhersehbaren, wird diese Befindlichkeit des Muslim als oberflächlicher Formalismus erscheinen, wenn nicht sogar als Pharisäertum. Das ist jedoch ein Eindruck, der gänzlich außer acht läßt, daß für den Islam der Wille

1 Wie das besonders Al-Ghazzâlî empfahl. Die umgekehrte Meinung gibt es auch, daß nämlich ein vorgeschriebenes Mindestmaß genüge, um ins Paradies zu kommen, unter der Voraussetzung einer großen Reinheit der Seele oder sehr großer Tugend oder tiefer innerer Erkenntnis. – Erinnern wir uns bei dieser Gelegenheit daran, daß die Muslime die Handlungen in fünf Arten einteilen: 1. das Unerläßliche (*fardh* oder *wâjib*); 2. das, was empfohlen wird (*sunnah, mustahabb*); 3. das Gleichgültige (*mubâh*); 4. das, wovon abgeraten wird (*makrûh*); 5. das, was verboten ist (*harâm*).

nicht von ungefähr tätig wird;[1] er wird bestimmt oder geleitet mit Rücksicht auf den beschaulichen Frieden des Geistes;[2] das Äußere ist nur ein Leitbild, der gesamte geistige Rhythmus entfaltet sich im Inneren. Zu jeder Gelegenheit Formeln auszusprechen kann nichts sein und erscheint dem als Nichts, der nur die moralische Heldenhaftigkeit erfaßt, von einem anderen Standpunkt aus aber – jenem der grundsätzlich möglichen Einung mit Gott durch das ständige «Gedenken» an die göttlichen Dinge – ist diese Weise, mit Worten dem Leben geistige «Richtpunkte» einzufügen, im Gegenteil ein Mittel der Reinigung und der Gnade, woran zu zweifeln nicht erlaubt ist. Das, was geistig möglich ist, ist eben darum berechtigt und in einem geeigneten Zusammenhang sogar geboten.

Eine der herausragendsten Lehren des Korans ist die Allmacht; diese Lehre, daß alle Dinge uneingeschränkt von Gott abhängen, ist im Koran mit einer für den monotheistischen Bereich außerordentlichen Strenge ausgesprochen worden. Am Beginn dieses Buches haben wir die Frage der Vorherbestimmung gestreift und gezeigt: Wenn der Mensch dem Verhängnis unterworfen ist, so darum, weil er – oder in dem Maße, in dem er – nicht Gott ist, aber nicht insofern, als er seinsmäßig an der göttlichen Freiheit teilhat. Die Vorherbestimmung zu leugnen liefe, wie gesagt, darauf hinaus, zu behaupten, Gott «wisse nicht alles Zukünftige im voraus», daher sei er nicht allwissend; eine widersinnige Schlußfolgerung, weil die Zeit nur eine daseinsmäßige Ausdehnungs-

1 Hierbei, wie auch bei anderen Punkten, hat das Voneinanderabweichen der Sehweisen nichts Unbedingtes, dennoch sind die Unterschiede in der Betonung wirklich vorhanden und tiefreichend.

2 Das ist der Grund, weshalb die erforderliche Haltung ein *islâm* heißt, eine «Hingabe» an einen vor-seienden Willensbereich. Die Wurzel dieses Begriffes ist die gleiche wie die des Wortes *salâm,* «Friede», was auf den Begriff «übernatürliches Entspannen» hinweist, einen Begriff, der ebenso auch die *inshirâh* umfaßt, die Erweiterung der Brust durch den muslimischen Glauben.

weise und die erfahrungsmäßige Aufeinanderfolge ihrer Inhalte nur eine Täuschung ist.

Diese Frage der Vorherbestimmung erinnert an jene der göttlichen Allmacht: Wenn Gott allmächtig ist, warum kann er nicht alle die Übel beseitigen, an denen die Geschöpfe leiden? Denn wenn wir nicht annehmen können, daß er das will, es aber nicht vermag, dann können wir nicht länger glauben, er könne es, wolle es aber nicht, zumindest nicht, soweit wir uns auf unser menschliches Empfinden verlassen. Hierauf ist zu erwidern: Die Allmacht, als etwas fest Umrissenes, kann dem Absoluten im streng metaphysischen Sinne dieses Wortes nicht zugehören. Folglich ist sie eine Eigenschaft unter anderen, was darauf hinausläuft zu sagen, daß sie, wie das Wesen, dem sie zugehört, bereits in den Bereich des Bedingten gehört, ohne deshalb aus dem Bereich des Ursätzlichen herauszufallen. Sie geht mit einem Wort auf den personhaften Gott zurück, die ontologische Ursache des Seienden, welcher erschafft und sich in bezug auf die Geschöpfe personifiziert, nicht auf die überpersönliche Gottheit, welche unbedingte und sprachlich nicht faßbare Wesenheit ist. Die Allmacht, wie jede Zuschreibung einer Haltung oder Tätigkeit, hat ihren zureichenden Grund in der Welt und wirkt sich auf diese aus; sie hängt vom Sein ab und kann sich darüber hinaus nicht auswirken. «Schaffend» und «geschaffen habend» ist Gott allmächtig in bezug auf das, was sein Werk umfaßt, aber nicht in bezug auf das, was in der göttlichen Natur selbst sowohl die Schöpfung als auch deren innere Gesetze bewirkt; er lenkt nicht das, was die metaphysische Notwendigkeit der Welt und des Übels bewirkt; er lenkt weder die Verhältnismäßigkeit – von der er, als ontologische Ursache, die erste Bejahung ist – noch die grundsätzlichen Folgen der Verhältnismäßigkeit. Er kann ein bestimmtes Übel aufheben, aber nicht das Übel als solches; und er würde dieses letztere aufheben, wenn er alle Übel beseitigte. Von «Welt» sprechen bedeutet von «Verhältnismäßigkeit», «Entfaltung von Bedingtem», «Unterscheidung», «Vorhandensein des Bösen» sprechen. Da die Welt nicht Gott ist, muß sie die Unvollkommenheit einschließen, andernfalls sie Gott gleichen und damit zu bestehen («existieren» – *exsistere*) aufhören würde.

Der große Widerspruch beim Menschen besteht darin, daß er die Mannigfaltigkeit will, ohne den Preis in Gestalt von Zerrissenheit zu zahlen. Er will das Bedingte mit dem Geschmack des Unbedingten oder der Unendlichkeit, aber ohne die Kanten des Schmerzes. Er begehrt die Weite, aber nicht die Grenze, als ob die eine ohne die andere bestehen könnte und als ob die reine Ausdehnung auf der Ebene des Meßbaren anzutreffen wäre.[1]

Vielleicht könnten wir uns mit größerer Klarheit ausdrükken, wenn wir die Frage folgendermaßen fassen: Die göttliche Wesenheit – das Über-Sein – enthält in ihrer Ununterschiedenheit und gleichsam als eine Möglichkeit, die in ihrer Unendlichkeit einbegriffen ist, einen Ursprung von Bedingtem. Das SEIN, Zeugungsgrund der Welt, ist die erste der Bedingtheiten, aus der sich alle die anderen entfalten; es ist die Aufgabe des Seins, die Unendlichkeit des Über-Seins in die Richtung zum «Nichts» oder auf «trügerische Weise» zu entfalten, die sich auf diese Art in ontologische und existentielle Möglichkeiten[2] verwandelt findet. Da das Sein die erste Bedingtheit ist, kann es die Bedingtheit nicht beseitigen; wenn es das könnte – das sahen wir oben –, würde es sich selbst beseitigen und erst recht die Schöpfung zunichte machen. Was wir das «Böse» nennen, ist nichts anderes als das äußerste Ergebnis der Begrenzung, folglich der Bedingtheit;

1 Die ganze moderne Zivilisation ist auf diesem Irrtum errichtet, der zum Glaubensartikel und Programm geworden ist.

2 Die ersteren betreffen das Sein selbst – es sind die göttlichen Merkmale wie die Allmacht und die Barmherzigkeit –, die zweiten das Dasein, die Welt, die Dinge.

der Allmächtige kann ebensowenig die Bedingtheit aufheben, wie er es verhindern kann, daß zwei und zwei vier ist, denn die Bedingtheit geht, ebenso wie die Wahrheit, aus seinem Wesen hervor, was darauf hinausläuft, zu sagen, daß Gott nicht die Macht hat, nicht Gott zu sein. Die Bedingtheit ist der «Schatten» oder der «Umriß», der es dem Unbedingten erlaubt, sich als solches geltend zu machen, zuerst sich selbst gegenüber und danach in einem Versprühen von «unzählbaren»[1] Unterscheidungen.

Diese ganze Lehre findet sich in der Koranformel ausgedrückt: «Und er ist mächtig über alle Dinge» (*wa-Hua 'alâ kulli shay'in qadîr*); in der Ausdrucksweise der Sufi würde man sagen, insofern Gott der Mächtige ist, nämlich Schöpfer, wird er auf der Ebene der «Eigenschaften» (*çifât*) betrachtet, und diese können ganz offensichtlich nicht die «WESENHEIT» oder die «überpersönliche Wesenheit» (*Dhât*) beherrschen; die «Macht (*qadr*) bezieht sich auf «alle Dinge», auf das daseiende Gesamt. Wenn wir sagen, der Allmächtige habe nicht die Macht, nicht all-mächtig, nicht Schöpfer, nicht Barmherziger, Gerechter zu sein, er könne sich ebensowenig enthalten zu schaffen, wie seine Eigenschaften in der Schöpfung zu entfalten, dann wird man zweifellos einwenden, Gott habe die Welt «in voller Freiheit» erschaffen und offenbare sich frei in ihr, doch das heißt, die ursätzliche Bestimmung der göttlichen Vollkommenheit mit der Freiheit hinsichtlich von Tatsachen oder Inhalten zu verwechseln. Man verwechselt die Vollkommenheit aus Notwendigkeit, einen Widerschein des Absoluten, mit der zwangsläufigen Unvollkommenheit, einer Folge der Bedingtheit. Daß Gott in vollkommener Freiheit schafft, bedeutet, daß er keinerlei Zwang erleiden kann, denn nichts ist außer ihm, und daß die Dinge, welche außerhalb seiner

1 Ein rein symbolischer Ausdruck, denn im gesamten Makrokosmos sind wir jenseits des irdischen Zahlbegriffes.

erscheinen, ihn nicht erreichen können, weil die Wirklichkeitsebenen auf nicht vergleichbare Weise ungleich sind. Die metaphysische Ursache der Schöpfung oder Manifestation ist in Gott, sie hindert ihn also nicht, Er Selbst, folglich frei zu sein. Es läßt sich nicht leugnen, daß diese Ursache in der göttlichen Natur enthalten ist, es sei denn, man verwechsle die Freiheit mit der Laune, wie das die Theologen allzuoft tun, zumindest tatsächlich und stillschweigend und ohne sich über die logischen Folgen ihres gefühlsbeherrschten und antimetaphysischen Anthropomorphismus Rechenschaft zu geben. Wie die «Allmacht» so hat auch die «Freiheit» Gottes nur Sinn in bezug auf das Bedingte; keiner dieser Begriffe, darauf muß immer wieder hingewiesen werden, läßt sich auf die letzte Selbstheit anwenden, was nicht bedeutet, daß die wesentlichen Vollkommenheiten, welche diese Eigenschaften auskristallisieren, jenseits des Bedingten fehlten – was nicht sein kann –, sondern im Gegenteil, daß sie ihre unendliche Fülle nur im Unbedingten und sprachlich nicht Faßbaren haben.[1]

*

Die Frage der göttlichen Züchtigung wird oft mit jener der Allmacht und auch der Weisheit und der Güte in Verbin-

1 Der Mazdaismus hat das Problem der Allmacht und des Bösen auf eine Weise dargestellt, die den Anschein von Widerspruch in der göttlichen Ursache vermeidet, indem er *Ahuramazda* (oder *Ormuzd*), dem höchsten und unendlich guten Gott, ein Prinzip des Bösen, *Auromainyu* (oder *Ahriman*) gegenüberstellt, aber er hält damit bei einem metaphysisch wenig zufriedenstellenden, wenn auch auf einer bestimmten Wirklichkeitsebene glaubhaften Dualismus inne. Der Buddhismus vermeidet diese beiden Klippen – den Widerspruch in Gott selbst und den bis zum Grunde reichenden Dualismus –, aber er muß den personhaften Aspekt Gottes opfern, zumindest in seiner allgemeinen Lehre, was ihn für die Mehrzahl der semitisch-abendländischen Menschen unannehmbar macht.

dung gebracht, und man beginnt dann etwa so zu argumentieren: Welches Interesse kann ein unendlich weiser und gütiger Gott daran haben, eine Liste unserer Sünden, der Offenbarungen unseres Elends, zu führen? Sich so zu fragen heißt, die wesentlichen Ausgangspunkte der Frage außer acht zu lassen und einerseits die innewohnende Gerechtigkeit und das Gesetz der Ausgewogenheit zu einer psychologischen Zufälligkeit und andererseits – da man die Sünde bagatellisiert – die menschliche Mittelmäßigkeit zum Maß für das All zu machen. Zunächst: Zu sagen, Gott «strafe», ist nicht mehr als eine Weise, einen bestimmten ursächlichen Zusammenhang auszudrücken. Es würde niemandem einfallen, die Natur der Kleinlichkeit anzuklagen, weil sich da die Beziehung zwischen Ursache und Wirkung nach der Logik der Dinge vollzieht: weil zum Beispiel Samen von Brennesseln keine Azaleen hervorbringen oder ein Stoß, den man einer Schaukel versetzt, eine Pendelbewegung und keinen Aufstieg hervorruft. Die Berechtigung von Strafen jenseits des Grabes zeigt sich, sobald wir uns der menschlichen Unvollkommenheit bewußt sind; da diese ein Ungleichgewicht ist, ruft sie unvermeidlich eine Rückwirkung hervor.[1] Wenn das Dasein der Geschöpfe in der Tat – für diejenigen, die den Schein durchschauen – ein Gottesbeweis ist, weil die Offenbarung nur im Zusammenhang mit der göttlichen Ursache denkbar ist, ebenso wie die Zufälle nur Sinn haben im Zusammenhang mit einer Substanz, läßt sich eine entsprechende Bemerkung auf die Unausgewogenheiten anwenden: Sie setzen ein Gleichgewicht voraus, das sie gestört haben, und ziehen entsprechende positive oder negative Reaktionen nach sich.

Anzunehmen, daß der Mensch «gut» sei, daß er das Recht

1 Das ist eine der Bedeutungen des Christuswortes: «Wer das Schwert nimmt, wird durch das Schwert umkommen» und auch, von einem etwas anderen Gesichtspunkt her, des Wortes: «Jedes Reich, das in sich geteilt ist, wird zugrunde gehen.» Dieser letzte Satz gilt insonderheit für den Menschen, der seiner Natur, die «nach dem Bilde Gottes gemacht ist», untreu wird.

habe, nur zu fordern, daß man ihn «in Ruhe lasse», daß er sich nur moralisch bemühen und Ehrfurcht vor dem Jenseits haben müsse, heißt, nicht zu sehen, daß die Begrenzungen, welche den Menschen in einer gewissen Weise bestimmen, etwas zutiefst «Anormales» haben. Allein die Tatsache, daß wir nicht sehen, was hinter uns geschieht, und daß wir nicht wissen, was der nächste Tag bringen wird, beweist, daß wir in gewisser Hinsicht etwas sehr Geringes sind, daß wir «Zufälle» eines «Grundstoffes» sind, der uns übersteigt, gleichzeitig aber: daß wir nicht unser Leib und daß wir nicht von dieser Welt sind.

Das erlaubt uns eine Abschweifung: Wenn die Menschen sich Jahrtausende hindurch mit der sittlichen Symbolik der Belohnung und der Strafe begnügen konnten, dann war das nicht so, weil sie dumm waren – und in diesem Falle ist ihre Dummheit unendlich und unheilbar –, sondern weil sie noch den Sinn für Ausgewogenheit und Unausgewogenheit hatten; weil sie noch einen angeborenen Sinn für echte Werte hatten, ob es sich um die Welt handelte oder um die Seele. Sie hatten die Gewißheit – in gewisser Weise auf Erfahrung gegründet, denn sie lebten betrachtend – einerseits von göttlichen Maßstäben und andererseits von menschlicher Unvollkommenheit; es genügte, daß eine Symbolik sie dessen gemahnte, wovon sie eine natürliche Ahnung hatten. Der geistig verkommene Mensch hingegen hat seine ursprüngliche Würde und die Gefahren, die sie mit sich bringt, vergessen. Da er keine Lust verspürt, sich mit den Grundlagen seines Daseins zu befassen, meint er, die Wirklichkeit sei nicht imstande, ihn daran zu gemahnen. Und der ärgste Unsinn ist der, zu glauben, die Natur der Dinge sei widersinnig, denn wenn das zuträfe, woher würden wir die Einsicht gewinnen, die uns erlaubt, das festzustellen? Ferner ist der Mensch, dem Begriffe nach, erkenntnisfähig und frei; davon bleibt er im täglichen Leben immer überzeugt, denn er beansprucht für sich bei jeder Gelegenheit Freiheit und Erkenntnisfähigkeit: die Freiheit, weil er sich nicht beherrschen lassen will, und die Erkenntnisfähigkeit, weil er alles selber beurteilen will. Nun ist es unsere wirkliche Natur und nicht unsere zur Regel erhobene Bequemlichkeit, die über unser Schicksal vor dem Absoluten entscheidet. Wir können unserer Gottförmigkeit entfliehen und dabei von ihren Vorteilen Nutzen ziehen wollen, aber den Folgen, die sie einbegreift, können wir nicht entgehen.

Die Modernisten können leicht herabsehen auf das, was bei überlieferungstreuen Menschen als Unruhe, Schwäche, als ein «Komplex» erscheinen mag; ihre Weise, vollkommen zu sein, ist, nicht zu wissen, daß der Berg einstürzen wird, während der scheinbare Fehler derer, die sie verachten, zumindest ernsthafte Aussichten enthält – oder offenbart –, der Katastrophe zu entkommen. Was wir sagten, gilt auch für ganze Kulturen; die überlieferungstreuen Kulturen enthalten Übel, die man nur begreifen oder deren Tragweite man nur beurteilen kann, wenn man berücksichtigt, daß sie auf der Gewißheit des Jenseits gründen und mithin auf einer gewissen Gleichgültigkeit hinsichtlich der vergänglichen Dinge. Umgekehrt muß man, um die Vorteile der modernen Welt zu bewerten – und ehe man unbezweifelbare Werte darin erblickt –, sich erinnern, daß ihre geistige Verfassung die Verneinung des Jenseitigen und der Kult des Diesseitigen ist.

Viele Menschen unserer Zeit reden folgendermaßen: «Entweder gibt es Gott, oder es gibt ihn nicht; wenn es ihn gibt und wenn er so ist, wie man sagt, dann wird er anerkennen, daß wir gut sind und daß wir keinerlei Strafe verdienen.» Das heißt, sie wollen gern an seine Existenz glauben, wenn er dem entspricht, was sie sich vorstellen, und wenn er den Wert anerkennt, den sie sich selber zuschreiben. Dabei wird einerseits vergessen, daß wir nicht wissen können, mit welchem Maß das Absolute uns richten wird, und andererseits, daß das «Feuer» im Jenseits schließlich nichts anderes ist als unser eigenes Erkenntnisvermögen, welches beim Zusammentreffen mit unserer Falschheit in Erscheinung tritt, oder, anders gesagt, daß es die innewohnende Wahrheit ist, welche hell zutage tritt. Im Tode wird der Mensch dem ungeheuren Raum einer Wirklichkeit gegenübergestellt, die nicht mehr bruchstückhaft ist, sondern ganz; danach dem Muster dessen, was er vorgegeben hat zu sein, denn dieses Muster ist ein Teil des Wirklichen. Der Mensch verurteilt sich also selbst, nach dem Koran sind es seine eigenen Glieder, die ihn anklagen; seine Übertretungen verwandeln sich, ist die Lüge erst einmal vergangen, in Flammen; die aus dem Gleichgewicht gebrachte und verfälschte Natur samt ihrer ganzen eitlen Sicherheit ist ein Nessushemd. Der Mensch brennt nicht nur seiner Sünden wegen; er brennt wegen seiner Würde als Bild Gottes. Es ist die vorgefaßte Meinung, die Gefallenheit als Norm aufzustellen und die Unwissenheit als Bürgschaft für Straflosigkeit, die der Koran heftig brandmarkt – fast könnte man sagen, im voraus –, indem er der Selbstsicherheit seiner Gegner den Schrecken des Weltendes entgegenstellt.[1]

Kurz, das ganze Problem der Schuld läßt sich zurückführen auf den Zusammenhang zwischen Ursache und Wirkung. Daß der Mensch weit davon entfernt ist, gut zu sein, beweist die frühere und neuere Geschichte im Übermaß. Der Mensch besitzt nicht die Unschuld des Tieres, er ist sich seiner Unvollkommenheit bewußt, denn er hat den Begriff davon; folglich ist er verantwortlich. Das, was in der Sprache der Moral die Verfehlung des Menschen und die Strafe Gottes genannt wird, ist an sich nichts anderes als das Aufeinandertreffen der menschlichen Unausgewogenheit mit dem innewohnenden göttlichen Gleichgewicht; dieser Gedanke ist von grundlegender Bedeutung.

1 Dieses Thema ist eines der am dringlichsten wiederholten dieses heiligen Buches, welches zuweilen seinen Charakter einer letzten Botschaft mit fast verzweifelter Beredsamkeit zutage treten läßt.

Nachdem die Vorstellung von einer «ewigen» Hölle jahrhundertelang die Gottesfurcht und das Streben nach Tugend angeregt hat, hat sie heute eher die gegenteilige Wirkung und trägt dazu bei, die Lehre vom Jenseits unwahrscheinlich zu machen; und – ein Paradox – in einer Zeit, die zwar die Zeit der Gegensätze und des Ausgleichs ist, insgesamt aber der reinen Metaphysik so ablehnend wie möglich gegenübersteht, vermag allein die weisheitsmäßige Esoterik die heikelsten Lehrsätze der Exoterik begreiflich zu machen und gewisse Bedürfnisse nach ursächlichem Zusammenhang zu befriedigen. Das Problem der göttlichen Strafe, das unsere Zeitgenossen so schwer zugeben können, läßt sich, im ganzen genommen, auf zwei Fragen zurückführen: Besteht für den verantwortlichen und freien Menschen eine wenn auch trügerische Möglichkeit, sich dem Absoluten mittelbar oder unmittelbar zu widersetzen? Gewiß, denn die ichhafte Wesenheit kann jede kosmische Eigenschaft aufnehmen, und folglich gibt es Zustände, welche «Möglichkeiten von Unmöglichem» sind.[1] Die zweite Frage ist die folgende: Kann die exoterische Wahrheit, zum Beispiel hinsichtlich der Hölle, vollständig sein? Mit Sicherheit nicht, denn sie ist – sozusagen ihrem Begriffe nach – von einem gewissen moralischen Interesse oder von gewissen Gründen psychologischer Zweckmäßigkeit bestimmt. Daraus erklärt sich das Fehlen von ausgleichenden Abstufungen in bestimmten religiösen

1 «Sie sagten zwar, das Höllenfeuer werde sie – wenn überhaupt – nur eine bestimmte Anzahl von Tagen quälen. Sage ihnen aber: Solltet ihr mit Gott einen Pakt geschlossen haben – und dann wird Gott ihn gewiß nicht brechen –, oder redet ihr etwas daher von Gott, was ihr nicht wißt? Nein! Wer Böses tut und von Sünde umgeben ist, wird im (Höllen-)Feuer wohnen und dort bleiben» (*khâlidûn*) (Koran II,80,81). Die Betonung liegt hier ganz auf dem Satz: «... und von Sünde umgeben sind» (*Wa-ahâtat bihi khati'atuhu*), was den wesentlichen, folglich «tödlichen» Charakter der Übertretung zeigt. Diese Stelle antwortet Menschen, die zwar nicht glauben, die Hölle als solche sei metaphysisch begrenzt, wohl aber, die Dauer der Strafe sei gleich jener der Sünde.

Lehren. Die aus dieser Sehweise herrührenden Jenseitslehren sind natürlich nicht «antimetaphysisch», sondern «ametaphysisch» und «anthropozentrisch»,[1] so daß gewisse Wahrheiten in ihrem Zusammenhang als «unmoralisch» oder zumindest «anstößig» erscheinen würden. Es ist ihnen also nicht möglich, bei den höllischen Zuständen mehr oder weniger positive Aspekte zu unterscheiden, so wenig wie umgekehrt in den paradiesischen Zuständen. Mit dieser Andeutung wollen wir nicht sagen, daß zwischen der Barmherzigkeit und der Strenge ein Gleichmaß bestünde – denn die Barmherzigkeit hat den Vorrang[2] –, sondern daß das Verhältnis «Himmel – Hölle» aus metaphysischer Notwendigkeit dem entspricht, was die fernöstliche Symbolik des *Yin-Yang* ausdrückt, wo der schwarze Teil einen weißen Punkt enthält und der weiße Teil einen schwarzen Punkt. Wenn es also in der Hölle Ausgleichendes gibt, weil im Dasein nichts absolut sein kann und die Barmherzigkeit überallhin dringt,[3]

1 Die Theologen wissen grundsätzlich durchaus, daß die «Ewigkeit» der Hölle – beim Paradies liegt der Fall ein wenig anders – nicht auf derselben Ebene liegt wie die Ewigkeit Gottes und daß sie mit ihr nicht gleichgesetzt werden kann; aber diese Feinheit bleibt hier ohne Bedeutung. – Wenn die Exoterik in den semitischen heiligen Schriften Vorstellungen wie die *Creatio ex nihilo* und das zugleich einzelwesentliche und ewige Fortleben vertritt, dann tritt die exoterische Grundstrebung ebenso in den hinduistischen und buddhistischen Schriften auf – wenn auch auf andere Weise, nämlich so, daß diese Texte offenbar jene Phasen der Seelenwanderung, die weder himmlisch noch höllisch sind, auf die Erde verlegen; die Exoterik, die schwierigen Erklärungen stets widerstrebt, beschränkt sich bei den Hindus auf die Einfachheit des Symbols. Gewiß mag die eine Jenseitslehre vollständiger sein als eine andere, keine jedoch kann gänzlich angemessen sein, aufgrund der Begrenztheit der menschlichen und irdischen Vorstellungskraft.

2 Es besteht kein Gleichmaß zwischen den himmlischen und höllischen Zuständen, weil die ersteren dem reinen Sein weitaus näher sind als die letzteren; ihre «Ewigkeit» ist folglich auf jeden Fall etwas anderes als die der Höllen.

3 Al-Ghazzâlî erzählt in seiner *Durrat al-fâkhirah*, daß ein Mensch, der in das Höllenfeuer gefallen war, lauter schrie als alle anderen: «Und man

muß es das auch im Paradies geben, keine Leiden, das gewiß nicht, aber Schatten, welche in umgekehrter Richtung dasselbe ausgleichende Prinzip bezeugen und Anzeichen sind dafür, daß das Paradies nicht Gott ist und daß alle Existenzen verbunden sind. Dieses Prinzip des Ausgleichs ist esoterisch – es zum Dogma zu erheben liefe dem für die abendländische Exoterik so bezeichnenden Geist des Entweder-Oder gänzlich zuwider –, und tatsächlich finden sich bei den Sufi bemerkenswert abgestufte Ansichten: Ein Jîlî, ein Ibn Arabî und andere geben zu, daß der Höllenzustand einen Aspekt des Genusses hat, denn wenn der Verdammte einerseits unter der Trennung vom Höchsten Guten und, wie Avicenna unterstreicht, unter der Trennung von seinem irdischen Leib leidet, während die Leidenschaften fortbestehen, erinnert er sich andererseits, nach Jalâl ad-Dîn Rûmî, an Gott, und «nichts ist süßer als das Gedenken an Allah».[1] Vielleicht ist es wichtig, auch daran zu erinnern, daß die Menschen in der Hölle *ipso facto* erlöst wären, wenn sie die höchste Erkenntnis besäßen – wozu sie dem Vermögen nach sehr wohl die Möglichkeit haben –, so daß sie folglich selbst in der Hölle den Schlüssel zu ihrer Befreiung haben. Vor

zog ihn ganz verbrannt heraus. Und Gott sprach zu ihm: Warum schreist du lauter als die andern Menschen im Feuer? Er antwortete: Herr, du hast mich gerichtet, aber ich habe den Glauben an deine Barmherzigkeit nicht verloren... Und Gott sprach: Wer zweifelt an der Barmherzigkeit seines Gottes, außer den Verirrten? (Koran XV,56). Gehe in Frieden, ich habe dir verziehen.» Vom katholischen Standpunkt aus handelt es sich hier um «Fegefeuer». Der Buddhismus kennt Bodhisattvas, wie Kshitigarbha, welche die Verdammten mit himmlischem Tau laben oder ihnen andere Erleichterungen bringen, was zeigt, daß das Wirken barmherziger Engel sich bis in die Höllen hinein erstreckt.

1 In der Hölle wissen die Bösen und die Hochmütigen, daß Gott wirklich ist, während sie das auf Erden nicht bedachten oder sich immer bemühen konnten, es zu bezweifeln; es hat sich folglich etwas in ihnen verändert, einfach durch ihren Tod, und dieses Etwas ist vom irdischen Standpunkt her gesehen nicht zu beschreiben. «Nur die Toten kennen den Wert des Lebens», sagen die Muslime.

allem aber ist zu sagen, daß der zweite Tod, von dem die Apokalypse spricht, sowie der Vorbehalt, den der Koran ausspricht, indem er diesen Worten über die Hölle den Satz folgen läßt «wenn es Allah nicht anders gefällt» (*illâ mâ shâ'a 'Llâh*),[1] den Schnittpunkt bezeichnen zwischen dem semitischen Begriff der fortdauernden Hölle und dem hinduistischen und buddhistischen Begriff der Seelenwanderung; mit anderen Worten, die Höllen sind letztlich Übergänge zu einzelwesentlichen nicht-menschlichen Zyklen, somit zu anderen Welten.[2] Der Zustand als Mensch – oder jeder andere vergleichbare «zentrale» Zustand – ist sozusa-

1 Suren VI,129 und XI,107. Die gleiche Einschränkung betrifft das Paradies: «... dort werden sie bleiben, solange Himmel und Erde bestehen, es sei denn, dein Herr würde es anders wollen; (das ist) ein unversiegliches Geschenk» (XI,108). Der letzte Lehrsatz bezieht sich unmittelbar darauf, daß die «Nahegekommenen» (*muqarrabûn*) kraft der höchsten Einung teilhaben an der göttlichen Ewigkeit; das bedeutet, daß in diesem Falle (dem *krama-mukti* der Veden) das Paradies am Ende des Zyklus («... solange Himmel und Erde bestehen») in die Gottheit einmündet, was ebenso im Paradies von Vishnu und Amida geschieht. Was die weiter oben gemachte Einschränkung betrifft, so zeigt sie für jene, die «den Garten dem Gärtner vorziehen», wie die Sufi sagen – deren Zustand die Frucht von Tätigkeit und nicht von Erkenntnis oder reiner Liebe ist –, die Möglichkeit späterer, aber stets wohltuender Veränderungen. Erwähnt sei hier auch die Möglichkeit der Bodhisattvas, die, während sie innerlich im Paradies bleiben, in eine bestimmte Welt eintreten, die der «irdischen» verwandt ist, und ferner, auf einer viel tieferen Ebene, jene nicht-menschlichen Segnungen, welche ein Wesen, dank eines besonderen Karmas, aufbrauchen kann, wie eine Pflanze es tut. Doch nichts davon geht in die als monotheistisch bezeichnete Sehweise ein, die übrigens nicht das Gleichmaß der kosmischen Zyklen und noch weniger das der universellen Zyklen (der «Leben Brahmas») umfaßt, obwohl gewisse Ahâdîth oder Bibelstellen (ganz gewiß das «Tausendjährige Reich») sich mehr oder minder deutlich darauf beziehen.

2 Nach dem *Mânava-Dharma-Shâstra,* dem *Mârkandeya-Purâna* und anderen Texten beginnt die Seelenwanderung der «Verdammten» – beim Verlassen der Hölle – durch niedere tierische Inkarnationen. Übrigens erfordert es die göttliche Unendlichkeit, daß die Seelenwanderung sich «spiralig» vollzieht: Das Wesen kann niemals in den gleichen irdischen

gen umgeben von einem Feuerkreis: Da gibt es nur eine Wahl, entweder dem «Strom der Formen» nach oben, in Richtung zu Gott hin, zu entkommen oder dem Menschsein nach unten zu entweichen, durch das Feuer, das gleichsam die Bestrafung für den Verrat derjenigen ist, die den göttlichen Sinn des Menschseins nicht verwirklicht haben. Wenn der «Zustand, ein Mensch zu sein, schwer zu erreichen ist», wie die asiatischen «Transmigrationisten» glauben, so ist er, aus demselben Grunde der zentralen Stellung und der gottförmigen Würde, auch schwer zu verlassen. Die Menschen gehen ins Feuer, weil sie Götter sind, und sie gehen daraus hervor, weil sie nur Geschöpfe sind; Gott allein vermöchte, wenn er sündigen könnte, auf ewig in die Hölle zu gehen. Oder auch: Der Menschenzustand ist der göttlichen Sonne nahe, wenn sich hier von «Nähe» sprechen läßt; umgekehrt ist das Feuer das mögliche Lösegeld für diese bevorzugte Stellung; wie bevorzugt sie ist, läßt sich an der Heftigkeit und Unauslöschlichkeit des Feuers ermessen. Aus dem Ernst der Hölle muß auf die Bedeutung des Menschen geschlossen werden, nicht aber umgekehrt, von der scheinbaren Unschuld des Menschen auf die vorausgesetzte Ungerechtigkeit der Hölle.

Bis zu einem gewissen Grade entschuldigen läßt sich der übliche Gebrauch des Wortes «Ewigkeit» zur Bezeichnung eines Zustandes, der nach biblischer Ausdrucksweise nur ein «Fortdauern»[1] – nämlich nur ein «Widerschein» der Ewig-

Zustand zurückkehren, was immer der Inhalt seiner neuen Existenz sei, die «irdisch» ist, weil gemischt aus Genuß und Leiden.

1 «Das griechische Wort αἰώνιος bedeutet tatsächlich «fortdauernd» und nicht «ewig», denn es ist von αἰών abgeleitet (demselben Wort, wie das lateinische *aevum*), welches einen unbegrenzten Zyklus bezeichnet, was übrigens auch der ursprüngliche Sinn des lateinischen *saeculum* war, womit man es zuweilen übersetzt (R. Guénon, *L'homme et son devenir selon le Vedanta*, Anm. S. 186). Ebenso hat das Jenseits des Korans die Eigenschaft «unbegrenzter Dauer» oder der «Unsterblichkeit» (*khuld*) oder «sehr langer Zeit» (*abad, abadan*), nicht aber der «Ewigkeit» (*azal*).

keit – ist, damit daß – im Vergleich zu sprechen – die Ewigkeit ein geschlossener Kreis ist, denn in ihr gibt es weder Anfang noch Ende, während das Fortdauern ein spiraliger, daher seiner Bedingtheit wegen offener Kreis ist. Was dagegen die ganze Unangemessenheit des gängigen Glaubens an ein zugleich einzelwesentliches und ewiges Fortleben zeigt – und dieses Fortleben ist unausweichlich einzelwesentlich in der Hölle, nicht aber auf dem überpersönlichen Gipfel der Glückseligkeit[1] –, ist die widersprüchliche Annahme einer Ewigkeit, die – mit einem Beginn in der Zeit oder einem Akt, folglich etwas Bedingtem – eine unbedingte Auswirkung hat.

Diese ganze Frage des Fortlebens ist von zwei Grundsatz-Wahrheiten beherrscht: Erstens ist Gott allein unbedingt,

1 Wie Al-Ghazzâlî in seinem *Ihya 'Ulûm ed-Dîn* sagt, läßt das Anschauen Gottes die «Nahegekommenen» (*muqarrabûn*) die Huris vergessen und führt in die «höchste Einung». Dies ist der Fall bei Wesen, die, nachdem sie das «Paradies des Amitâbha» betreten haben, dort die Verwirklichung des Nirvâna erreichen, die folglich bei der großen Auflösung, die das Ende des ganzen menschlichen Zyklus bezeichnet, wieder mit dem göttlichen Urgrund vereint werden. – «... Der Mensch wird nicht ‹aufgesogen›, wenn er die ‹Befreiung› erreicht, wenngleich das vom Standpunkt der Manifestation her so scheinen könnte, weil für diese die ‹Umwandlung› wie eine Zerstörung erscheint; wenn man sich in die unbedingte Wirklichkeit versetzt, die allein für ihn übrigbleibt, dann wird er, im Gegenteil, über jede Grenze hinaus ausgedehnt, wenn man sich so ausdrücken kann (was genau die Symbolik des Wasserdampfs wiedergibt, der sich endlos in der Atmosphäre ausdehnt), denn er hat tatsächlich die Fülle seiner Möglichkeiten verwirklicht» (R. Guénon, *op. cit.*, Kap. XX, Ende). «Derjenige, der sich am Ende seines Lebens in diesem (Brahman-) Zustand behauptet, löscht sich aus im (oder erreicht das) Nirvâna von Brahman» (*Bhagavadgîtâ*, II,72). – Wenn das Nirvâna nur in bezug auf die daseinshafte Täuschung ein «Auslöschen» ist, so ist diese wiederum «Auslöschung» oder «Leere» in bezug auf das Nirvâna; was denjenigen betrifft, der diesen «Zustand» – wenn sich dieses Wort hier noch verwenden läßt – genießt, ist an die Lehre von den drei gleichzeitigen, übereinandergestuften «Körpern» der irdischen, himmlischen und göttlichen Buddhas zu erinnern.

folglich muß sich die Bedingtheit der kosmischen Zustände nicht nur «im Raum», sondern auch «in der Zeit» manifestieren, wenn man sich solchen Vergleichs bedienen darf; zweitens verspricht Gott niemals mehr, als er hält, oder hält niemals weniger, als er verspricht – aber er kann jederzeit über seine Versprechen hinausgehen –, so daß die jenseitigen Geheimnisse nicht Lügen strafen können, was die Schriften sagen, wohl aber offenbaren, was sie gegebenenfalls verschweigen; «und Gott ist weiser» (*wa 'Llâhu a'lam*). Vom Standpunkt der Seelenwanderung her wird man Nachruck legen auf die Bedingtheit all dessen, was nicht das «Selbst» oder die «Leere» ist, und sagen, daß das, was seiner eigentlichen Natur nach begrenzt ist, dies zwangsläufig auch auf irgendeine Weise in seinem Geschick ist,[1] so daß es widersinnig ist, von einem in sich bedingten, aber in der «Dauer» von aller Bedingtheit befreiten Zustand zu sprechen. Mit anderen Worten, wenn die hinduistische und buddhistische Weise, diese Dinge zu sehen, sich von der des Monotheismus unterscheidet, dann darum, weil sie, auf das reine Absolute[2] und die Befreiung hin ausgerichtet, die Verhältnismäßigkeit der bedingten Zustände unterstreicht und nicht dabei stehenbleibt; deshalb legt sie Nachdruck auf die Seelenwanderung als solche, wobei das Verhältnismäßige hier sinnverwandt ist mit Bewegung und Unbeständigkeit. In einem geistig normalen Zeitalter und einer überlieferungsmäßig einheitlichen Umgebung wären all diese Betrachtungen zu den verschie-

1 Indessen: «O Sohn der Prithâ, weder in dieser noch in jener Welt gibt es Zerstörung für ihn; denn wahrlich, mein Sohn, ein guter Mensch wird niemals den Weg des Unheils einschlagen (*ibid.*, VI,40). Shri Shankara sagt dazu: «Wer keinen Erfolg hatte mit seinem Yoga, wird keiner niederen Geburt unterworfen werden.»

2 Das ist nicht nur ein Pleonasmus, denn der personhafte Anblick Gottes ist in bezug auf den Menschen als solchen absolut, während er die erste Bedingtheit ist in bezug auf das Selbst und, was auf das gleiche hinausläuft, in bezug auf «unser» transontologisches (das Dasein übersteigendes) Erkenntnisvermögen.

denen Weisen, das Fortleben zu sehen, tatsächlich überflüssig oder sogar schädlich – und überdies ist in bestimmten Aussagen der heiligen Schriften[1] alles stillschweigend enthalten –, aber in der sich auflösenden Welt, in der wir leben, ist es unerläßlich geworden, den Ort aufzuzeigen, wo sich die Abweichungen zwischen dem abendländischen Monotheismus und den großen Überlieferungen indischen Ursprungs verringern oder auflösen. Solche Gegenüberstellungen sind zwar – soweit es sich um Kosmologie handelt – selten ganz befriedigend, und jede Richtigstellung läuft Gefahr, neue Fragen aufzuwerfen; aber diese Schwierigkeiten zeigen eigentlich nur, daß es sich hier um einen unendlich vielschichtigen Bereich handelt, der sich unserem irdischen Verständnis niemals vollständig offenbaren wird. In einem gewissen Sinne ist es weniger schwierig, das Absolute zu «erfassen» als die unermeßlichen Abgründe seiner Manifestation.

Gar nicht genug Gewicht kann man auf folgendes legen: Die sogenannten «monotheistischen» heiligen Schriften brauchen angesichts der Sehweise, auf die sie ihr von der Vorsehung bestimmter Ausdehnungsbereich beschränkt, nicht ausdrücklich von scheinbar widersprüchlichen Möglichkeiten des Fortlebens zu sprechen; die Eigenschaft heiliger Bücher, Upâya, «einstweilige, in der gegebenen Situation angebrachte Wahrheit», zu sein, nötigt sie nicht allein, die ausgleichenden Bereiche des Jenseits, sondern auch die Fortsetzungen, welche außerhalb der «Interessensphäre» des Menschenwesens liegen, mit Schweigen zu übergehen. In diesem Sinne wurde oben gesagt, daß die exoterische Wahrheit, abgesehen von der mehrfachen Bedeutung ihrer Sym-

1 Beim Islam ist alles unumstößlich in der Shahâdah enthalten, die einen Schlüssel liefert, der verhindern soll, daß eine wie immer beschaffene Bedingtheit auf die gleiche Wirklichkeitsebene erhoben wird wie das Absolute. Andere weniger grundlegende Formeln enthalten noch genauere Anspielungen.

bolik, nur eine Teil-Wahrheit sein kann;[1] die der Exoterik eigenen einschränkenden Begriffsbestimmungen sind vergleichbar der Beschreibung eines Gegenstandes, von dem man nur die Form, aber nicht die Farben sieht.[2] Der «Ostrazismus» der Schriften ist oftmals durch die Bosheit der Menschen bedingt; er war solange wirksam, als die Menschen trotz allem noch eine hinreichende Ahnung von ihrer Unvollkommenheit und ihrer vieldeutigen Stellung gegenüber dem Unendlichen hatten. Heute aber ist alles in Frage gestellt, einerseits, weil diese Ahnung verlorengegangen ist, und andererseits aufgrund des unvermeidlichen Vergleichens der verschiedensten Religionen, zu schweigen von den wissenschaftlichen Entdeckungen, von denen zu Unrecht angenommen wird, daß sie die religiösen Wahrheiten außer Kraft setzen können.

Es muß sich von selbst verstehen, daß die heiligen Schriften «im strengeren Sinne»,[3] was immer sie ausdrücken oder

1 Die Abscheulichkeiten, die herkömmlicherweise im Namen der Religion begangen wurden, beweisen es; in dieser Hinsicht ist allein die Esoterik frei von Vorwurf. Daß es notwendige Übel gibt, bedeutet nicht, daß sie im wesentlichen Sinne des Wortes Gutes wären.

2 Es gibt Ahâdîth, die zwischen den beiden Sehweisen, um die es geht – die wörtliche und die umfassende –, gleichsam vermitteln, zum Beispiel: «Er (Allah) wird die Menschen aus der Hölle erretten, wenn sie gebrannt sind wie Kohlen.» Ebenso: «Bei dem Gott, in dessen Händen meine Seele ist, es wird eine Zeit kommen, wo die Pforten der Hölle verschlossen sein werden und wo die Wasserkresse (Symbol der Frische) auf ihrem Boden wachsen wird», ferner: «Und Gott wird sagen: die Engel, die Propheten und die Gläubigen sind alle für die Sünder eingetreten, und nun ist niemand mehr übriggeblieben, um für sie einzustehen, außer dem Barmherzigsten der Barmherzigen (*Arham er-Râhimîn,* Gott). Und er wird eine Handvoll Feuer nehmen und ein Volk herausführen, das niemals das geringste Gute getan hat.» Diesem Erbarmen in der Zeit fügen die Sufi, wie wir sahen, ein Erbarmen inmitten der Wirklichkeit des Höllenzustandes hinzu.

3 Diese Einschränkung bedeutet, daß es sich hier um die allheitlichen Offenbarungen handelt, welche vollständige Kulturen begründen, nicht um

verschweigen mögen, niemals an sich «exoteristisch» sind;[1] sie erlauben stets, vielleicht auf der Grundlage eines sehr kleinen Bestandteils, die gesamte Wahrheit wiederherzustellen, das heißt, sie lassen sie immer durchscheinen; sie sind niemals völlig festgelegte Ausprägungen von Teilperspektiven.[2] Diese Transzendenz der heiligen Schriften in bezug auf ihre Zugeständnisse an eine bestimmte Art, zu denken und zu fühlen, zeigt sich im Koran besonders in der Form der esoterischen Erzählung von der Begegnung zwischen Mose und Al-Khidr: Wir stoßen hier nicht allein wieder auf den Gedanken, daß der Gesichtswinkel des Gesetzes immer nur bruchstückhaft ist, wenn auch für das Einzelwesen als solches wirksam und zureichend – das selber nur Teil ist und keine Ganzheit –, sondern auch auf die Lehre der *Bhagavadgîtâ*,[3] wonach weder die guten noch die schlechten Taten das Selbst unmittelbar interessieren, was bedeutet, daß allein die Erkenntnis des Selbst und, kraft dieser, die Ablösung vom Tun uneingeschränkten Wert hat.[4] Mose steht für das Gesetz, für die besondere und ausschließende Form, und Al-Khidr für die alles umfassende Wahrheit, die vom Gesichts-

untergeordnete Eingebungen, die einer bestimmten, zum Beispiel rein vishnuistischen, Schule vorbehalten sind.

1 In ihrer unmittelbaren Bedeutung entwickeln sie unbestreitbar eine dualistische und anthropomorphistische Sehweise mit einer begrenzten Jenseitslehre, aber, wie Meister Eckhart bemerkt, jede wahre Bedeutung ist «wörtliche Bedeutung». Nach einem Hadîth *nabawwî* (des Propheten), enthalten die Verse des Koran nicht nur eine exoterische und eine esoterische Bedeutung, sondern in der letzteren auch noch viele andere mögliche Sinngehalte, mindestens sieben und höchstens siebzig; ihre Überfülle ist den «Wellen des Meeres» verglichen worden.

2 «Himmel und Erde werden vergehen, aber meine Worte werden nicht vergehen», heißt es im Evangelium; und im Koran: «Alles ist vergänglich, außer dem Antlitz Allahs.»

3 Die *Bhagavadgîtâ* ist Gnosis, wie die «Bibel»; so ist es nicht ohne Grund, daß die Hindus sie gewöhnlich als eine Upanishad ansehen.

4 Obwohl das Heil im allerüblichsten Sinne diesseits dieses Wertes erlangt werden kann.

punkt des «Buchstabens» her nicht zu fassen ist, so wenig wie der «Wind, von dem man nicht weiß, woher er kommt und wohin er geht».

Für Gott ist es – im Hinblick auf die Menschen – weniger wichtig, wissenschaftliche Beweise zu erbringen für Dinge, welche die Mehrheit nicht verstehen kann, als vielmehr durch Gebrauch eines Begriffssymbols einen «Schock» auszulösen; genau das ist die Aufgabe der Upâya. Und in diesem Sinne ist die Rolle des gewaltigen Entweder-Oder zwischen «Himmel und Hölle» im Bewußtsein der Monotheisten sehr aufschlußreich. Der «Schock», mit allem was er für den Menschen beinhaltet, offenbart mehr von der Wahrheit als eine «eher der Wahrheit entsprechende» Darlegung, die im Hinblick auf ein bestimmtes Verständnis weniger annehmbar und weniger wirksam, folglich tatsächlich «weniger wahr» ist.

Es geht um das «Verstehen», nicht allein mit dem Gehirn, sondern mit unserm ganzen «Wesen», also auch mit dem Willen. Das Dogma wendet sich mehr an den Ich-Grund als an das bloße Denken, zumindest da, wo das Denken Gefahr läuft, nicht mehr als ein Überbau zu sein; es spricht das persönliche Denken nur insofern an, als dieses fähig ist, tatsächlich mit unserm gesamten Sein in Verbindung zu treten, und in dieser Beziehung unterscheiden sich die Menschen. Wenn Gott zum Menschen spricht, unterhält er sich nicht, sondern er befiehlt; er will den Menschen nur in dem Maße unterweisen, in dem ihn das verändern kann; nun wirken sich die Ideen nicht auf alle Menschen in der gleichen Weise aus, daher die Verschiedenheit der heiligen Lehren. Die eigentlich dynamischen Sehweisen – des semitisch-abendländischen Monotheismus – sehen gleichsam als eine Art Ausgleich die Zustände nach dem Tode unter einem statischen Aspekt, folglich als endgültig; die eigentlich statischen, das heißt die mehr betrachtenden und mithin weniger vom Menschen ausgehenden (anthropomorphen) Sehweisen – die indischen und fernöstlichen – sehen diese Zustände unter einem Aspekt zyklischer Bewegung und kosmischen Fließens. Oder auch: Wenn das semitische Abendland die Zustände nach dem Tode als etwas Endgültiges darstellt, dann hat es recht in dem Sinne, daß zwei Unendlichkeiten vor uns liegen, diejenige Gottes und die des Makrokosmos oder des unermeßlichen und unbegrenzten Labyrinthes des Samsâra. Dieses ist letztlich die «unbesiegliche Hölle», und Gott ist in Wirklichkeit die positive und glückseligmachende Ewigkeit; und wenn die Sehweise der Hindus oder der Buddhisten Nachdruck legt auf die Seelenwanderung, dann, wie gesagt, darum, weil ihre zutiefst beschauliche Art ihr gestattet, nicht bloß beim Zustand des Menschen stehenzubleiben, und weil sie damit zwangsläufig die Bedingtheit und Unbeständigkeit all dessen unterstreicht, was nicht das Unbedingte ist: Für sie kann das Samsâra nur der Ausdruck von Bedingtheit sein. Was immer die Abweichungen sein mögen, die Gemeinsamkeit der Sehweisen wird in Begriffen wie der «Auferstehung des Fleisches» sichtbar, welche ganz gewiß eine «Re-Inkarnation» ist.

Eine Frage, auf die hier noch einzugehen ist und worauf der Koran nur implizit antwortet, ist die folgende: Warum ist das All einerseits aus Welten geschaffen und andererseits aus Wesen, die durch sie hindurchgehen? Das heißt, danach zu fragen, warum es das Schiffchen gibt, das die Kette durchquert, oder warum es Kette und Schuß gibt; oder auch, warum die gleiche Überschneidung entsteht, wenn man ein Kreuz oder einen Stern in ein Gefüge von Kreisen einzeichnet, das heißt, wenn man das Prinzip des Webens konzentrisch anwendet. Worauf wir hinauswollen, ist dies: So wie die Beziehung der Mitte zum Raum nicht anders begreifbar wird als in der Gestalt eines Spinnennetzes mit seinen zwei Ausstrahlungsweisen – die eine fortlaufend, die andere unterbrochen –, so wird auch die Beziehung zwischen der göttlichen Ursache und der Manifestation – welche das All bildet

– nur begreifbar als eine rund um die göttliche Mitte gestaffelte Anordnung von Welten und Wesen, die sie durchlaufen.[1] Wer von «Dasein» spricht, drückt die Beziehung zwischen dem empfangenden Gefäß und dem Inhalt oder zwischen Unbewegtem und Bewegtem aus. Die Reise der Seelen durch das Leben, den Tod, die Wiederauferstehung, ist nichts anderes als das Leben des Makrokosmos selbst; auch in unserm Dasein hier auf Erden durchlaufen wir Tage und Nächte, Sommer und Winter. Wesensgemäß sind wir Wesen, welche durch Zustände hindurchgehen, und das Dasein ist nicht anders aufzufassen. Alle unsere Wirklichkeit läuft zusammen auf einen einzigen Augenblick, der zählt: den Augenblick, wenn wir der Mitte gegenüberstehen werden.

*

Was wir über göttliche Strafen und ihre Wurzel in der menschlichen Natur oder in dem Zustand des Ungleichgewichts dieser Natur sagten, gilt, vom Gesichtspunkt der tieferen Ursachen her gesehen, auch für die Nöte hier auf Erden und den Tod: Beide erklären sich aus der Notwendigkeit eines Rückschlags nach einem Bruch des Gleichgewichts.[2] Die Ursache des Todes ist das Ungleichgewicht, hervorgerufen durch unsern Fall und den Verlust des Paradieses, und die Heimsuchungen des Lebens sind die Folgen der Unausgewogenheit unserer persönlichen Natur. Im Falle der schwersten Strafen des Jenseits liegt die Unausgewogenheit in unserer eigenen Wesenheit und geht bis zur Umkeh-

1 Die Symbolik des Spinngewebes – die Symbolik der kosmischen Felder und ihrer Inhalte – findet sich in den buddhistischen Vorstellungen des «Rads des Daseins» wieder. Der Koran selbst ist ein Bild des Kosmos: Die Suren sind die Welten und die Verse (*âyât*) die Menschen.

2 Nach dem Koran «kommen alle irdischen Übel von euch selber her» (*min anfusikum*), was nicht hindert, daß alles «von Gott kommt» (*kullun min 'indi 'Llahi*).

rung unserer Gottförmigkeit. Der Mensch «brennt», weil er nicht sein will, was er ist – weil es ihm freisteht, nicht frei sein zu wollen; nun «wird jedes Reich untergehen, das in sich uneins ist». Daraus ergibt sich, daß jede göttliche Strafe die Umkehrung einer Umkehrung ist; und so wie die Sünde Umkehrung ist in bezug auf das ursprüngliche Gleichgewicht, kann man von «Beleidigungen» sprechen, die Gott zugefügt wurden, obgleich es da offensichtlich, trotz des unvermeidlichen Anthropomorphismus der exoterischen Begriffe, keinen möglichen psychologischen Sinn ergibt. Der Koran beschreibt mit der glühenden Beredsamkeit, welche die letzten Suren kennzeichnet, die endliche Auflösung der Welt; dies alles läßt sich auf den Mikrokosmos übertragen, wo der Tod wie das Ende einer Welt und wie ein Gericht erscheint, das heißt, wie ein Aufgehen des Äußeren im Inneren in Richtung zur Mitte hin. Wenn die indische Kosmologie lehrt, daß die Seelen der Toten zuallererst zum Mond wandern, gibt sie damit mittelbar, am Rande anderer sehr viel wesentlicherer Analogien, die Erfahrung unermeßlicher Einsamkeit zu verstehen – die «Grauen des Todes» –, durch welche die Seele hindurchgeht, wenn sie «im entgegengesetzten Sinne» die bergende Hülle verläßt, welche die irdische Welt für sie war. Der greifbare Mond ist gleichsam das Sinnbild der völligen Fremde, der Einsamkeit der Nacht und des Grabes, der Kälte der Ewigkeit; und es ist diese schreckliche Abgeschiedenheit nach dem Tode, welche den Rückschlag, nicht im Zusammenhang mit einer bestimmten Sünde, sondern mit dem formgebundenen Dasein kennzeichnet.[1] Unser bloßes Dasein ist wie eine noch schuldlose – dennoch aber Elend erzeugende – bildliche Andeutung

1 Im Tode fällt jede Sicherheit und Tüchtigkeit ab wie ein Gewand, das verbleibende Wesen ist machtlos und gleicht einem verlorenen Kinde; es bleibt nur ein Grundstoff übrig, den wir uns selbst gewoben haben und der entweder schwer niederfallen oder, im Gegenteil, sich vom Himmel anziehen lassen kann, gleich einem aufsteigenden Stern. Die Rothäute

jeglicher Übertretung; zumindest ist es das, insofern es «demiurgischer» Austritt aus dem göttlichen Urgrund ist, nicht als positive «Manifestation» desselben. Wenn die *Philosophia perennis* die Wahrheit des mazdeo-gnostischen Dualismus mit dem semitischen Monismus verbinden kann, so sind die exoterischen Lehren genötigt, zwischen einer metaphysisch angemessenen, moralisch aber widersprüchlichen Auffassung und einer moralisch zufriedenstellenden, metaphysisch aber begrenzten Auffassung zu wählen.[1]

Man sollte sich niemals fragen, weshalb Unglücksfälle über Unschuldige hereinbrechen: Im Hinblick auf das Absolute ist alles Unausgewogenheit, «Gott allein ist gut»; diese Wahrheit muß sich von Zeit zu Zeit auf eine unvermittelte und heftige Weise kundtun. Wenn die Gerechten leiden, bedeutet das, daß alle Menschen das ebenso verdienten; Alter und Tod beweisen es, denn sie lassen niemanden aus. Die irdische Verteilung von Freuden und Leiden ist eine Frage kosmischer Ordnung, obwohl auch die innewohnende Gerechtigkeit zuweilen deutlich zutage treten muß, um die Verbindung zwischen den Ursachen und Wirkungen menschlichen Handelns zu erweisen. Die Leiden zeugen von Geheimnissen der Entfernung und Trennung, sie müssen sein, weil die Welt nicht Gott ist.

Aber die gleichmachende Gerechtigkeit des Todes ist unendlich viel bedeutsamer für uns als die Verschiedenheit der irdischen Schicksale. Die Todeserfahrung ist ungefähr wie das Erleben eines Menschen, der sein Leben lang in einer dunklen Kammer gelebt hat und sich plötzlich auf den Gipfel eines Berges versetzt sieht; dort umfaßt er mit seinem Blick das ganze weite Land; die Werke der Menschen er-

ziehen den Toten Mokassins an, deren Sohlen bestickt sind, was von sehr beredter Sinnbildlichkeit ist.

1 Im ersten Falle ist Gott die Ursache von allem, woher aber kommt dann das Übel? Im zweiten Falle kommt das Übel vom Menschen; was aber ist dann Gott?

scheinen ihm bedeutungslos. So bemerkt die von der Erde und dem Körper losgerissene Seele die unausschöpfbare Verschiedenheit der Dinge und die unauslotbaren Abgründe der Welten, die sie enthalten; sie erblickt sich zum ersten Male in ihrem umfassenden Zusammenhang, in einer unerbittlichen Verkettung und einem Netz mannigfacher und unerwarteter Verbindungen und wird sich klar, daß das Leben nur ein «Augenblick» und ein «Spiel» war.[1] In die unbedingte «Natur der Dinge» geworfen, wird sich der Mensch gezwungenermaßen dessen bewußt, was er in Wirklichkeit ist; er erkennt sich, seinsmäßig und ohne verzerrende Sicht, im Licht der maßgebenden Größenverhältnisse des Alls.

Einer der Beweise für unsere Unsterblichkeit liegt darin, daß die Seele – welche wesensmäßig Erkenntnisvermögen und Bewußtsein ist – kein Ziel haben kann, das unter ihr wäre, nämlich das Stoffliche oder die gedanklichen Widerscheine des Stofflichen. Das Übergeordnete kann schlechthin nicht vom Untergeordneten abhängen, es kann nicht lediglich ein Mittel sein in Hinsicht auf das, was es übersteigt. Folglich ist es das Erkenntnisvermögen an sich – und mit ihm unsere Freiheit –, welches das göttliche Maß unserer Natur und unseres Schicksals beweist. Das Wort «beweisen» wird hier uneingeschränkt gebraucht und ohne daß rhetorische Vorsichtsmaßnahmen für jene Kurzsichtigen hinzugefügt werden, die sich einbilden, das Monopol des «Tatsächlichen» innezuhaben. Ob man es versteht oder nicht, allein das Absolute «entspricht» dem Wesen unseres Erkenntnisvermögens; strenggenommen ist nur das Absolute (*Al-Ahad*, «das Eine») vollkommen erkennbar, so daß das Erkenntnisvermögen nur in Ihm seinen hinreichenden Grund und sein Ziel sieht. Das Erkenntnisvermögen nimmt mit seinem Wesen Gott wahr, weil es selbst *increatus et increabile*

1 Nach einem Hadîth schläft der Mensch, und wenn er stirbt, erwacht er. Aber der Gott-Erkennende (*al-'ârif*) wacht immer, wie der Prophet sagt: «Meine Augen schliefen, aber mein Herz schlief niemals.»

«ist»; und eben darum und um so mehr versteht es die Bedeutung der Zufälligkeiten oder erkennt sie: Es erkennt den Sinn und das Ziel der Welt und des Menschen. Tatsächlich begreift das Erkenntnisvermögen mit der mittelbaren oder unmittelbaren Hilfe der Offenbarung; diese ist die Vergegenständlichung des transzendenten reinen Geistes und «erweckt» auf irgendeiner Stufe die verborgen ruhende Erkenntnis – oder Erkenntnisse –, die wir in uns tragen. Der «Glaube» (im weiteren Sinne, *imân*) hat somit zwei Pole, einen «gegenständlichen» und «äußeren» und einen «selbstbezogenen» und «inneren»: die Gnade und die Erkenntnis. Und nichts ist fruchtloser, als im Namen der ersteren eine Sperre aus Grundsätzen gegen die zweite zu errichten; der tiefgreifendste «Beweis» für die Offenbarung – wie immer sie genannt werden möge – ist ihr ewiges Urbild, das wir in uns tragen, in unserm eigentlichen Wesen.[1]

Der Koran ist, wie jede Offenbarung, eine leuchtende und kristalline Ausformung desen, was am Menschen «auf übernatürliche Weise natürlich» ist, nämlich des Bewußtseins unserer Stellung im All, unserer seinsmäßigen (ontologischen) und auf ein Jenseits ausgerichteten (eschatologischen) Verkettung. Darum ist das Buch Allahs eine «Unterscheidung» (*furqân*) und eine «Mahnung» (*dhikrâ*), ein «Licht» (das göttliche Licht, der positive Grund allen Daseins, *nûr*) in den Finsternissen unseres irdischen Exils.

*

Zum «Buch» (*Kitâb*) Gottes kommt die «Gepflogenheit» (*Sunnah*) des Propheten; zwar spricht der Koran selbst von der Sunnah Allahs und versteht darunter die Grundsätze des

1 Dies kommt weder dem Rationalismus noch dem «freien Denken» zugute, denn der Bereich, wo diese sich betätigen, ist nichts als eine Oberfläche und hat mit dem das Persönliche übersteigenden Wesen des Erkenntnisvermögens nichts zu tun.

Handelns Gottes in bezug auf den Menschen, aber die Überlieferung hat dieses Wort den Handlungsweisen, Gewohnheiten oder dem Beispiel Mohammeds vorbehalten. Diese bilden auf allen Ebenen die Richtschnur für das muslimische Leben.

Die Sunnah umfaßt mehrere Ausdehnungsweisen: eine körperliche, eine sittliche, eine gesellschaftliche, eine geistige und andere mehr. Zur körperlichen gehören die Regeln der Schicklichkeit, die sich aus der Natur der Dinge ergeben, zum Beispiel, während der Mahlzeiten keine lebhaften Gespräche zu führen, noch weniger, während des Essens zu sprechen; sich den Mund nach dem Essen oder Trinken zu spülen, keinen Knoblauch zu essen, alle Reinheitsgebote zu beachten. Diese Sunnah enthält auch die Kleidungsvorschriften: sich den Kopf zu bedecken, einen Turban zu tragen, wenn das möglich ist, aber weder Seide noch Gold zu tragen – dies gilt für die Männer –, die Schuhe an der Tür zu lassen und so fort. Andere Regeln fordern, daß Männer und Frauen nicht gemeinsam an Versammlungen teilnehmen oder daß eine Frau beim Gebet nicht den Vorsitz vor den Männern führt; einige behaupten, daß sie das nicht einmal vor anderen Frauen dürfe oder daß sie den Koran nicht psalmodieren dürfe, diese Auffassungen sind jedoch durch überlieferte Beispiele widerlegt. Schließlich gibt es die zum Islam gehörigen Formeln und Gebärden, die jeder Muslim kennt. Grußformen, Dankesworte und so fort. Es braucht nicht hinzugefügt zu werden, daß die meisten dieser Regeln keinerlei Ausnahme dulden, was immer die Umstände seien.

Es gibt aber auch, in der Stufung der Werte sogar an höchster Stelle, die geistige Sunnah, welche das «Erwähnen» Gottes (die Anrufung, *dhikr*) und die Grundsätze der «Reise» (*sulûk*) betrifft; diese Sunnah ist mit dem, was sie an wirklich Wesentlichem enthält, sehr sparsam. Kurz gesagt, enthält sie alle Überlieferungen, die sich auf die Beziehungen zwischen Gott und den Menschen beziehen; diese Beziehungen trennen oder einen, schließen aus oder beziehen ein, unterscheiden oder beteiligen. Von dieser geistigen Sunnah ist ein anderer Bereich streng zu trennen, obwohl er zuweilen mit ihr zu verschmelzen scheint – die moralische Sunnah, die vor allem den sehr vielschichtigen Bereich der gesellschaftlichen Beziehungen betrifft, mit all ihren Begleiterscheinungen psychologischer und sinnbildlicher Art. Trotz manch offensichtlicher Übereinstimmung gehört dieser Bereich nicht zur Esoterik im eigentlichen Sinne des Wortes; denn er kann – außer bei mißbräuchlicher Ausdrucksweise – von keiner weisheitsmäßigen Sicht herrühren, weil ihm die Betrachtung der Wesensgehalte und die Sammlung auf das einzig Wirkliche offensichtlich fremd sind. Diese mittlere Sunnah hingegen ist weitgehend einer andachtsmäßigen und gehorsamsmäßigen Sehweise verpflichtet; sie ist also exoterisch, daher ihre willensbetonte individualistische Haltung. Die Tatsache, daß einige ihrer Bestandteile einander widersprechen, weist im übrigen darauf hin, daß der Mensch eine Wahl treffen kann und muß.

Was der (geistig) «Arme», der Faqîr, von dieser Sunnah einhalten wird, wird weniger die Art und Weise des Handelns als die diesem zugrunde liegende Absicht sein, das heißt, die geistigen Haltungen und Tugenden, die der Fitrah[1] zugehören: der ursprünglichen Vollkommenheit des Menschen und dadurch der zur Richtschnur dienenden Natur (*uswah*) des Propheten. Jeder Mensch muß die Tugend der Großmut besitzen, denn sie ist Teil seiner gottförmigen Natur; aber die Großmut der Seele und eine bestimmte Gebärde der Großmut, die für die Welt des Beduinen bezeichnend ist, sind zweierlei. Man wird uns gewiß entgegenhalten, daß jede Gebärde ein Symbol ist; dem stimmen wir unter zwei ausdrücklichen Vorbehalten zu: erstens, daß die Gebärde keine automatische, konventionelle Handlung und

1 Die dem «goldenen Zeitalter» entsprechende menschliche Natur.

ohne Empfindung für die mögliche Widersinnigkeit der Folgen ist, und zweitens, daß die Gebärde keiner religiösen Rührseligkeit Vorschub leistet oder dient, welche unvereinbar ist mit der Sehweise des reinen Geistes.

Grundsätzlich ist die sittliche oder gesellschaftliche Sunnah ein unmittelbares oder mittelbares Anpassen des Willens an die menschliche Norm; ihr Ziel ist, unsere «waagerechte», bejahende Natur zu verwirklichen, nicht sie zu beschränken; aber da sie sich an alle wendet, führt sie notwendigerweise Elemente mit sich, die, vom Gesichtspunkt der «senkrechten» Vollkommenheit her gesehen, begrenzend sind. Dieser waagerechte und kollektive Charakter einer bestimmten Sunnah schließt, der Natur der Dinge gehorchend, in sich, daß sie eine Art Mâyâ oder Upâya[1] ist, was besagt, daß sie zugleich eine Stütze und ein Hindernis ist und daß sie sogar zum Shirk[2] werden kann, gewiß nicht für das gewöhnliche Volk, wohl aber für den Sâlik.[3] Die mittlere Sunnah hält den gewöhnlichen Menschen davon ab, zum Raubtier zu werden und seine Seele zu verlieren; den außerordentlichen Menschen kann sie aber ebenso hindern, die Formen zu überwinden und das reine Wesen zu verwirklichen. Die mittlere Sunnah kann die senkrechte Verwirklichung begünstigen, sie kann aber auch den Menschen von der waagerechten Ausdehnung zurückhalten; sie ist zugleich ein Faktor der Ausgeglichenheit und der Schwere. Sie begünstigt den Aufstieg, aber sie ist keine Voraussetzung dafür, sie trägt zum Aufstieg nur durch die ihr innewohnenden formfreien Gehalte bei, die gerade grundsätzlich unabhängig sind von den formgebundenen Haltungen.

Vom Gesichtspunkt der *Religio perennis* her schließt die Frage der Sunnah ein sehr heikles Problem in sich, nämlich das, daß die Betonung der mittleren gesellschaftlichen Sun-

1 Eine «rettende Täuschung» nach dem *Mahâyâna*.

2 Die «Assoziation» von etwas anderem mit Gott.

3 Der geistig «Reisende».

nah mit einer besonderen religiösen seelischen Struktur verbunden ist, die dem Begriffe nach andere, ebenfalls mögliche religiöse seelische Strukturen ausschließt und, wie sie, eine besondere, der islamischen Gnosis ganz offensichtlich nicht wesenseigene Sinnesart fördert. Von diesem Aspekt der Dinge abgesehen, darf nicht außer acht gelassen werden, daß der Prophet, wie jeder Mensch, während seines Lebens vielerlei Handlungen ausführen mußte und daß er sie zwangsläufig auf eine bestimmte und keine andere Weise vollzogen hat, sogar auf verschiedene Weisen, je nach den äußeren oder inneren Gegebenheiten. Er beabsichtigte durchaus, als allgemeines Vorbild zu dienen, aber er hat nicht immer genau angegeben, ob eine bestimmte Handlung die Bedeutung einer wirklichen Vorschrift hatte. Außerdem hat der Prophet verschiedene Unterweisungen für verschiedene Menschen gegeben, ohne dafür verantwortlich zu sein, daß die Gefährten – unterschiedlich begabt – später alles weitergaben, was sie gesehen und gehört hatten, und daß sie das zuweilen auf voneinander abweichende Weise taten, je nach den individuellen Beobachtungen und Betonungen. Daraus ist zu schließen, daß nicht jeder Teil der Sunnah in gleicher Weise und mit gleicher Sicherheit als Regel auferlegt wird und daß die Unterweisung in vielen Fällen mehr auf die Absicht als auf die Form gerichtet ist.

Wie auch immer, eine grundlegende Wahrheit sollte nie aus dem Auge gelassen werden: Die Ebene der Handlungen an sich ist ganz menschlich, und das Bestehen auf einer Vielfalt von Handlungsweisen in einem zwangsläufig besonderen Stil stellt ein zeitraubendes Karma-Yoga[1] dar, das mit dem Weg der metaphysischen Einsicht und der Sammlung auf das Wesentliche nichts zu tun hat. In der Person des Propheten gibt es Einfaches und Vielfältiges, und bei den Menschen gibt es verschiedene Berufungen; der Prophet

1 Der Weg des Handelns.

verkörpert zwangsläufig ein religiöses – also menschliches – Milieu von besonderer Eigenart, aber er verkörpert auch und in einer anderen Beziehung die Wahrheit an sich und den Weg als solchen. Es gibt eine Nachfolge des Propheten, die sich auf die religiöse Täuschung gründet, daß er in Wirklichkeit besser ist als alle anderen Propheten, einschließlich Jesus, und eine andere, die auf das Prophetische an sich gegründet ist, das heißt auf die Vollkommenheit des menschgewordenen Logos; und diese Nachfolge ist notwendigerweise wahrer, tiefer und mithin weniger formalistisch als die erste, sie ist weniger auf die äußeren Handlungen gerichtet als auf die Widerscheine der göttlichen Namen in der Seele des menschlichen Logos.

Niffarî, der die Esoterik im eigentlichen Sinne des Wortes verkörpert und nicht eine willensbetonte und auch noch weitgehend exoterische Vor-Esoterik, hat folgendes Zeugnis abgelegt: «Allah hat mir gesagt: Bringe deinen Wunsch zum Ausdruck, indem du Mir sagst: Herr, wie muß ich mich fest Dir verbinden, so daß Du mich am Tage meines Gerichts nicht strafst und Dein Antlitz nicht wegwendest von mir? Dann werde Ich (Allah) dir antworten und sagen: In deiner äußeren Lehre und deinem äußeren Handeln halte dich an die Sunnah, in deiner inneren Seele halte dich an das Wissen, das Ich dir gegeben habe; und wisse, daß Ich, wenn Ich Mich dir zu erkennen gebe, von dir nichts von der Sunnah annehmen werde, ausgenommen das, was Meine Weisheit dir zubringt, denn du bist einer von denen, zu denen Ich spreche; du verstehst Mich und du weißt, daß du Mich verstehst, und du erkennst, daß Ich die Quelle aller Dinge bin.» Der Kommentator dieser Stelle macht darauf aufmerksam, daß die Sunnah eine allgemeine Bedeutung hat und daß sie keine Unterscheidung trifft zwischen solchen, die nach geschöpflicher Belohnung streben, und denen, die nach der reinen Wesenheit suchen, und daß sie das enthält, was jeder einzelne braucht. Ein anderes Wort von Niffarî: «Und Er sagte mir: Meine exoterische Offenbarung (*dhâhirî*) stützt nicht meine esoterische Offenbarung (*bâtinî*).» Und ein weiteres, von einer schroffen Symbolik, die verstanden werden muß: «Die guten Taten der frommen Menschen sind die schlechten Taten der Bevorzugten Allahs», was so deutlich wie möglich die Bedingtheit bestimmter Bestandteile der Sunnah und die Bedingtheit des Kults der mittleren Sunnah zeigt.

*

Der Adab – die traditionelle Höflichkeit – ist in der Tat ein besonders problematischer Abschnitt der Sunnah, und zwar aufgrund von zwei Faktoren – der engen Auslegung und des blinden Brauches. Der Adab kann, wenn er verflacht, zu einer Überbetonung von Formen werden, die von den ursprünglichen Absichten abgetrennt sind, bis zu dem Punkt, daß die formellen Haltungen die wesentlichen Tugenden ersetzen, die ihnen Daseinsberechtigung verleihen. Ein falsch verstandener Adab kann zu Verstellung, Überempfindlichkeit, Lüge und kindischem Wesen Anlaß geben: Unter dem Vorwand, man dürfe einem Gesprächspartner weder widersprechen noch ihm etwas Unangenehmes sagen, läßt man ihn in einem schädlichen Irrtum, oder man unterläßt es, ihm eine notwendige Auskunft zu geben, oder man bringt ihn durch Liebenswürdigkeit in eine unerwünschte Lage und dergleichen mehr. Wie dem auch sei, es ist zumindest wichtig zu wissen – und zu begreifen –, daß der Adab, selbst wenn er gut verstanden wird, Grenzen hat: So empfiehlt die Überlieferung, die Verfehlung eines muslimischen Bruders zu decken, wenn kein Schaden für die Gemeinschaft daraus erwächst, aber sie schreibt vor, den Bruder vertraulich zu ermahnen, ohne Rücksicht auf den Adab, wenn Aussicht besteht, daß die Mahnung aufgenommen wird; ebenso darf der Adab nicht daran hindern, Fehler und Irrtümer bekanntzumachen, bei denen die Gefahr besteht, daß sie andere anstecken. Hinsichtlich der Verhältnismäßigkeit des Adab sollten wir uns hier daran erinnern, daß der Sheikh Darqâwî und auch andere ihre Schüler zuweilen zwangen, bestimmte Regeln zu brechen, ohne jedoch dabei gegen die Sharî'ha, das Gesetz, zu verstoßen. In dem Fall handelt es sich nicht um den Weg der Malâmatiyah, die ihre eigene Demütigung suchten, sondern einfach um den Grundsatz, im Hinblick auf die «geistige Aufrichtigkeit» (*çidq*) und die «geistige Armut» (*faqr*) vor Gott «Gewohnheiten zu brechen».

Was eine bestimmte Sunnah im allgemeinen angeht, so kann man sich an den Ausspruch des Sheikhs Darqâwî halten, der von Ibn Ajîbah überliefert wurde: «Das systematische Streben nach verdienstlichen Taten und die über Gebühr vervielfältigten Übungen sind Gewohnheiten wie andere auch; sie zersplittern das Herz. Der Schüler halte sich an ein einziges Dhikr (Anrufung), eine einzige Handlung, jeder dem entsprechend, was für ihn richtig und angemessen ist.»

Von einem etwas anderen Standpunkt her könnte man einwenden, daß eine wesentliche und folglich sehr freie Auslegung der Sunnah nur einige Sufi betreffen kann, nicht aber die «Reisenden», die Sâlikûn[1]. Wir würden eher sagen, daß diese Freiheit die Sufi insofern betrifft, als sie die Welt der Formen hinter sich gelassen haben; aber sie betrifft auch die Sâlikûn, soweit sie grundsätzlich den Weg der Gnosis gehen und ihr Ausgangspunkt deshalb notwendigerweise von der diesem Wege entsprechenden Sehweise beeinflußt ist. Dem Wesen der Dinge gemäß sind sie sich von vornherein der Bedingtheit der Formen bewußt, zumindest einiger, so daß sie nicht in eine Überbetonung gesellschaftlicher Formen mit gefühlsbetontem Hintergrund verfallen können.

Bei einer Sehweise, die kein Karma-Yoga ist und noch weniger eine Exoterik, tut die Bedingtheit einer bestimmten

1 Die das Ziel noch nicht erreicht haben.

Sunnah der Bedeutung, welche die ästhetische Unversehrtheit von Formen hat, bis hin zu Gegenständen, mit denen wir uns umgeben, keinen Abbruch, denn eine symbolische Handlung zu unterlassen ist an sich kein Irrtum, das Vorhandensein einer falschen Form hingegen ist ein andauernder Irrtum.[1] Selbst derjenige, der gefühlsmäßig davon unabhängig ist, kann nicht leugnen, daß sie ein Irrtum ist, folglich ein Element, das der geistigen Gesundheit und den Unwägbarkeiten der Barakah (des geistigen Einflusses) zuwiderläuft. Der Verfall der überlieferten Kunst geht Hand in Hand mit dem Verlust der Geistigkeit.

Im Amidismus ebenso wie beim Japa-Yoga[2] muß der Eingeweihte sämtliche anderen religiösen Übungen aufgeben und seinen Glauben in ein einziges wesentliches Gebet setzen; das bringt nicht eine willkürliche Meinung, sondern einen Anblick des Wesens der Dinge zum Ausdruck; und dieser Anblick findet sich verstärkt bei Menschen, die, neben dieser methodischen Vereinfachung, sich an die reine Metaphysik halten. Zudem verstärkt das Wissen von den unterschiedlichen traditionellen Welten und folglich von der Bedingtheit der lehrlichen Ausdrucksformen oder der formellen Sehweisen das Bedürfnis nach dem Wesentlichen einerseits und nach Allseitigkeit andererseits; und Wesentliches und Allseitigkeit sind um so mehr geboten, als wir in einer Welt philosophischer Übersättigung und geistigen Zusammenbruchs leben.

Die Sehweise, welche erlaubt, das Bewußtsein der Bedingtheit der begrifflichen und moralischen Formen wirksam werden zu lassen, hat es im Islam immer gegeben; die Koranstelle über Moses und Al-Khidr zeugt davon, ebenso einige Ahâdîth, welche die Voraussetzungen zum Heil auf ganz einfache Haltungen einschränken. Diese Weise, die

1 Die modernen Kirchen und die Priester in Zivil bezeugen das auf eine unwiderlegbare Weise.

2 Der Weg der Anrufung; ihr vedischer Keim ist das einsilbige Wort *Om*.

Dinge zu sehen, ist auch die der Urzeit und der Allheitlichkeit, folglich die der Fitrah; Jalâl ad-Dîn Rûmî drückt das mit folgenden Worten aus: «Ich bin weder Christ noch Jude noch Parse, noch Muslim. Ich stamme weder aus dem Morgenland noch aus dem Abendland, weder von der Erde noch vom Meer... Mein Ort ist, was ohne Ort ist, meine Spur das, was keine Spur läßt... Ich habe die Zweiheit abgelegt, ich habe gesehen, daß die zwei Welten nur eine sind; ich suche das Eine, ich kenne das Eine, ich sehe das Eine und rufe es an. Er ist der Erste, Er ist der Letzte, Er ist das Außen, Er ist das Innen...»

3 Der Prophet

Für den Abendländer und zweifellos auch für die Mehrzahl der Nicht-Muslime stellen Christus und Buddha unmittelbar verständliche und überzeugende Vollkommenheiten dar, was auch an Vivekanandas – in mehr als einer Hinsicht unannehmbarer – Dreiheit «Jesus, Buddha, Râmakrishna»[1] deutlich wird; dagegen erscheint der Prophet des Islam vielfältig und unbeständig und behauptet sich außerhalb des Bereichs seiner Überlieferung auch kaum als Symbol. Der Grund dafür liegt darin, daß sich seine geistige Wirklichkeit – anders als bei Buddha und Christus – wegen seiner Sendung, «Gesetzgeber für diese Welt» zu sein, unter gewissen menschlichen und irdischen Hüllen verbirgt; darin ist er den anderen großen semitischen Kündern, Abraham und Moses wie auch David und Salomon, verwandt. Aus der Sicht der

1 Unannehmbar ist sie erstens, weil es aus wahrhaft hinduistischer Sicht unmöglich ist, Buddha und Christus Râma und Krishna vorzuziehen; zweitens, weil Christus nicht nach Indien gehört; drittens, weil es – immer aus hinduistischer Sicht – bei der Betrachtung nicht-indischer Welten keinen Grund gibt, allein Christus zu berücksichtigen; viertens, weil keinerlei gemeinsames Maß besteht zwischen dem «Fluß» Râmakrishna und den Weltmeeren Jesus und Shakyamuni (Buddha); fünftens, weil Râmakrishna während eines Zeitabschnittes im Zyklus gelebt hat, der auf keinen Fall eine vollkommene Inkarnation vom Ausmaße der großen Künder mehr enthalten konnte; sechstens, weil im indischen System zwischen dem neunten und dem zehnten Avatâra nach Vishnu – nämlich dem Buddha und dem künftigen *Kalki-Avatâra* – kein Raum mehr ist für eine weitere vollkommene und «sonnenhafte» Inkarnation der Gottheit. – «Ein einziger Prophet», lehrt At-Tahâwî, «ist kostbarer als alle Gottesfreunde (die Heiligen) zusammen.»

Hindus ließe sich hinzufügen, daß er Râma und Krishna nahesteht, deren höchste Heiligkeit und rettende Kraft wechselnde familiäre und politische Schicksale nicht verhinderten. Das erlaubt uns, einen grundlegenden Unterschied zu betonen: Es gibt nicht allein Künder, welche ausschließlich «die andere Welt» vertreten, sondern auch solche, deren Haltung zugleich göttlich beschaulich und menschlich kämpferisch und aufbauend ist.

Wenn man sich aus den überlieferungstreuen Quellen[1] über das Leben Mohammeds unterrichtet hat, fallen drei Elemente ins Auge, die vorläufig mit den Worten Frömmigkeit, Kampflust und Großherzigkeit benannt werden könnten. Unter «Frömmigkeit» verstehen wir das völlige Verhaftetsein mit Gott, den Sinn für das Jenseits, die unbedingte Wahrhaftigkeit, folglich einen Zug, der allen Heiligen und mehr noch den Boten des Himmels gemeinsam ist; wir erwähnen ihn, weil er im Leben des Propheten besonders eindrücklich hervortritt und in gewisser Weise das geistige Klima des Islam[2] im voraus ahnen läßt. Es gab in diesem Leben Kriege und von diesem Hintergrund der Gewalt abgehoben eine übermenschliche Seelengröße; es gab auch Eheschließungen und damit ein absichtliches Eintreten in das Irdische und das Gemeinschaftsleben – wir sagen nicht: in das Weltliche und das Unheilige – und damit eine Eingliederung des menschlichen Kollektivs in das Geistige durch die «avatarische» Natur des Propheten. Im Zusammenhang mit der «Frömmigkeit» sei verwiesen auf die Liebe zur Armut,

1 Denn die weltlichen Biographen des Propheten, ob Muslime oder Christen, wollen den Helden immer «entschuldigen», die ersteren in einem nicht-religiösen und antichristlichen Sinn und die letzteren günstigstenfalls mit einer Art psychologisierender Herablassung.

2 Bei Christus und Buddha könnte man nicht von Frömmigkeitskundgebungen, das heißt von «Furcht» und «Liebe», sprechen; das Menschliche ist gleichsam ausgelöscht in der göttlichen Botschaft, daher der «Anthropotheismus» der christlichen und buddhistischen Sehweisen.

das Fasten und Wachen; manche werden zweifellos einwenden, daß die Ehe und vor allem die Polygamie der Askese entgegenstehen; das heißt jedoch zunächst, zu vergessen, daß das Eheleben weder der Armut, dem Wachen und dem Fasten etwas von ihrer Härte nimmt und sie weder leicht noch angenehm macht;[1] sodann, daß beim Propheten die Ehe einen vergeistigten, «tantrischen» Charakter hatte, wie übrigens alle Dinge im Leben eines solchen Menschen, durch die metaphysische Transparenz, welche die Erscheinungen dann annehmen.[2] Von außen gesehen hatten die meisten der Ehen des Propheten auch «politische» Bedeutung, wobei die Politik hier einen heiligen Sinn hat, im Zusammenhang mit der Absicht, einen Abglanz der «Stadt Gottes» auf Erden zu begründen – und schließlich hat Mohammed – um vor oberflächlichen Urteilen sicher zu sein – reichlich Beispiele für lang andauernde Enthaltsamkeit gegeben, vor allem in seiner Jugend, wo die Leidenschaften bekanntlich am stärksten sind. Ein weiterer, oft erhobener Vorwurf ist der der Grausamkeit; hier sollte man eher von Unerbittlichkeit sprechen, und diese war nicht gegen die Feinde als solche gerichtet, sondern allein gegen Verräter, woher immer

1 Beim Islam allgemein wird allzuleicht aus dem Auge verloren, daß das Verbot von gegorenen Getränken für die alten Araber unbestreitbar ein Opfer bedeutete – wie auch für die anderen Völker, die für den Islam gewonnen werden sollten, die alle den Wein kannten. Auch der Ramadan ist keine Annehmlichkeit, das gleiche gilt für die regelmäßige Ausübung des Gebets – oftmals bei Nacht; der Islam hat sich bestimmt nicht deshalb durchgesetzt, weil er so leicht ist. – Bei unserem ersten Aufenthalt in arabischen Städten waren wir beeindruckt von der strengen und sogar grabesähnlichen Atmosphäre: ein an die Wüste erinnerndes Weiß breitete sich gleich einem Leichentuch über Häuser und Menschen, alles roch nach Gebet und Tod. Das sind fraglos Spuren der Seele des Propheten.

2 Die Sunnah überliefert folgende Worte des Propheten: «Ich habe niemals ein Ding gesehen, ohne Gott darin zu erblicken» oder «ohne Gott näher bei mir zu sehen als dieses Ding». Zur sexuellen Frage vgl. das Buch «Die Weisheit der Propheten» von Ibn Arabi, die Kapitel über Mohammed und Salomon.

sie stammten. Wenn da Härte geübt wurde, so war das Gottes eigene Härte, gemäß der Teilhabe an der göttlichen Gerechtigkeit, welche verwirft und verbrennt. Mohammed eines rachsüchtigen Charakters anzuklagen, bedeutet nicht allein, sich schwer über seinen geistigen Rang zu täuschen und die Tatsachen zu entstellen, sondern damit auch zugleich die Mehrzahl der jüdischen Propheten und die Bibel selbst zu verurteilen.[1] Während des entscheidenden Abschnittes seiner irdischen Sendung, bei der Einnahme von Mekka, bewies der Gesandte Allahs sogar übermenschliche Milde, entgegen der einstimmigen Absicht seines siegreichen Heeres.[2]

Am Beginn der Laufbahn des Propheten gab es schmerzliche Unklarheiten und Ungewißheiten; es ist wichtig, darauf hinzuweisen, daß ihm seine Sendung nicht aus den Geistesgaben des Menschen Mohammed erwuchs – deren er sich selber niemals versah –, sondern wesentlich aus göttlicher Erwählung; entsprechend haben die scheinbaren Unvollkommenheiten der großen Künder immer einen positiven Sinn. Das völlige Fehlen jeglichen Ehrgeizes bei Mohammed legt es nahe, hier etwas einzuschieben: Es ist erstaunlich, daß bestimmte Menschen im Vertrauen auf die Reinheit ihrer Absicht, ihre Gaben und ihre Kampfkraft sich einbilden, Gott müsse sich ihrer bedienen und ungeduldig oder gar enttäuscht und verwirrt auf das himmlische Zeichen zum Sammeln oder auf das Wunder warten. Sie vergessen – und das ist bei Verteidigern des Geistigen erstaunlich –, daß Gott niemandes bedarf und ihrer natürlichen Gaben und ihres glühenden Eifers entbehren kann. Der Himmel macht nur

1 All diese Betrachtungen sollen nicht dazu dienen, die «Unvollkommenheiten zu verringern», sondern die Tatsachen zu erläutern. Auch die Kirche war unerbittlich – im Namen Christi – zu der Zeit, als sie noch allmächtig war.

2 Von den zahlreichen Kundgaben der Milde führen wir nur dieses eine Hadîth an: «Gott hat nichts geschaffen, das er mehr liebte als die Befreiung der Sklaven, und nichts, das er mehr haßte als die Scheidung.»

dann Gebrauch von Begabungen, wenn sie vorher für Gott gebrochen wurden oder wenn der Mensch sich ihrer niemals bewußt war;[1] ein unmittelbares Werkzeug Gottes wird stets aus der Asche erhoben.[2]

Da wir oben die «avatarische» Natur Mohammeds erwähnten, könnte man einwenden, daß er aufgrund des Islam oder, was auf das gleiche hinausläuft, seiner eigenen Überzeugung nach kein Avatâra war noch sein konnte; das ist hier aber nicht die Frage, denn wir wissen natürlich, daß der Islam nicht Hinduismus ist und daß er insbesondere jede Vorstellung von Inkarnation (*hulûl*) ausschließt. Wir sagen nur in der Ausdrucksweise der Hindus, weil die hier am unmittelbarsten und am wenigsten unangemessen ist, daß ein bestimmter göttlicher Aspekt unter bestimmten zyklischen Bedingungen eine bestimmte irdische Form annahm, was vollkommen mit dem Zeugnis übereinstimmt, das der Gesandte Allahs über sein eigenes Wesen ablegte: «Wer mich gesehen hat, hat Gott gesehen» (*Al-Haqq*, «die Wahrheit»); «Ich bin Er selbst, und Er ist ich, abgesehen davon, daß ich der bin, der ich bin, und daß Er ist, der Er ist»; «Ich war Prophet, als Adam noch in Wasser und Lehm war» (vor der Schöpfung); «Ich wurde beauftragt, meine Sendung zu erfüllen, vor Adams Zeit (zu Beginn der Welt) von Ewigkeit zu Ewigkeit, bis zu der Zeit, in der ich bin.»[3]

1 Zum Beispiel drückte die Sprachbehinderung bei Moses das göttliche Verbot aus, die Mysterien unter das Volk zu bringen, was eine Überfülle an Weisheit voraussetzt.

2 Ein «unmittelbares Werkzeug» ist ein Mensch, der sich seiner Rolle von dem Augenblick an bewußt ist, wo ihm diese Rolle zufällt; dagegen kann jeder und jedes ein «mittelbares Werkzeug» sein.

3 Ein arabisches Sprichwort sagt: «Mohammed ist ein sterblicher Mensch, aber nicht wie die andern Sterblichen; (verglichen mit ihnen) ist er wie ein Edelstein unter Kieseln.» Es ist ein Irrtum, wenn die meisten weltlichen Kritiker die Antwort des Propheten (Koran XVII,93): «Was bin ich, wenn nicht ein Sterblicher und ein Gesandter» (er gab sie Ungläubigen, die widersinnige und unangebrachte Wunder forderten) als eine Vernei-

Wie immer dem auch sei, wenn es mit dem Islam nicht vereinbar ist, einer historischen Person Göttlichkeit zuzuschreiben, dann deshalb, weil seine Sehweise auf das Absolute als solches gerichtet ist, was sich z. B. in der Vorstellung der letzten Gleichstellung vor dem Gericht ausdrückt: Allein Gott bleibt «am Leben», alles wird im allgemeinen Tode gleichgemacht, einschließlich der höchsten Engel, folglich auch der Geist (Er-Rûh), die göttliche Offenbarung im leuchtenden Mittelpunkt des Alls.

Es ist natürlich, daß die Verfechter der Exoterik (*fuqahâ* oder *'ulamâ ezh-zhâhir*, «Weise des Äußeren») Interesse daran haben, die Echtheit der Ahâdîth zu leugnen, die sich auf das «avatarische» Wesen des Propheten beziehen, aber gerade der Begriff des «mohammedischen Geistes» (*Rûh muhammadi*) – welcher der Logos ist – beweist, daß diese Ahâdîth recht haben, was immer ihr historischer Wert sein mag, angenommen, daß dieser in Zweifel gezogen werden könnte. Jede überlieferungstreue Form setzt ihren Gründer dem göttlichen Logos gleich und betrachtet die anderen Sprachrohre des Himmels, sofern sie diesen überhaupt Beachtung schenkt, als Widerspiegelungen dieses Gründers und untergeordnete Manifestationen des einzigen Logos; für die Buddhisten können Christus und der Prophet nur Buddhas sein. Wenn Christus sagte: «Keiner kommt zum Vater

nung der Gabe des Wunderwirkens auslegen, die der Islam allen Propheten zuschreibt. Auch Christus lehnte es ab, Wunder zu tun, als der Versucher ihn dazu aufforderte, wenn man hier einmal absieht vom inneren Sinn seiner Antworten. Kurzgefaßt bedeutet der angeführte Ausspruch Mohammeds, getreu der für den Islam bezeichnenden Sehweise, welche betont, daß jeder Verstoß gegen die Naturgesetze «mit Gottes Erlaubnis» (*bi-idhni-Llah*) geschieht: «Was bin ich, außerhalb der Gnade Gottes, wenn nicht ein Mensch, wie ihr?» Hinzu kommt, daß die Sunnah für Mohammed eine gewisse Anzahl von Wundern bezeugt, die, als Beweise, die den Unglauben «schwächen» (*mu'jizât*), sich von den Wundertaten der Heiligen unterscheiden, die als göttliche «Wohltaten» (*karâmât*) bezeichnet werden.

denn durch mich», dann spricht der Logos als solcher, wenngleich für eine bestimmte Welt Jesus sich tatsächlich diesem einen und allumfassenden Wort gleichsetzt.

*

Der Prophet ist der Maßstab für den Menschen, sowohl in Hinsicht auf individuelle und kollektive als auch auf geistige und irdische Aufgaben. Seinem Wesen nach ist er Ausgewogenheit und Auslöschung: Ausgewogenheit vom menschlichen Gesichtspunkt her und Auslöschung gegenüber Gott.

Der Prophet ist der Islam; wenn dieser sich als eine Kundgabe von Wahrheit, Schönheit und Kraft offenbart – denn genau das sind die drei Elemente, die ihn beseelen und die er, seinem Wesen nach, auf verschiedenen Ebenen zu verwirklichen strebt –, so verkörpert der Prophet Gelassenheit, Großherzigkeit und Stärke. Man könnte diese Tugenden auch in umgekehrter Reihenfolge aufzählen, gemäß der aufsteigenden Stufung der Werte, und sich an die Stufen der geistigen Verwirklichung halten. Die Stärke ist die – wenn erforderlich, kämpferische – Bejahung der göttlichen Wahrheit in der Seele und in der Welt; hier liegt der Unterschied zwischen den beiden heiligen Kriegen, dem «größeren» (*akbar*) und dem «kleineren» (*açghar*) oder dem inneren und äußeren. Die Großherzigkeit gleicht den Aspekt der Angriffslust bei der Stärke wieder aus; sie ist Nächstenliebe und Verzeihen.[1] Diese beiden einander ergänzenden Tugenden, Stärke und Großherzigkeit, gipfeln – oder in gewisser Weise gehen sie darin auf – in einer dritten Tugend: in der Gelassenheit, welche Ablösung von der Welt und dem Ego ist, ein Erlöschen vor Gott, Erkenntnis der Gottheit und Vereinigung mit ihr.

Es besteht eine gewisse – zweifellos widersprüchliche –

1 Nach Al-Ghazzâlî ist die «Großherzigkeit» (*karam*) der Ursprung (*açl*) aller guten Taten (*mahâsîn*). – Gott ist der «Großherzige» (*Al-Karîm*).

Beziehung zwischen der männlichen Kraft und der jungfräulichen Reinheit, in dem Sinne, daß beide die Unverletzlichkeit des Heiligen betreffen,[1] die Kraft in dynamischer und kampfbereiter Weise, die Jungfräulichkeit in statischer und abwehrender Weise. Man könnte auch sagen, daß die Kraft, die «kriegerische» Eigenschaft, eine unbewegte oder passive Weise oder Ergänzung in sich schließt: die Besonnenheit, die Liebe zur Armut und zum Fasten, die Unbestechlichkeit, welches «friedliche» oder «nicht aggressive» Eigenschaften sind. Ebenso hat die «schenkende» Großherzigkeit eine unbewegte Ergänzung in der Würde, welche «besteht»; oder vielmehr ist die Würde die der Großherzigkeit innewohnende Wirklichkeit. Die Würde ist eine Art betrachtender Großherzigkeit, sie ist Liebe zur Schönheit im weitesten Sinne; hierauf beruht beim Propheten und im Islam auch die Liebe zur Schönheit und zur Reinlichkeit,[2] denn diese nimmt den Dingen und vor allem dem Leib den Stempel des Irdischen und des Verfalls und führt sie so, sinnbildlich und in einer bestimmten Weise sogar grundsätzlich, zurück auf ihre unwandelbaren und unvergänglichen Urbilder oder Wesenheiten. Was die Gelassenheit anlangt, so hat auch sie eine notwendige Ergänzung: die Wahrhaftigkeit, welche gleichsam die tätige oder unterscheidende Seite der Gelassenheit ist. Das ist die für

1 Genau das drückt die «Schriftunkundigkeit» (*al-ummî*, der «Schriftunkundige») des Propheten aus; die Einsicht in Göttliches kann nur in jungfräulicher Erde Wurzel fassen. – Die Reinheit der Heiligen Jungfrau ist nicht ohne Zusammenhang mit dem Schwert des Erzengels, der den Eingang zum Paradies verwehrt.

2 Der Prophet hat gesagt: «Gott verabscheut die Unsauberkeit und den Lärm», was sehr bezeichnend ist für den Aspekt der Reinheit und der Ruhe der Betrachtung, ein Aspekt, den man in der islamischen Architektur – geographisch ausgedrückt – von der Alhambra bis zum Tadj Mahal wiederfindet. In den Höfen der Moscheen und Paläste finden sich Ruhe und Ausgewogenheit im Murmeln der Fontänen, deren An- und Abschwellen die Eintönigkeit der Arabesken wiederholt. Für den Islam ist die Baukunst neben der Kalligraphie die heilige Kunst schlechthin.

den Islam so bezeichnende Liebe zur Wahrheit und Erkenntnis, folglich also auch die Unparteilichkeit, die Gerechtigkeit. Bei der Mäßigkeit gleicht die Würde den Aspekt der Kleinlichkeit aus, und diese beiden einander ergänzenden Tugenden gipfeln in der Wahrhaftigkeit, in dem Sinne, daß sie ihr untergeordnet sind und – wenn nötig – ihr gegenüber zurücktreten oder zurückzutreten scheinen.[1]

Die Tugenden des Propheten bilden sozusagen ein Dreieck: Die Gelassenheit-Wahrhaftigkeit bildet die Spitze, und die beiden anderen Tugendpaare – Großherzigkeit und Würde, Stärke und Mäßigkeit – bilden die Basis; die beiden Basiswinkel sind gleich, sie verwandeln sich in der Spitze gewissermaßen zur Einheit. Die Seele des Propheten ist – wir haben es bereits gesagt – wesentlich Ausgewogenheit und Auslöschung.[2]

Die Nachahmung des Propheten umfaßt: Stärke sich selbst gegenüber; Großherzigkeit gegenüber den andern; Gelassenheit in Gott und durch Gott. Wir könnten auch sagen, Gelassenheit durch Frömmigkeit im tiefsten Sinne dieses Wortes.

Solche Nachfolge umfaßt ferner: die Mäßigkeit in bezug auf die Welt; die Würde in uns selbst, in unserm Wesen; die Wahrhaftigkeit durch Gott und in ihm. Doch darf man nicht

1 Die drei Tugenden Stärke, Großherzigkeit und Gelassenheit – und mit ihnen die drei anderen Tugenden – sind allein schon im Wohlklang der Worte der zweiten Glaubensbezeugung (Shahâdah) ausgedrückt (*Muhammadun Rasûlu 'Llâh*: Mohammed ist der Gesandte Gottes).

2 Es wäre falsch, die Tugenden Christi so aufzählen zu wollen, weil sie für ihn gar nicht kennzeichnend sind, da Christus die Gottheit offenbart und nicht, jedenfalls nicht ausdrücklich und deutlich, die menschliche Vollkommenheit, die auch die kollektiven Aufgaben des irdischen Menschen in sich schließt. Christus ist die Gottheit, die Liebe, das Opfer; die Jungfrau die Reinheit und die Barmherzigkeit. – In entsprechender Weise könnte man den Buddha mit folgenden Begriffen charakterisieren: Verzicht, Auslöschung, Erbarmen, denn genau das sind die Eigenschaften oder Haltungen, die er auf besondere Weise verkörpert.

aus dem Auge verlieren, daß die Welt auch in uns ist und daß umgekehrt wir nichts anderes sind als die Schöpfung, die uns umgibt, und schließlich, daß Gott «durch die Wahrheit» (*bil-Haqq*) geschaffen hat; die Welt ist in ihren Vollkommenheiten und ihrer Ausgewogenheit ein Ausdruck der göttlichen Wahrheit[1].

Der Aspekt «Stärke» ist ebenfalls und vor allem das Tätige und Bejahende des geistigen Mittels oder der Methode; der Aspekt «Großherzigkeit» ist zugleich die Liebe unserer unsterblichen Seele; und der Aspekt «Gelassenheit», welcher zunächst darin besteht, «alles in Gott zu sehen», ist auch: «Gott in allem zu sehen». Man kann gelassen sein, weil man weiß, daß «Gott allein ist», daß die Welt mit ihrer Verworrenheit «nicht wirklich» ist, aber man kann auch darum gelassen sein, weil man sich – die Wirklichkeit der Welt zulassend – klarmacht, daß «alles von Gott gewollt» ist, daß der göttliche Wille in allem wirkt, daß in bestimmter Hinsicht alles Gott versinnbildlicht und daß die Sinnbildlichkeit für Gott eine «Daseinsweise» ist, wenn man so sagen darf. Nichts ist außerhalb Gottes; Gott ist in jedem Ding gegenwärtig.

Die Nachahmung des Propheten ist die Verwirklichung der Ausgewogenheit zwischen unseren gewöhnlichen Strebungen oder, genauer, zwischen unseren einander ergänzenden Tugenden, und sie ist weiter und vor allem – aufgrund dieser Ausgewogenheit – das Auslöschen in der Einheit. So geht die Basis des Dreiecks in gewisser Weise in seiner Spitze auf, welche gleichsam ihre Synthese oder ihr Ursprung zu sein scheint oder ihr Ziel, ihre *raison d'être*.

*

1 Das heißt, des reinen Geistes oder, in der Ausdrucksweise der Hindus, des reinen «Bewußtseins» (*chit*), welches sich in der *Mâyâ* durch das Sein (*sat*) vergegenständlicht.

Wir nehmen unsere Beschreibung wieder auf, fassen sie aber ein wenig anders und sagen, Mohammed sei die auf die Göttliche Wesenheit ausgerichtete Form des Menschen; diese «Form» hat zwei Hauptaspekte, welche jeweils der Basis und der Spitze des Dreiecks entsprechen, nämlich die Würde und die Frömmigkeit. Nun besteht die Würde aus Stärke und Großherzigkeit und die Frömmigkeit – auf der Ebene, um die es sich hier handelt – aus Weisheit und Heiligkeit; fügen wir hinzu, daß unter «Frömmigkeit» hier der Stand der «geistigen Dienstbarkeit» (*'ubûdiyah*) im höchsten Sinne des Wortes zu verstehen ist, welche die vollkommene «Armut» (*faqr*, daher das Wort *faqîr*) und die «Auslöschung» (*fanâ'*) vor Gott in sich schließt, was nicht ohne Zusammenhang ist mit der Bezeichnung des Propheten als der «Schriftunkundige» (*ummî*). Die Frömmigkeit ist das, was uns an Gott bindet; im Islam ist dieses Etwas zunächst, im Maße des Möglichen, die Erkenntnis der offenkundigen Einheit – denn der «Verantwortliche» muß diese Offenkundigkeit begreifen, und es gibt hier keine strenge Abgrenzung zwischen dem «Glauben» und dem «Wissen» – und sodann die Verwirklichung der Einheit jenseits unseres vorläufigen und «einseitigen» Erkennens, welches, verglichen mit dem vollkommenen Wissen, Unwissenheit ist. Es gibt keinen Heiligen (*wâlî*, «Vertreter» oder «Anteilhabender»), der nicht ein «durch Gott Erkennender» (*'ârif bil-Llâh*) wäre. Und das erklärt, warum die Frömmigkeit – und mit um so größerem Recht die Heiligkeit, welche die Blüte der Frömmigkeit ist – im Islam eine Haltung der Gelassenheit besitzt;[1] es ist eine Frömmigkeit, die ihrem Wesen nach in die Betrachtung und die Erkenntnis (Gnosis) mündet.

Wir könnten auch, um das Phänomen Mohammed zu

1 Das trägt der Frömmigkeit von seiten mancher Menschen den Vorwurf des «Fatalismus» und des «Quietismus» ein. Die Strebungen, um die es sich in Wirklichkeit handelt, zeigen sich übrigens bereits in dem Begriff *Islâm*, «Hingabe» (an Gott).

kennzeichnen, sagen, die Seele des Propheten bestehe aus Würde und Gelassenheit, welche letztere die Mäßigkeit und Wahrhaftigkeit in sich schließt und die erstere die Stärke und die Großherzigkeit. Die Haltung des Propheten gegenüber der Nahrung und dem Schlaf ist bestimmt von der Mäßigkeit und gegenüber der Frau von der «Großherzigkeit»; der wahre Gegenstand der Großherzigkeit ist hier der «Substanz»-Pol der Art Mensch, wobei dieser Pol – die Frau – unter seinem Aspekt eines Spiegels der beseligenden Unendlichkeit Gottes betrachtet wird.

Die Liebe zum Propheten bildet ein Grundelement der islamischen Geistigkeit, obwohl diese Liebe nicht im Sinne einer personalistischen Bhakti verstanden werden darf, welche die ausschließende Vergöttlichung des Helden voraussetzen würde.[1] Weil die Muslime im Propheten das Urbild und Vorbild der Tugenden sehen, welche die Gottförmigkeit des Menschen und die Schönheit und Ausgewogenheit des Alls ausmachen und die ebensoviele Schlüssel oder Wege zur befreienden Einheit sind, darum lieben sie ihn und deshalb ahmen sie ihn nach bis in die kleinsten Einzelheiten seines Alltagslebens. Der Prophet, wie überhaupt der Islam, ist eine himmlische Form, die bereit ist, das Einfließen der Erkenntnis und des Willens des Gläubigen aufzunehmen, und worin selbst die Anstrengung zu einer Art übernatürlicher Erholung wird.

*

1 Ausschließend, d. h. das Göttliche tatsächlich nur in einer menschlichen Gestalt sehend und nicht außerhalb ihrer, wie es im Kult von Râma oder Krishna geschieht. Erinnern wir uns in diesem Zusammenhang an die Entsprechung zwischen den indischen Avatâras und den jüdischen Propheten: Diese bleiben im Rahmen des Judentums, so wie jene im Rahmen des Hinduismus, mit einer großen Ausnahme bei beiden: Buddha und Christus. David brachte den Psalter und Salomon das Hohelied, so wie Râma das *Râmâyana* und den *Yoga-Vasishtha* (oder *Mahârâmâyana*) und Krishna das *Mahâbhârata* mit der *Bhagavadgîtâ* sowie auch das *Shrîmad Bhâgavatam* angeregt haben.

«Wahrlich, Gott und seine Engel preisen den Propheten; o ihr, die ihr glaubt, preist ihn und bringt ihm den Friedensgruß dar.»[1] Dieser Vers bildet die Koran-Grundlage der «Segnung des Propheten» – ein Gebet, das im Islam allgemein in Gebrauch ist, weil der Koran und die Sunnah es empfehlen, das in der Esoterik jedoch, wo es eines der grundlegenden Symbole ist, einen besonderen Charakter annimmt. Die esoterische Bedeutung des Verses ist folgende: Gott, der Himmel und die Erde – oder der Ursatz (der nicht manifestiert ist), die nicht formgebundene Manifestation (die engelhaften Zustände) und die formhafte Manifestation (darunter die Menschen und die Djinn, d. h. die zwei Kategorien der vergänglichen Wesen[2]) – verleihen (oder übertragen, je nachdem) der allheitlichen Manifestation oder, in einer anderen Hinsicht, der Mitte derselben, dem kosmischen Geist[3], lebensnotwendige Gnadengüter. Wer den Propheten segnet, segnet damit zugleich die Welt und den Weltgeist (*Er-Rûh*)[4], das All und das Erkenntnisvermögen, das Ganze und die Mitte, so daß die Segnung vervielfacht von jeder der Manifestationen des Ursatzes[5] auf den Menschen zurückfällt, der sein Herz in dieses Gebet gegeben hat.

1 Koran XXXIII,56.

2 Das sind die zwei «Gewichte» oder «Lasten» (*eth-thaqalân*), von denen der Koran spricht (Sure LV,31). Die Menschen sind aus «Lehm» (*tîn*) geschaffen, d. h. aus Materie, und die Djinns aus «Feuer», aus nicht-materieller oder seelischer «feinstofflicher» Substanz (*sûkshma*), wie die Hindus sagen. Die Engel sind aus «Licht» (*nûr*) geschaffen, aus formfreier Substanz, ihre Unterschiede sind den Unterschieden von Farben, Tönen oder Gerüchen vergleichbar, nicht Gestalten, die ihnen wie Versteinerungen und Splitter vorkommen würden.

3 Dieses Gebet ist folglich, zumindest zum Teil, dem Wunsch der Buddhisten gleichwertig: «Mögen alle Wesen glückselig sein.»

4 Auch die «oberste Vernunft» (*Al-'Aql al-awwal*) genannt; er ist entweder «erschaffen» oder «ungeschaffen», entsprechend den Betrachtungsweisen.

5 «Wer mich einmal segnet», hat der Prophet gesagt, «den wird Gott zehnmal segnen ...» Ein anderes Hadîth lautet: «Wahrlich, der Erzengel Gabriel kam zu mir und sagte mir: O Mohammed, keiner aus deiner Gemeinschaft wird dich segnen, ohne zehnfachen Segen von mir zu empfangen, und keiner aus

Die Worte des «Gebetes auf den Propheten» sind allgemein folgende (obwohl es dabei vielerlei Abwandlungen und Entwicklungen gibt): «O (mein) Gott (*Allahumma*), segne unseren Herrn Mohammed, Deinen Knecht (*'Abd*) und Gesandten (*Rasûl*), den schriftunkundigen Propheten (*En-Nabî al-ummî*) und seine Familie sowie seine Gefährten und grüße sie.» Die Wörter «grüßen» (*salam*) und «Gruß» (*taslim*) oder «Friede» (*salâm*)[1] bedeuten von seiten des Gläubigen eine ehrfürchtige Huldigung (der Koran sagt: «Und bringt ihm den Gruß dar!»), folglich ein persönliches Verhalten, während der Segenswunsch die Gottheit eingreifen läßt, denn sie ist es, welche segnet. Von seiten Gottes ist der «Gruß» ein «Blick» oder ein «Wort», nämlich ein Element der Gnade, kein «zentrales», wie bei der «Segnung (*çalât: callâ 'alâ*, «segne»), sondern ein «peripherisches», welches das Individuum und das Leben betrifft, nicht den Geist und die Erkenntnis. Darum läßt man auf den Namen Mohammed die «Segnung» und den «Gruß» folgen und auf die Namen der anderen «Gesandten» und der Engel allein den «Gruß»: Aus islamischer Sicht verkörpert Mohammed die Offenbarung, auf «wirkliche», «bestimmte» Weise, und sie

deiner Gemeinschaft wird mich grüßen, ohne daß ich ihn zehnfach grüße.» Nach einem anderen Hadîth erschafft Gott aus jedem Gebet an den Propheten einen Engel, was vom Gesichtspunkt der Ordnung der geistigen und kosmischen Energien her bedeutungsvoll ist. – Wer unsere Bücher kennt, ist vertraut mit den vedischen Kategorien, wie Guénon sie formuliert hat: grobstoffliche oder «materielle» Manifestation, feinstoffliche oder «seelische» Manifestation, die zusammen die formgebundene Manifestation bilden; sodann die nicht-formgebundene (überförmliche) oder «engelhafte» Manifestation, welche zusammen mit der formgebundenen Manifestation «*die* Manifestation» bildet; und schließlich das Nicht-Manifestierte, welches der Ursatz (das Prinzip) ist und das allheitliche Sein und das Nicht-Sein (Über-Sein) umfaßt. Diese Kategorien sind gegründet auf die allererste Unterscheidung zwischen Ursatz und Manifestation.

1 Grüßen bedeutet auf arabisch «den Frieden schenken»; man sagt: «Der Friede sei mit dir» (*es-salâmu 'alaïkum*).

entspricht dem «Segen», nicht dem «Gruß»; im gleichen mehr oder weniger exoterischen Sinne könnte man darauf hinweisen, daß die «Segnung» sich auf die prophetische Eingebung und die «relativ einzigartige» und «zentrale» Natur des betrachteten Avatâra bezieht und der «Gruß» auf die menschliche, kosmische und existentielle Vollkommenheit aller Avatâras oder auch auf die Vollkommenheit der Engel.[1] Die «Segnung» ist etwas Transzendentes, sie ist aktiv und «vertikal», der «Gruß» etwas Immanentes, er ist passiv und «horizontal»; oder auch: der «Gruß» betrifft das «Äußere», den «Träger», die «Segnung» hingegen das «Innere», den «Inhalt», bei göttlichen Taten so gut wie bei menschlichen Handlungen. Hierin liegt der ganze Unterschied zwischen dem «Übernatürlichen» und dem «Natürlichen»: Die «Segnung» bedeutet die göttliche Gegenwart, insofern sie ein unaufhörliches Einfließen ist, das, was im Mikrokosmos – im Geist – zur Einfühlung oder Eingebung wird und beim Propheten zur Offenbarung. Der «Friede» oder der «Gruß» bedeutet dagegen die göttliche Gegenwart, insofern sie dem Kosmos innewohnt, was im Mikrokosmos zu Erkenntnisfähigkeit, zu Tugend und Weisheit wird; er stellt die existentielle Ausgewogenheit und kosmische Ordnung wieder her. Wohl ist erkenntnishafte Eingebung – oder angeborenes Wissen – ebenfalls «übernatürlich», aber auf eine sozusagen «natürliche» Weise, im Rahmen und gemäß den Möglichkeiten der «Natur».

Nach Sheikh Ahmed Al-Allaoui gleicht die göttliche Tat

1 Der Geist (*Er-Rûh*) bildet eine Ausnahme aufgrund seiner zentralen Stellung unter den Engeln, welche ihm die «prophetische» Rolle schlechthin überträgt; der Koran erwähnt ihn gesondert neben den Engeln, und man sagt auch, er habe sich vor Adam nicht niederwerfen müssen wie die Engel; nach islamischer Denkweise würde ihm – wie Mohammed – sowohl das *Çalât* als auch das *Salâm* gebühren; der Erzengel Gabriel personifiziert ein Amt des Geistes, nämlich das des himmlischen Strahls, der die irdischen Propheten heimsucht.

(*tajallî*), welche durch das Wort *çalli* («segne») ausgedrückt wird, in seiner Plötzlichkeit dem Blitz, und es hat mehr oder weniger die Auslöschung des menschlichen Gefäßes, dem sie widerfährt, zur Folge, während die göttliche Tat, die durch das Wort *salim* («grüße») ausgedrückt ist, die göttliche Gegenwart in die Daseinsweisen des Individuums selbst ausgießt; darum, hat der Sheikh gesagt, muß der Faqîr immer den Salâm erbitten (den «Frieden», welcher dem göttlichen «Gruß» entspricht),[1] damit die Offenbarungen oder Eingebungen nicht wie das Zucken des Blitzes vergehen, sondern sich in seiner Seele festsetzen.

In dem Korantext, der den Segenswunsch für Mohammed einsetzt, ist gesagt, daß «Gott und seine Engel den Propheten segnen», aber der «Gruß» wird erst am Ende des Verses erwähnt, wo von den Gläubigen die Rede ist; der Grund dafür ist, daß das Taslîm (oder Salâm) hier mit einbegriffen ist, woraus erhellt, daß es im Grunde ein Bestandteil des Çalât ist und sich erst hernach und als Folge der Bedingtheiten der Welt davon ablöst.

*

Die initiatische Absicht des «Gebets auf den Propheten» ist das Streben des Menschen nach seiner Ganzheit. Die Ganzheit ist das, wovon wir ein Teil sind; wir sind ein Teil, nicht Gottes, der ohne Teile ist, sondern Teil der Schöpfung, die als Gesamt das Urbild und die Richtschnur unseres Seins ist und deren Mitte, Er-Rûh, die Wurzel unseres Erkenntnisvermögens ist; diese Wurzel vermittelt den «ungeschaffenen Geist» (*increatus et increabile,* nach Meister Eckhart).[2] Die Ganzheit ist Vollkommenheit: Der Teil als solcher ist un-

1 Und das tut er gerade mit dem «Gebet auf den Propheten».

2 Sie ist ihm auch, gemäß der Sehweise der Einheit der Wesenheit, gleichgesetzt.

vollkommen, denn er offenbart einen Bruch des existentiellen Gleichgewichts, folglich der Ganzheit. Gott gegenüber sind wir «nichts» oder «alles», je nach der Betrachtungsweise,[1] niemals aber Teil»; hingegen sind wir Teil in bezug auf das All, welches das Urbild ist, die Richtschnur, die Ausgewogenheit, die Vollkommenheit; es ist der «allheitliche Mensch» (*Al-Insân al-Kâmil*),[2] dessen menschliche Manifestation der Prophet ist, der Logos, der Avatâra. Der Prophet – immer im esoterischen und allheitlichen Sinn des Wortes – ist somit die Ganzheit, von der wir ein Bruchstück sind; aber diese Ganzheit tritt auch in uns selber auf unmittelbare Weise in Erscheinung in der geistigen Mitte, dem «Auge des Herzens», Sitz des «Ungeschaffenen», einem himmlischen oder göttlichen Punkt, dessen mikrokosmische Peripherie das *Ego* ist.[3] Im Hinblick auf den reinen Geist (*Er-Rûh*) sind wir folglich «Peripherie» und im Hinblick auf die Schöpfung (*Al-Khalq*) «Teil». Der Avatâra stellt diese beiden Pole auf einmal dar; er ist unsere Ganzheit und unsere Mitte, unser Dasein und unsere Erkenntnis. Das «Gebet auf den Propheten» – wie jede entsprechende Formel – hat folglich nicht nur den Sinn eines Strebens nach unserer existentiellen Ganzheit, sondern auch und gerade dadurch die Bedeutung einer «Vergegenwärtigung» unserer geistigen Mitte, wobei die beiden Gesichtspunkte übrigens untrenn-

1 «Nichts» vom gewöhnlichen und «trennenden» Blickpunkt aus und «alles» vom «einenden» Blickpunkt aus, dem der «Einzigkeit des Wirklichen» (der göttlichen Alleinheit des reinen Seins – *wahdat Al-Wujûd*).

2 Vgl. *De l'homme universel* von Abd El-Karîm El-Jîlî (übersetzt und erläutert von Titus Burckhardt).

3 Ebenso ist der Lotos, worauf der Buddha ruht, zugleich das manifestierte All und das Herz des Menschen, beide betrachtet, insofern sie Träger des Nirvâna sind. – Auch die Heilige Jungfrau ist zugleich der reine allheitliche Urstoff (*prakriti*), Hülle des offenbarten göttlichen Geistes und auch aller Geschöpfe, in Hinsicht auf ihre Gottförmigkeit, sowie die vorzeitliche Substanz des Menschen in ihrer ursprünglichen Reinheit, sein Herz, insofern es Träger des befreienden Wortes ist.

bar aneinander gebunden sind. Unsere Bewegung auf die Ganzheit zu – eine Bewegung, deren elementarster Ausdruck die Nächstenliebe ist, nämlich die Aufhebung der täuschenden und leidenschaftlichen Trennung zwischen «mir» und «dem andern» – diese Bewegung, sagen wir, reinigt zugleich das Herz, oder, anders gesagt, sie befreit den Geist von den Hindernissen, welche der einenden Betrachtung entgegenstehen.

In der Segnung Mohammeds, dem Gebet auf den Propheten, gelten die Beinamen ebenso – oder vielmehr erst recht – für die Ganzheit und die Mitte, deren menschliche Verkörperung Mohammed ist, oder eine ihrer Verkörperungen, wenn man die Menschen aller Zeiten und Orte berücksichtigt. Der Name *Muhammad* selbst bedeutet «der Verherrlichte» und bezeichnet die Vollkommenheit der Schöpfung, welche auch durch die Schöpfungsgeschichte bezeugt ist: «Und Gott sah, daß alles gut war»; außerdem zeigen die Wörter «unser Herr» (*Seyyidunâ*), die dem Namen *Muhammad* vorangesetzt werden, das Ursprüngliche und Vorbildliche des Kosmos im Hinblick auf uns.

Der Beiname, der dem Namen *Muhammad* in dem «Gebet auf den Propheten» folgt, ist «dein Knecht» (*'abduka*): Der Makrokosmos ist «Knecht» Gottes, weil die Manifestation dem Ursatz oder die Wirkung der Ursache untergeordnet ist; die Schöpfung ist «Herr» in Hinsicht auf den Menschen, «Knecht» in Hinsicht auf den Schöpfer. Der Prophet – wie die Schöpfung – ist folglich dem Wesen nach ein «Isthmus» (*barzakh*) – zugleich eine «Trennungslinie» und ein «Berührungspunkt» zwischen zwei Stufen der Wirklichkeit.

Darauf folgt der Beiname «dein Gesandter» (*rasûlika*): Dieses Attribut betrifft das All, insofern dieses die Seinsmöglichkeiten seinen eigenen Teilen – den Mikrokosmen – übermittelt, wobei es sich der Erscheinungen oder Symbole der Natur bedient; diese Symbole sind die «Zeichen» (*âyât*), von denen der Koran spricht,[1] die Gottesbeweise, welche das Heilige Buch denen zur Betrachtung empfiehlt, «die mit Verstehen begabt sind».[2] Die derart geoffenbarten Möglichkeiten vermitteln die «allheitlichen Wahrheiten» (*haqâ'iq*) der «äußeren» Welt, so wie die geistigen Eingebungen und metaphysischen Begriffe sie dem einzelnen Menschen vermitteln; der reine Geist ist, wie das All, «Gesandter», «Knecht», «Verherrlichter» und «unser Herr».

Das «Gebet auf den Propheten» umfaßt zuweilen die beiden folgenden Beinamen: «dein Prophet» (*Nabiyuka*) und «dein Freund» (*Habîbuka*): Die zweite Bezeichnung drückt die Vertrautheit, die fruchtbare Nähe – nicht den Gegensatz – zwischen dem Manifestierten und dem Ursatz aus. Das Wort «Prophet» (*Nabî*) wiederum weist auf eine «besondere Botschaft» hin, nicht die «allheitliche Botschaft» des «Gesandten» (*Rasûl*);[3] diese ist in der Welt das Gesamt der kosmischen Bestimmungen des Menschen – einschließlich der Naturgesetze; und in uns selber das Bewußtsein unserer letzten Ziele samt allem, was das für uns mit sich bringt.

Der folgende Beiname, «der schriftunkundige Prophet»

1 Wir haben vorher gesehen, daß das Wort «Zeichen», wenn es sich nicht um Erscheinungen dieser Welt handelt, auf die Koranverse angewandt wird, was die Entsprechung zwischen der Natur und der Offenbarung deutlich zeigt.

2 Folglich ist es denkbar, daß sich eine Überlieferung gänzlich auf diese Symbolik gründen kann; das ist besonders beim Shinto und der auf das Kalumet gegründeten Überlieferung Nordamerikas der Fall.

3 Das ist der Nabî nicht, weil er eine besondere, d.h. an bestimmte Umstände gebundene Botschaft empfängt und weitergibt, sondern weil er die Nubuwwah, den prophetischen Auftrag, besitzt; jeder Rasûl ist Nabî, abere nicht jeder Nabî ist Rasûl – etwa wie jeder Adler ein Vogel, aber nicht jeder Vogel ein Adler ist. Die Bedeutung von «besondere Botschaft» ergibt sich nicht allein daraus, daß der Mann ein Nabî ist, sondern daraus, daß er das ist, ohne Rasûl zu sein. Als Nabî ist Mohammed der Schrift unkundig, nicht als Rasûl, ebenso wie – um unsern Vergleich wieder aufzunehmen – der Adler fliegen kann, weil er ein Vogel, nicht weil er ein Adler ist.

(*En-Nabî al-ummî*) drückt die «Jungfräulichkeit» des empfangenden Gefäßes aus, sei es allheitlich oder menschlich; es ist hinsichtlich der Eingebung von nichts bestimmt als von Gott. Vor dem göttlichen Schreibrohr ist es ein unbeschriebenes Blatt; nichts außer Gott erfüllt die Schöpfung, den Geist, den Avatâra.

Der «Segenswunsch» und der «Gruß» gelten nicht nur dem Propheten, sondern auch «seiner Familie und seinen Gefährten» (*'alâ âlihi wa-çahbihi*), das heißt im Bereich des Makrokosmischen dem Himmel und der Erde oder der formgebundenen und nicht-formgebundenen Manifestation, im Mikrokosmischen der Seele und dem Leib, wobei der Prophet im ersten Falle der göttliche Geist ist (*Er-Rûh*) und im zweiten der Intellekt (*Al-'Aql* – die erste Vernunft) oder das «Auge des Herzens» (*'Aïn al-Qalb*); der Intellekt und der Geist fallen in ihrem Wesen zusammen, in dem Sinne, daß der erste gleichsam ein Strahl des zweiten ist. Der INTELLEKT ist im Menschen der «GEIST»; der «göttliche GEIST» ist nichts anderes als der allheitliche INTELLEKT.

Die Beinamen des Propheten bezeichnen geistliche Tugenden, deren hauptsächlichste die folgenden sind: die Armut (*faqr*, Eigenschaft des *abd*)[1], sodann die «Großherzigkeit» (*karam*, die Eigenschaft des *rasûl*)[2] und schließlich die «Wahrhaftigkeit» oder «Aufrichtigkeit» (*çidq, ikhlâç*, Eigenschaft des *nabî al-ummî*)[3]. Die «Armut» ist die geistige Sammlung oder vielmehr ihr verneinender und unbewegter Aspekt, die Nicht-Ausdehnung und folglich «die Demut» im Sinne von «Erlöschen des Feuers der Leidenschaften» (*tirmîdhî*); die «Großherzigkeit» steht der Würde (*sharaf*) nahe; sie ist die

1 In dem Sinne, daß der 'Abd nichts hat, was ihm eigentlich gehörte.

2 Tatsächlich ist der Rasûl eine «Barmherzigkeit» (*rahmah*); er ist die Uneigennützigkeit selbst, die Verkörperung der Nächstenliebe.

3 Die Wahrhaftigkeit ist untrennbar verbunden mit der Jungfräulichkeit des Geistes, in dem Sinne, daß dieser frei sein muß von jeglichem Kunstgriff, von jedem Vorurteil, von jeder Einmischung der Gefühle.

Beseitigung der Ichsucht, welche die «Nächstenliebe» mit sich bringt, in dem Sinne, daß die leidenschaftliche Unterscheidung zwischen «mir» und «dem andern» dann überwunden ist. Schließlich die «Wahrhaftigkeit», sie ist das Betrachtende an der Erkenntnis und, auf der Ebene des Verstandes, die Logik oder die Unparteilichkeit, mit einem Wort, «die Liebe zur Wahrheit».

Vom initiatischen Gesichtspunkt her gesehen, bezieht sich das «Gebet auf den Propheten» auf das «Zwischenstadium», nämlich die «Ausdehnung», welche der «Reinigung» folgt und der «Einung» vorausgeht; dies ist der tiefe Sinn jenes Hadîth: «Niemand wird Gott begegnen, der nicht vorher dem Propheten begegnet ist.»[1]

Das «Gebet auf den Propheten» ist einem Rade vergleichbar: Der Segenswunsch ist die Achse, der Prophet die Nabe, seine Familie bildet die Speichen, seine Gefährten die Felge.

Der umfassendsten Auslegung dieses Gebetes gemäß, entspricht der Segenswunsch Gott, der Name des Propheten dem allheitlichen Geist[2], die Familie den Wesen, welche durch den Geist auf unmittelbare Weise an Gott teilhaben, die Gefährten den Wesen, welche mittelbar an Gott teilhaben, immer aber vermittels des Geistes. Diese äußerste Grenze kann auf verschiedene Weisen bestimmt werden, je nachdem, ob man an die islamische Welt denkt oder an die ganze Menschheit oder an alle irdischen Geschöpfe oder sogar an das ganze All.[3]

Der individuelle Wille, der zugleich ichhaft und zerstreut

1 Dies ist der initiatische Sinn des Wortes aus dem Evangelium: «Keiner kommt zum Vater denn durch Mich.» Indessen ist der Unterschied in der «Betonung» zu berücksichtigen, der die christliche von der sufischen Sehweise unterscheidet.

2 Er-Rûh, welcher die vier Erzengel einschließt; auf irdischer Ebene und in der islamischen Welt sind es der Prophet und die vier Kalifen.

3 Die Symbolik des «Gebetes auf den Propheten» entspricht ziemlich genau der der lamaistischen Gebetsmühle: Ein Gebet, das auf einen Papierstreifen geschrieben ist, segnet durch die Umdrehung das All.

ist, muß umgewandelt werden in den allheitlichen Willen, der «konzentrisch» ist und das Irdisch-Menschliche übersteigt.

*

Als geistiges Prinzip ist der Prophet nicht nur die Ganzheit, von der wir gesonderte Teile, Bruchstücke sind, sondern auch der Ursprung, im Hinblick auf den wir ebenso viele Abirrungen sind;[1] damit ist gesagt, daß der Prophet als Richtschnur nicht allein der «Allheitliche Mensch» (*al-Insân al-Kâmil*) ist, sondern auch der «Alte Mensch»[2] (*al-Insân al-Qadîm*). Es besteht hier gleichsam eine Verbindung einer räumlichen mit einer zeitlichen Symbolik: Den «Ganzheitlichen (oder Allheitlichen) Menschen» zu verwirklichen heißt, aus sich herauszutreten, seinen Willen in das gänzlich «andere» zu werfen, sich in das Leben insgesamt, das Leben aller Wesen, zu verströmen. Und den «Alten Menschen» (oder «Ursprünglichen Menschen») zu verwirklichen heißt, zu dem Ursprung zurückzukehren, den wir in uns selber tragen; es heißt, zurückzukehren zur ewigen Kindheit, in unserm Urbild, unserer ursprünglichen und maßgebenden Gestalt oder gottförmigen Substanz zu ruhen. Der räumlichen Symbolik nach ist der Weg zur Verwirklichung des «Ganzheitlichen Menschen» die Höhe, die aufsteigende Senkrechte, die sich in die Unendlichkeit des Himmels ausdehnt; der zeitlichen Symbolik nach ist der Weg zum «Alten Menschen» die Vergangenheit im gleichsam absoluten Sinne, der göttliche und ewige Ursprung.[3] Das «Gebet auf den Propheten» bezieht sich durch den Beinamen *Rasûl*, *«Gesand-*

1 In diesem Sinne muß uns, gemäß dem hl. Bernhard, unser Ego als «etwas Verächtliches» erscheinen, und nach Meister Eckhart «muß man seine Seele verabscheuen».

2 «Alt» im Sinne von Ursprung (Anm. d. Übers.).

3 Dies rückt die Bedeutung der Überlieferung als solcher deutlich ins Licht und besonders auch die des Ahnenkultes.

ter», auf die Raumsymbolik – hier jedoch ist die Ausdehnungsweise im absteigenden Sinne beschrieben – und durch den Namen *Nabî al-ummi,* «schriftunkundiger Prophet» (der in aller Deutlichkeit auf den Ursprung verweist), auf die Zeitsymbolik.

Der «Alte Mensch» ist folglich insonderheit dem göttlichen Geist, der Vollkommenheit des «Bewußtseins» zugeordnet und der «Ganzheitliche Mensch» dem Dasein, der Vollkommenheit des Seins. Zugleich ist aber im Bereich der Raumsymbolik die Mitte auch dem Geist zugeordnet, wohingegen im Bereich der Zeitsymbolik die Dauer das Dasein darstellt, denn dieses dehnt sich endlos aus. Wir können einen Bezug herstellen zwischen dem Ursprung und der Mitte einerseits und zwischen der Dauer und der Ganzheit – oder der Unbegrenztheit – andererseits; wir könnten sogar sagen, daß sich für uns der an sich unfaßliche Ursprung im Mittelpunkt befindet und daß für uns die Dauer, die uns überall entschwindet, mit der Ganzheit zusammenfällt. Ebenso: Ausgehend von der Vorstellung, daß der «Ganzheitliche Mensch» besonders den Makrokosmos und der «Alte Mensch» den Mikrokosmos betrifft, können wir sagen, daß die Welt in ihrer Gesamtheit Dasein ist, während der menschliche Mikrokosmos ursprünglich Erkenntnis ist, zumindest in gewisser Weise, denn wir gehen nicht über den Bereich des Geschaffenen und der Bedingtheiten hinaus.

Auf der Ebene des «Ganzheitlichen Menschen» können wir zwei Ausdehnungsweisen unterscheiden, den «Himmel» und die «Erde» oder die «Höhe» (*tûl*) und die «Breite» (*'ardh*): Die «Höhe» verbindet die Erde mit dem Himmel, und dieser Ort ist beim Propheten der Aspekt *Rasûl* («Gesandter», «Offenbarer»), während die Erde der Aspekt *'Abd* («Knecht») ist. Dies sind die beiden Ausdehnungsweisen der Nächstenliebe: Liebe zu Gott und Liebe zum Nächsten in Gott.

Auf der Ebene des «Alten Menschen» unterscheiden wir keine zwei Ausdehnungsweisen, denn im Anfang waren

Himmel und Erde eins; diese Ebene ist, wie wir oben sahen, dem schriftunkundigen Propheten zugeordnet. Seine Tugend ist die Demut oder die Armut: nichts zu sein als das, wozu Gott uns gemacht hat; nichts hinzuzufügen; die reine Tugend ist apophatisch.

Wir fassen diese Lehre folgendermaßen zusammen: das Wesen des Propheten umfaßt die beiden Vollkommenheiten Ganzheit[1] und Ursprung[2]: Mohammed verkörpert die gottförmige und ausgeglichene Ganzheit[3], von der wir Bruchstücke sind, und den Ursprung, mit dem verglichen wir Zustände der Gefallenheit sind, zumindest als Einzelwesen. Dem Propheten nachzufolgen heißt für den Sufi, die Seele auf das Leben aller Wesen auszudehnen, mit allen und in allen[4] «Gott zu dienen» (*'ibâdah*) und «zu beten» (*dhakara*); aber es bedeutet auch, die Seele in die «göttliche Erwähnung» (*dhikru 'Llâh*) der einzigen und ursprünglichen Seele[5] zu sammeln; das heißt, letzten Endes und über die betrachteten Gegensätze von Ganzheit und Ursprung, Fülle und Einfachheit hinweg, zugleich das «unendlich andere» und die unbedingte Selbstheit zu verwirklichen.

Dem Beispiel des Propheten folgend, will der Sufi weder «Gott sein» noch etwas «anderes als Gott sein»; und das ist

1 «Gott spricht: O Adam! Lasse sie ihre Namen erkennen!» (Koran II,33). – «Und darauf sprachen Wir zu den Engeln: Fallt nieder vor Adam!» (Koran II,34).

2 «Gewiß, Wir hatten den Menschen in der schönsten Gestalt erschaffen» (Koran XCV,4).

3 Diese beiden Eigenschaften sind wesentlich. Die Schöpfung ist «gut», weil sie nach dem Bilde Gottes geschaffen ist und weil sie ihre Unausgewogenheiten – die seinsmäßig notwendig sind, andernfalls es kein Dasein gäbe – mittels der ganzheitlichen Ausgewogenheit ausgleicht, welche sie mittelbar in Faktoren der Vollkommenheit «umwandelt».

4 «Ihn preisen die sieben Himmel und die Erde und die auf ihr wohnen, und es gibt kein Wesen, das nicht Sein Lob sänge, doch ihren Lobgesang versteht ihr nicht...» (Koran XVII,44).

5 «... und sooft sie (im Paradies) Früchte empfangen, werden sie sagen: Diese Früchte haben wir früher schon erhalten...» (Koran II,25).

nicht ohne Zusammenhang mit alldem, was oben dargelegt wurde, sowie mit der Unterscheidung zwischen der «Auslöschung» (*fanâ*) und dem «Fortbestehen» (*baqâ*). Es gibt kein Auslöschen in Gott ohne allumfassende Liebe und kein Fortbestehen in Ihm ohne jene höchste Armut, welche die Unterwerfung unter den Ursprung ist. Der Prophet stellt, wie wir sahen, sowohl die Allheitlichkeit als auch die Vorzeitlichkeit dar, so wie der Islam – seinem innersten Streben nach – ist, «was überall ist» und «was immer war».

*

Alle diese Betrachtungen lassen verstehen, wie weit die islamische Weise, den Propheten zu betrachten, sich vom christlichen oder buddhistischen Kult des Gottmenschen unterscheidet. Die Vergeistigung des Propheten vollzieht sich nicht aus einer irdischen Gottheit heraus, sondern mittels einer Art metaphysischer Mythologie: Mohammed ist entweder Mensch unter Menschen – wir sagen nicht, ein «gewöhnlicher Mensch» – oder auch platonische Idee, kosmisches und geistiges Symbol, unauslotbarer *Logos*[1], niemals aber fleischgewordener Gott.

Der Prophet ist vor allem eine Verbindung, welche die menschliche «Kleinheit» mit dem göttlichen Mysterium vereint. Dieser Aspekt der Verbindung oder der Versöhnung

1 Es heißt, ohne Mohammed wäre die Welt nicht erschaffen worden; folglich ist er tatsächlich der Logos, nicht als Mensch, aber seiner «inneren Wirklichkeit» nach (*haqîqah*) und als «mohammedisches Licht» (*Nûr muhammadi*). Es heißt weiter, die Tugenden des Propheten sind geschöpflich, weil sie menschlich sind, sie sind aber «dennoch ewig, insofern sie Eigenschaften Jenes sind, dessen Kennzeichen die Ewigkeit ist» (nach *Al-Burdah* von Sheikh Al-Buçîrî); ebenso hat der Prophet den Namen *Haqq* («Wahrheit»), während *Al-Haqq* («*die* Wahrheit») ein göttlicher Name ist. Die Haqîqah Mohammeds wird als ein Mysterium beschrieben: Sie ist entweder verborgen oder blendend hell und kann nur von ferne gedeutet werden.

der Gegensätze ist kennzeichnend für den Islam und folgt ausdrücklich aus seiner Rolle als «letzte Offenbarung»: Wenn der Prophet das «Siegel des Prophetentums» (*khâtam en-nubuwwah*) oder der «Gesandten» (*al-mursalîn*) ist, dann schließt das in sich, daß er als eine Zusammenfassung all dessen erscheint, was vor ihm war; daher sein Aspekt des «Ausgleichens», das «Anonyme» und «Vielfältige», das auch im Koran in Erscheinung tritt.[1] Diejenigen, die – Jesus zum Beispiel nehmend – Mohammed zu menschlich finden, als daß er ein Sprachrohr Gottes sein könnte, urteilen nicht anders als jene, die unter Berufung auf die unmittelbare Geistigkeit der *Bhagavadgîtâ* oder des *Prajnâ-Pâramitâ-Hridaya-Sûtra* die Bibel «zu menschlich» finden, als daß ihr die Würde zukäme, Gottes Wort zu sein.

Die Eigenschaft, welche der Koran für sich beansprucht, die letzte Offenbarung und Zusammenfassung des prophetischen Zyklus zu sein, zeigt sich nicht nur in der äußeren Einfachheit eines Dogmas, das sich nach innen sämtlichen Tiefen öffnet, sondern auch in der dem Islam eigenen Fähigkeit, gewissermaßen alle Menschen in seine Mitte aufzunehmen, allen denselben unerschütterlichen und, wenn erforderlich, kämpferischen Glauben zu vermitteln, sie, zumindest grundsätzlich, aber wirkkräftig, an der halb himmlischen, halb irdischen Natur des Propheten teilhaben zu lassen.

1 Nach den Worten von Aïshah, der «Lieblingsfrau», spiegelt der Koran die Seele des Gesandten Allahs wider oder läßt sie in Bildern ahnen.

4 Der Weg

Es ist hier nicht unsere Absicht, den Sufismus im einzelnen und erschöpfend zu behandeln – dieses Verdienst hatten mit mehr oder weniger Glück andere –, sondern den «Weg» (*tarîqah*) unter seinen allgemeinen Aspekten oder in seiner allumfassenden Wirklichkeit zu betrachten; deshalb wird nicht immer eine nur dem Islam eigene Sprache benutzt. Von diesem sehr allgemeinen Gesichtswinkel her gesehen stellt sich der «Weg» zuallererst als die Polarität von «Lehre» und «Methode» dar oder als die metaphysische Wahrheit, begleitet von der beschaulichen Sammlung. Alles läßt sich auf folgende zwei Elemente zurückführen: Erkenntnis und Sammlung oder Unterscheidung und Einung. Die metaphysische Wahrheit liegt für uns, die wir uns im Bedingten befinden, da wir existieren und denken, zunächst in der Unterscheidung zwischen dem Wirklichen und dem Nicht-Wirklichen oder «Weniger-Wirklichen»; und die Sammlung oder der wirkende geistige Akt – das Gebet im weitesten Sinne – ist gewissermaßen unsere Antwort auf die Wahrheit, die sich uns schenkt; sie ist die in unser Bewußtsein getretene Offenbarung, der sich unser Sein bis zu einem gewissen Grade angeglichen hat.

Für den Islam oder genauer für das Sufitum, welches das Mark des Islam darstellt,[1] ist die metaphysische Lehre, wie

1 Denn wir wollen einem religiösen Glauben als solchem keine Weisheitslehren zuschreiben, die er nur stillschweigend zum Ausdruck bringen kann. Für die «Religionswissenschaft» kommt die Esoterik nach dem Dogma, sie ist eine künstliche, sogar von fremden Quellen entliehene

bereits mehrfach gesagt: daß es «keine Wirklichkeit außer der Einen Wirklichkeit gibt» und daß, in dem Maße, in dem wir genötigt sind, der Existenz der Welt und unserem eigenen Dasein Rechnung zu tragen, «der Kosmos die Offenbarung der Wirklichkeit ist»;[1] die Anhänger des Vedanta würden sagen – um es noch ein weiteres Mal zu wiederholen – «die Welt ist falsch; Brahma ist wahr», aber «alles ist Ātma»; in dieser zweiten Behauptung sind sämtliche eschatologischen Wahrheiten enthalten. Und vermöge dieser zweiten Wahrheit sind wir gerettet, nach der ersten «sind» wir nicht einmal, auch wenn wir auf der Stufe der Spiegelungen im Bedingten «existieren». Es ist gleichsam, als wären wir im voraus gerettet, weil wir nicht sind und «weil nur das Antlitz Gottes fortbestehen wird».

Die Unterscheidung zwischen dem Wirklichen und dem Nicht-Wirklichen fällt in einer Hinsicht zusammen mit der Unterscheidung zwischen dem URSTOFF (SUBSTANZ) und den endlichen Dingen (Akzidenzien); dieser Bezug zwischen Urstoff und Endlichem macht das «Weniger-Wirkliche» oder «Nicht-Wirkliche» der Welt leicht faßlich und läßt den, der fähig ist, es zu begreifen, die Nichtigkeit des Irrtums erkennen, welcher den Erscheinungen Absolutheit zuschreibt. Die übliche Auffassung des Wortes «Substanz» zeigt übrigens – das versteht sich von selbst –, daß es Zwischensubstanzen gibt, die im Vergleich mit dem reinen URSTOFF «zufällig» sind, ihren eigenen Zufälligkeiten gegenüber aber dennoch die Rolle von Substanzen annehmen: Das sind im

Entwicklung desselben; in Wirklichkeit aber geht die Weisheitslehre notwendigerweise der exoterischen Formulierung voraus, denn dadurch, daß sie eine metaphysische Sehweise ist, bestimmt sie die Form. Ohne metaphysische Grundlage gibt es keine Religion; die lehrhafte Esoterik ist, ausgehend von der Offenbarung, nur die Entfaltung dessen, was «vorher war».

1 Der Kosmos in der Vollkommenheit seiner Sinnbildlichkeit, *Muhammad;* man wird hier die zweite Shahâdah wiedererkennen.

aufsteigenden Sinne die Materie, der Äther, die beseelte (feinstoffliche) Substanz, die überförmliche und makrokosmische – wenn man will «engelhafte» – Substanz, sodann der allheitliche und metakosmische Urstoff, welcher einer der Pole des SEINS ist oder seine «horizontale Ausdehnungsweise» oder sein weiblicher Aspekt.[1] Der antimetaphysische Irrtum der *Asuras* liegt darin, die endlichen Dinge für «die Wirklichkeit» zu halten und den Urstoff zu leugnen, indem sie ihn als «unwirklich» oder «abstrakt» bezeichnen.[2]

Das Nicht-Wirkliche – oder das Weniger- oder Bedingt-Wirkliche – der Welt zu begreifen bedeutet zugleich, die Symbolik der Erscheinungen zu begreifen; zu wissen, daß allein der «URSTOFF der Substanzen» uneingeschränkt wirklich ist – daß folglich, strenggenommen, er allein wirklich ist – bedeutet, den Urstoff in allen endlichen Dingen und mittels derselben zu sehen. Dank dieser Erkenntnis der Wirklichkeit wird die Welt metaphysisch «durchsichtig». Wenn gesagt wird, der Bodhisattva betrachte nur den Raum, nicht die darin enthaltenen Dinge, oder er sehe diese als den Raum an, so bedeutet das, daß er nur den Urstoff sieht, der im Vergleich mit der Welt wie eine «Leere» erscheint, oder umgekehrt, daß ihm die Welt im Licht der ursätzlichen Fülle wie eine «Leere» erscheint. Es gibt hier zweierlei «Leere» – oder zweierlei «Fülle» –, die einander gegenseitig ausschließen, so wie die Abteilungen eines Stundenglases nicht gleichzeitig leer oder voll sein können.

Wenn man voll begriffen hat, daß sich im Verhältnis vom

1 Das Sein ist das «bedingt Absolute» oder Gott, insofern er «bedingt absolut» ist, d. h., insofern er erschafft. Das reine Absolute erschafft nicht; wollte man hier die Begriffe «Substanz» und «Akzidenzien» einführen, dann wäre an die wesentlichen göttlichen Eigenschaften zu denken, die aus dem Über-Sein oder dem höchsten Selbst hervorgehen und sich zum Sein verdichten; doch wäre ihre Anwendung trotzdem unangemessen.

2 Wir glauben, daß man für die moderne Aktualitäts-Theorie zu Unrecht Heraklit verantwortlich macht, denn eine Theorie des kosmischen Spiels der All-Möglichkeit ist nicht notwendig ein pantheistischer Materialismus.

Wasser mit seinen Tropfen das Verhältnis vom Urstoff und den Zufälligkeiten, die den Inhalt der Welt bilden, wiederholt, kann der «trügerische» Charakter der Zufälligkeiten keinem Zweifel unterliegen noch irgendwelche Schwierigkeiten bereiten. Wenn man im Islam sagt, daß die Geschöpfe Gott beweisen, dann bedeutet das, daß das Wesen der Erscheinungen dasjenige von «Zufälligkeiten» ist, daß sie folglich den letzten Urstoff erkennen lassen. Der Vergleich mit dem Wasser ist insofern unvollkommen, als er die Transzendenz des Urstoffes nicht berücksichtigt; aber die Materie kann kein weniger unangemessenes Bild liefern, weil die Transzendenz in den Reflexionen genau in dem Maße getrübt wird, in dem die betrachtete Ebene am Seienden teilhat.

Es besteht Trennung zwischen den Zufälligkeiten und dem Urstoff, gleichwohl besteht ein gewisser sehr feiner Zusammenhang zwischen diesen und jenem in dem Sinne, daß die Zufälligkeiten, da allein der Urstoff vollkommen wirklich ist, notwendig seine Aspekte sind. In diesem Falle aber betrachtet man sie in Verbindung mit ihrer Ursache und in keinerlei anderer Hinsicht, und damit bleibt die Unumkehrbarkeit erhalten; anders gesagt, das Zufällige wird in diesem Falle auf den Urstoff zurückgeführt; als Zufälliges ist es «geäußerter» Urstoff, dem entspricht übrigens der Gottesname «der Äußere» (*ahz-Zhâhir*). Sämtliche Irrtümer über die Welt und über Gott liegen entweder an der «naturalistischen» Leugnung der Getrenntheit[1] – folglich der Transzendenz –, während man doch darauf die gesamte Wissenschaft

1 Es ist mehr oder weniger dieses «wissenschaftliche» Vorurteil – das Hand in Hand geht mit der Verfälschung und der Verarmung der Vorstellung im begrifflichen Denken –, das einen Teilhard de Chardin hindert, die zwangsläufige Trennung zwischen der Materie und der Seele zu bemerken oder zwischen dem Natürlichen und Übernatürlichen, daher der Evolutionismus, welcher – der Wahrheit entgegen – alles mit der Materie beginnen läßt. – Ein Minus setzt stets ein anfängliches Plus voraus, so daß eine scheinbare Evolution nur die einstweilige Entfaltung eines vorher bestehenden Ergebnisses ist; der menschliche Embryo wird zum Men-

hätte aufbauen müssen, oder am Nicht-Begreifen des metaphysischen und «absteigenden» Verbundenseins, welches die vom Bedingten ausgehende Getrenntheit durchaus nicht aufhebt. «Brahman ist nicht in der Welt», aber «alle Dinge sind Âtman»; «Brahman ist wahr, die Welt ist falsch» und: «Er (der Befreite, *Mukta*) ist Brahman.» Alles Wissen ist in diesen Aussagen enthalten, so wie es auch in der Shahâdah oder den beiden Testamenten oder auch in den christlichen Mysterien[1] enthalten ist. Und es ist entscheidend, zu begreifen, daß die metaphysische Wahrheit, mit allem, was sie in sich schließt, in der Substanz des Erkenntnisvermögens (*intelligence*) liegt; die Wahrheit zu leugnen oder sie zu begrenzen ist stets ein Leugnen oder Begrenzen des Geistes (*intellect*); den Geist zu erkennen bedeutet, seinen gleichwesentlichen (*consubstantiel*) Inhalt und folglich das Wesen der Dinge zu erkennen, und darum ist gesagt: «Erkenne dich selbst» (griechische Gnosis), und auch: «Das Himmelreich ist in euch» (Evangelium), und ebenso: «Wer sich selbst erkennt, erkennt seinen Herrn» (Islam).

Die Offenbarung ist eine Vergegenständlichung des göttlichen Geistes (*intellect*), das ist der Grund, weshalb sie die Macht hat, das Erkenntnisvermögen zur Entfaltung zu bringen, das durch den Sündenfall verdunkelt, aber nicht ausgelöscht ist; diese Verdunkelung kann nur unwesentlich und

schen, weil er das bereits ist; keine wie immer geartete «Evolution» wird aus einem tierischen Embryo einen Menschen hervorbringen. Ebenso kann der gesamte Kosmos nur aus einem embryonalen Zustand hervorgehen, der keimhaft angelegt seine gesamte mögliche Entfaltung enthält und der auf der Ebene der zufälligen Dinge nur ein unendlich viel höheres und transzendentes Urbild in Erscheinung treten läßt.

1 Trinität, Inkarnation, Erlösung. Es handelt sich um die überontologische und gnostische Trinität, die entweder im «senkrechten» Sinne aufgefaßt ist (nach der Stufung der Hypostasen: Über-Sein, Sein, Dasein; *Paramâtma, Īshvara, Buddhi*) oder im «waagerechten» Sinne (der Wesenheit innewohnende «Aspekte» oder «Weisen»: Wirklichkeit, Weisheit, Glückseligkeit; *Sat, Chit, Ānanda*).

nicht grundlegend sein, und in diesem Falle ist das Erkenntnisvermögen grundsätzlich zur Erkenntnis aufgerufen.[1] Wenn der einfache Glaube die gesamte Wahrheit nicht bewußt und klar erreichen kann, dann deshalb, weil er auf seine Weise das Erkenntnisvermögen ebenfalls einschränkt; übrigens verbündet er sich notwendiger- und paradoxerweise mit einem gewissen Rationalismus – im Vishnuismus zeigt sich die gleiche Erscheinung wie im Westen –, ohne sich indessen gänzlich darin verirren zu können, es sei denn durch ein Nachlassen des Glaubens selbst.[2] Auf jeden Fall kann eine Sehweise, welche relativen Umständen einen absoluten Charakter zuschreibt, wie es die semitische Exoterik tut, erkenntnismäßig nicht umfassend sein; aber wer von Exoterik spricht, spricht zugleich von Esoterik, und das bedeutet, daß die Aussagen der ersteren die Symbole der letzteren sind.

1 Zu sagen, es gebe eine christliche Erkenntnislehre, bedeutet, daß es ein Christentum gibt, das auf den Christus-Intellekt als Mitte eingestellt, dem Menschen von vornherein Erkenntnisvermögen und nicht allein gefallenen Willen oder Leidenschaft zuschreibt. Wenn die ganze Wahrheit in der Substanz des Erkenntnisvermögens liegt, dann wird diese für die christliche Erkenntnislehre der immanente Christus sein, das «Licht der Welt». In allem den göttlichen Urstoff zu sehen bedeutet, in allen Dingen eine Vergegenständlichung – und in bestimmter Hinsicht eine Brechung – des göttlichen Geistes zu sehen, es bedeutet, zu verwirklichen, daß «Gott Mensch wurde», ohne daß dies in irgendeiner Weise die wörtliche Bedeutung des Dogmas abschwächte.

2 Der Cartesianismus, der vielleicht die intelligenteste Weise ist, unintelligent zu sein, ist das klassische Beispiel eines Glaubens, der vom tastenden Vorgehen des Verstandes betrogen worden ist, es ist die Weisheit «von unten her», und die Geschichte beweist, daß sie tödlich ist. Die ganze moderne Philosophie, einschließlich der «Wissenschaft», geht von einem falschen Erkenntnisbegriff aus. Der moderne Kult des «Lebens», zum Beispiel, sündigt in dem Sinne, daß er die Deutung des Menschen und seines Ziels unterhalb des Menschen sucht, in etwas, das nicht bestimmen kann, was das menschliche Geschöpf ist. Viel allgemeiner aber ist jeder Rationalismus – unmittelbarer wie mittelbarer – allein deshalb falsch, weil er das Erkenntnisvermögen auf den Verstand oder die Erkenntnis auf die Logik, das heißt die Ursache auf die Wirkung begrenzt.

Die Exoterik vermittelt von der metaphysischen Wahrheit – welche nichts anderes ist als die ganze Wahrheit – Aspekte oder Bruchstücke, ob es sich um Gott, das All oder den Menschen handelt: Sie sieht im Menschen vor allem das leidenschaftliche soziale Einzelwesen und erkennt im All nur, was dieses Einzelwesen angeht; an Gott sieht sie nichts als das, was die Welt anlangt, die Schöpfung, den Menschen, das Heil. Folglich – auch wenn es eine Wiederholung ist, soll es noch einmal betont werden – zieht die Exoterik weder den reinen Geist, der den Menschen übersteigt und der in das Göttliche einmündet, noch die kosmischen vor- oder nachmenschlichen Kreisläufe, noch das Über-Sein, das jenseits jeder Bedingtheit und damit jenseits jeder Unterschiedenheit ist, in Betracht. Eine solche Sehweise läßt an eine Dachluke denken, die dem Himmel eine viereckige, runde oder sonstige Form gibt: Das Sehvermögen ist bruchstückhaft, was den Himmel natürlich nicht hindert, die Kammer mit Licht und Leben zu füllen. Die Gefahr beim religiösen «Voluntarismus» liegt darin, daß er nahe daran ist, zu fordern, der Glaube solle ein Höchstmaß an Willen und ein Mindestmaß an Erkenntnis enthalten; tatsächlich wird der Erkenntnis entweder vorgeworfen, durch ihr Wesen selber das Verdienst zu mindern oder sich trügerisch den Wert der Verdienstlichkeit und zugleich ein in Wirklichkeit unerreichbares Wissen anzumaßen.[1] Wie

1 Der Individualismus und die Gefühlsbetontheit einer gewissen leidenschaftlichen Mystik sind unleugbare Tatsachen, was immer die dem Bereich allgemein innewohnenden geistigen Kräfte sein mögen; in dieser Art Mystik hat die Erkenntnis keinerlei unmittelbar wirkende Aufgabe, trotz der Möglichkeiten ihres in die Tiefe reichenden Wesens; der Mangel an metaphysischem Unterscheidungsvermögen zieht den Mangel an methodischer Sammlung nach sich, da diese die erstere üblicherweise ergänzt. Für das Wissen ist die Erkenntnis kein Teil, sondern Mitte und Ausgangspunkt eines Bewußtseins, welches unser ganzes Sein umfaßt. Sehr bezeichnend für das herkömmliche geistige Klima im Abendland, jedoch keineswegs bloßstellend für die wahre Geistigkeit, ist die Ge-

immer dem sei, man könnte von den Religionen sagen: «Wie der Mensch, so sein Gott», das heißt, die Weise, den Menschen zu betrachten, beeinflußt die Weise, Gott zu betrachten, und umgekehrt.

Hier ist es wichtig herauszustellen, daß das Merkmal der metaphysischen Wahrheit oder ihrer Tiefe nicht in der Vielschichtigkeit oder der Schwierigkeit des Ausdrucks liegt, sondern in der Beschaffenheit und Wirksamkeit der Symbolik im Zusammenhang mit einer bestimmten Fähigkeit zu verstehen oder der Art und Weise des Denkens.[1] Die Weisheit liegt nicht in der Schwierigkeit der Wörter, sondern in der Tiefe der Absicht; gewiß, die Ausdrucksweise mag je nach den Umständen schwierig und schwer zugänglich sein, aber sie muß es nicht sein.

*

An diesem Punkt angelangt, möchten wir, bevor wir weitergehen, eine Bemerkung einschieben. Man sagt, ein großer Teil der heutigen Jugend wolle weder von Religion noch von Philosophie, noch von irgendeiner Lehre reden hören; sie habe das Gefühl, daß das alles verbraucht und bloßgestellt sei, auch habe die heutige Jugend nur Sinn für das «Konkrete» und das «Erlebte» oder gar für das «Neue». Die Erwiderung auf diese geistige Verzerrung ist einfach: Wenn das

dankenverbindung, die zwischen der Erkenntnis und dem Hochmut, wie auch zwischen der Schönheit und der Sünde hergestellt wird; das macht viele verheerende Rückwirkungen seit der Renaissance verständlich.

1 Deshalb ist es, nebenbei bemerkt, widersinnig zu behaupten, China habe keine «metaphysischen Systeme» hervorgebracht, die denen Indiens oder des Westens an die Seite zu stellen wären; dabei wird übersehen, daß die gelbe Rasse visuell und nicht auditiv und verbal veranlagt ist wie die weiße, was mit dem reinen Erkenntnisvermögen überhaupt nichts zu tun hat.

«Konkrete»[1] Wert hat, kann es sich nicht einer falschen Haltung anpassen, die darin besteht, jegliche Lehre abzulehnen, auch kann es nicht ganz und gar neu sein. Es hat zu allen Zeiten Religionen und Lehren gegeben, was beweist, daß ihr Dasein in der Natur des Menschen angelegt ist; seit Jahrtausenden haben die Besten unter den Menschen, die wir nicht verachten können, ohne uns selbst verächtlich zu machen, Lehren verkündet und verbreitet und danach gelebt oder sind dafür gestorben. Das Übel liegt gewiß nicht in der angenommenen Nichtigkeit jeglicher Lehre, sondern einzig in der Tatsache, daß allzu viele Menschen wahren Lehren entweder nicht gefolgt sind – bzw. ihnen nicht folgen – oder, im Gegenteil, falschen Lehren folgten oder folgen; daß die Gehirne erregt und die Herzen von allzu vielen widerspruchsvollen und trügerischen Theorien enttäuscht wurden; daß ein vielgestaltiger[2], geschwätziger und verderblicher Irrtum die Wahrheit in Verruf brachte, die sich doch notwendigerweise ebenfalls durch Worte kundtun muß und die immer da ist, jedoch von niemand beachtet. Allzu viele Menschen wissen nicht einmal mehr, was eine Idee ist, worin ihr Wert oder ihre Aufgabe besteht; es kommt ihnen nicht in den Sinn, daß es von jeher vollkommene und endgültige, folglich auf ihrer Ebene durchaus angemessene und wirksame Theorien gegeben hat und daß dem, was die alten Weisen gesagt haben, nichts hinzuzufügen ist, es sei denn, unser Bemühen, sie zu verstehen. Sofern wir Menschen sind, können wir nicht umhin, zu denken, und wenn wir denken, entscheiden wir uns für eine Lehre; der Überdruß, der Mangel an Vorstellungskraft und die kindische Überheblichkeit einer blasierten und materialistischen Jugend ändern daran nichts. Wenn die moderne Wissenschaft die anormalen und trügerischen Voraus-

1 Wenn unsere Zeitgenossen von «konkret» sprechen, ist es meist so, als ob man den Schaum als «konkret» und das Wasser als «abstrakt» bezeichnete. Es ist die klassische Verwechslung von Akzidenzien und Substanz.

2 «Mein Name ist Legion», sagt ein Dämon im Evangelium.

setzungen geschaffen hat, unter denen die Jugend leidet, dann ist diese Wissenschaft selbst anormal und trügerisch. Man wird uns zweifellos entgegenhalten, daß der Mensch für seinen Nihilismus nicht zur Verantwortung zu ziehen sei, daß die Wissenschaft die Götter getötet habe – das aber ist ein Eingeständnis intellektuellen Unvermögens und kein Ruhmestitel, denn keiner, der weiß, was die Götter bedeuten, wird sich aus der Fassung bringen lassen durch die Entdeckungen der Physik, welche die sinnlich wahrnehmbaren Symbole nur verlagern, sie aber nicht beseitigen[1] – und gewiß nicht durch willkürliche Hypothesen und psychologische Irrtümer. Das Dasein ist eine Wirklichkeit, die in gewisser Hinsicht einem lebenden Organismus vergleichbar ist; es läßt sich im Bewußtsein der Menschen und ihren Verhaltensweisen nicht ungestraft auf Maßverhältnisse verringern, die seiner Wesensart Gewalt antun; die Schwingungen des «Außerrationalen»[2] durchdringen es von allen Seiten. Zu diesem «Außerrationalen», dessen Anwesenheit wir überall um uns herum feststellen, sofern wir nicht durch ein Mathematiker-Vorurteil verblendet sind, gehört die Religion und jede andere Form von Weisheit.[3] Das Dasein wie eine rein arithmetische oder physikalische Tatsache zu behandeln hieße, es in bezug auf uns und in uns selbst zu verfälschen und es letztlich zu zerstören.

In einem nahe verwandten Vorstellungsbereich ist auf den Mißbrauch hinzuweisen, der mit dem Begriff «Intelligenz» getrieben wird. Für uns kann allein die Wahrheit Gegen-

1 Wir können durchaus wissen, daß der Raum eine ewige Nacht ist, welche Milchstraßensysteme und Spiralnebel enthält, dennoch dehnt sich der blaue Himmel weiterhin über uns und fährt fort, die Welt der Engel und das Reich der Glückseligkeit zu versinnbildlichen.

2 Man spricht gewöhnlich und bei jeder Gelegenheit vom «Irrationalen», doch das ist ein gefährlicher Mißbrauch der Sprache, der das Höhere leicht auf das Niedere herabzieht.

3 Es handelt sich folglich um das «Überrationale».

stand der Intelligenz sein, so wie die Liebe die Schönheit oder die Güte zum Gegenstand hat; gewiß kann es im Irrtum Intelligenz geben – weil die Intelligenz mit dem Zufälligen vermischt und von ihm entstellt ist und weil der Irrtum, da er an sich nichts ist, des Geistes bedarf. Man darf jedoch niemals aus den Augen verlieren, was die Intelligenz an sich ist, oder meinen, ein aus Irrtum geschaffenes Werk könne das Ergebnis einer gesunden oder sogar transzendenten Intelligenz sein; vor allem dürfen Geschicklichkeit und List nicht mit der reinen Intelligenz und dem geistigen Schauen verwechselt werden.[1] Die Geistigkeit enthält wesentlich einen Aspekt der «Wahrhaftigkeit»; doch die vollkommene Wahrhaftigkeit der Intelligenz ist undenkbar ohne Uneigennützigkeit; erkennen ist sehen, und die Schau ist ein Angleichen des Subjekts an das Objekt und keine leidenschaftliche Tat. Der «Glaube» oder das Annehmen der Wahrheit muß wahrhaft sein, nämlich betrachtend: Denn es ist nicht dasselbe, eine Idee – sie sei richtig oder falsch – gelten zu lassen, weil man sie materiell oder gefühlsmäßig braucht, oder sie anzunehmen, weil man weiß oder glaubt, daß sie wahr ist.

Die Wissenschaft, werden einige sagen, hat längst die Ungereimtheit der Offenbarungen bewiesen, die – wie es scheint – von überholten Sehnsüchten furchtsamer und un-

1 Wie in einem unserer früheren Bücher bemerkt, können mangelnder Verstand und Laster nur oberflächlich, folglich in gewisser Weise nur «zufällig» und mithin heilbar sein, so wie sie verhältnismäßig «wesentlich» und «unheilbar» sein können; ein wesentlicher Mangel an Tugend ist gleichwohl unvereinbar mit dem transzendenten Erkenntnisvermögen, so wie sich sehr hohe Tugend niemals bei einem zutiefst ungeistigen Menschen findet (vgl. *Les Stations de la Sagesse*, Kap. «Orthodoxie et intellectualité»). Hinzugefügt sei, daß es Leute gibt, die den Verstand geringschätzen, sei es im Namen der «Demut» oder im Namen des «Konkreten», und andere, die tatsächlich den Verstand mit der Bosheit verwechseln, worauf der hl. Paulus vorausschauend geantwortet hat: «Brüder, seid nicht Kinder an Verstand, seid vielmehr Kinder an Bosheit, an Verstand aber reife Menschen» (1. Kor. 14,20).

zufriedener Erdenbürger herstammen.[1] Es braucht hier, in einem Zusammenhang wie dem des vorliegenden Buches, nicht ein weiteres Mal dazu Stellung genommen zu werden, wir möchten dennoch die Gelegenheit benützen, vorausgehenden Bildern ein weiteres anzufügen. Man stelle sich einen ungetrübten Sommerhimmel vor, ferner einfache Menschen, die ihn betrachten und ihren Traum vom Jenseits auf ihn übertragen; sodann stelle man sich vor, daß es möglich wäre, sie an den schwarzen, eisigen, überwältigend schweigenden Abgrund der Milchstraßensysteme und Spiralnebel heranzuführen. Nur allzuviele würden dort ihren Glauben verlieren; genau das ist es, was als Folge der modernen Wissenschaft in den Gelehrten wie in den Opfern der Verbreitung ihrer Ansichten vorgeht. Was die Mehrzahl der Menschen nicht weiß – und wenn sie es wissen könnten, weshalb verlangte man dann von ihnen, zu glauben? –, ist, daß der blaue Himmel, als optische Täuschung trügerisch und durch die Erscheinung des interplanetarischen Raumes für falsch erklärt, dennoch ein angemessener Widerschein des Himmels der Engel und der Seligen ist und daß folglich, allem zum Trotz, dieses blaue Trugbild mit silbernen Wolken recht hatte und das letzte Wort behalten wird. Sich darüber zu wundern hieße, anzunehmen, es sei zufällig, daß wir auf der Erde sind und den Himmel so sehen, wie wir ihn sehen. Natürlich spiegelt auch der schwarze Abgrund mit den Milchstraßensystemen etwas wider, aber da ist die Symbolik verschoben, und es handelt sich keineswegs mehr um den Himmel der Engel. Es handelt sich, um nicht von unserm Ausgangspunkt abzukommen, zweifellos zuallererst um die Schrecken der göttlichen Geheimnisse, in welchen sich verirrt, wer sie mittels seines fehlbaren Verstandes und ohne zureichenden Grund verletzen will – im positiven Sinne ist es die *Scientia sacra*,

1 Und unrettbar törichte Erdenbürger, müßte man hinzufügen, wenn die Annahme zuträfe.

welche den «schlichten Glauben» übersteigt und die dem reinen Geist[1] zugänglich ist, *Deo iuvante*[2] –, aber gemäß der unmittelbaren Symbolik der Erscheinungen handelt es sich auch um Abgründe der allheitlichen Manifestation, um jenes Samsâra, dessen Grenzen unbeschreiblich weit über unsere gewöhnliche Erfahrung hinausgehen. Schließlich ist der außerirdische Raum, wie wir oben sagten, auch ein Widerschein des Todes: Er ist die Projektion, aus unserer irdischen Sicherheit heraus, in eine schwindelerregende Leere und eine unvorstellbare Fremdheit; und das kann man auch im geistigen Sinne verstehen, denn es gilt, «vor dem Sterben zu sterben». Was hier jedoch vor allem hervorgehoben werden soll, ist der Irrtum, der darin besteht, zu glauben, die «Wissenschaft» besitze einfach aufgrund ihrer gegenständlichen Inhalte die Macht und das Recht, Mythen und Religionen zu zerstören, daß sie folglich eine überlegene Erfahrung darstelle, welche die Götter und den Glauben tötet. In Wirklichkeit ist es das menschliche Unvermögen, unerwartete Erscheinungen zu verstehen und gewisse scheinbare Widersprüche aufzulösen, welches die Wahrheit erstickt und die Welt unmenschlich macht.

Schließlich bleibt noch eine weitere Unklarheit ein für allemal zu beseitigen: Das Wort «Gnosis», das in diesem wie in unseren früheren Büchern erscheint, bezieht sich auf das Überrationale – folglich einzig auf Erkenntnis beruhende – Wissen von den metakosmischen Wirklichkeiten. Dieses Wissen läßt sich nicht auf den historischen «Gnostizismus»

1 Diese *Scientia sacra* läßt gerade begreifen, daß dieser «Glaube» gerechtfertigt ist und daß die «Kinder» nicht unrecht haben, wenn sie zum blauen Himmel gewandt beten. Gewiß, auch die Gnade läßt es verstehen, auf eine andere Weise.

2 Denn ohne die göttliche Hilfe (*tawfiq*) ist nichts möglich; darauf beharren die Sufi. Das höhere Erkenntnisvermögen bietet folglich für sich allein keine hinreichende Gewähr in bezug auf das, was unser letztes Ziel anlangt.

zurückführen, sonst müßte man gelten lassen, Ibn Arabi oder Shankara wären alexandrinische «Gnostiker» gewesen; kurz, man kann nicht die Gnosis für jede Ideenverbindung und jeden Mißbrauch der Sprache verantwortlich machen. Es ist menschlich zulässig, nicht an die Gnosis zu glauben: Es ist jedoch ganz und gar unzulässig – wenn man beansprucht, sich hierin auszukennen –, diesem Begriff Dinge unterzuordnen, die weder ihrer Art noch ihrer Ebene nach in irgendeinem Zusammenhang stehen mit der Wirklichkeit, um die es sich handelt, welchen Wert man ihm sonst auch beimessen mag. Anstelle von «Gnosis» könnten wir ebensogut *Ma'rifah* (auf arabisch) oder *Jnâna* (in Sanskrit) sagen, doch scheint es uns ziemlich normal, einen westlichen Ausdruck zu gebrauchen, wenn wir in einer westlichen Sprache schreiben. Es bliebe das Wort «Theosophie», das aber führt zu noch ärgerlicheren Gedankenverbindungen; das Wort «Erkenntnis» ist wiederum zu allgemein, zumindest dann, wenn kein Beiwort oder Zusammenhang den Sinn genau umreißt. Was wir unterstreichen möchten, ist allein dies, daß wir das Wort «Gnosis» ausschließlich in seinem etymologischen und umfassenden Sinn verstehe und daß wir es aus diesem Grunde weder einfach dem griechisch-orientalischen Synkretismus der späten Antike[1] gleichsetzen, noch weniger aber irgendwelchen pseudoreligiösen oder pseudo-yogischen oder gar literarischen «Ideen» zuordnen können.[2] Wenn man aus katholischer Sicht z. B. den Islam – an den man nicht

1 Wenn die Bedeutung des Wortes auch nicht auf diesen Synkretismus «verringert» werden soll, räumen wir doch ein, daß man offensichtlich und aus geschichtlichen Gründen auch die üblicherweise so bezeichneten Häretiker «Gnostiker» nennt. Deren erster Fehler war, die Gnosis in dogmatisierender Art falsch ausgelegt zu haben, was zu Irrtümern und Sektierertum führte, die mit einer von Weisheit geprägten Sehweise unvereinbar sind. Indessen kann der mittelbare Zusammenhang mit der wahren Gnosis notfalls den Gebrauch des Wortes «Gnostiker» hier rechtfertigen.

2 Wie man es mehr und mehr tut, seit die Psychoanalytiker den Alleinanspruch auf alles erheben, was «Innenleben» ist, wobei sie die unterschied-

glaubt – eine «Religion» und nicht eine «Pseudoreligion» nennt, sehen wir nicht ein, warum man – ganz abgesehen von der Frage, ob Katholizismus oder Nicht-Katholizismus – nicht auch zwischen einer «Gnosis» unterscheidet, die genau oder annähernd bestimmte Eigenschaften besitzt, und einer «Pseudognosis», die sie nicht hat.

*

Um klar herauszustellen, daß der Unterschied zwischen dem Islam und dem Christentum tatsächlich ein Unterschied der metaphysischen Sehweise und der Symbolik ist – daß also diese beiden Formen der Geistigkeit zusammenlaufen –, werden wir versuchen, kurz die christliche Erkenntnislehre darzustellen, ausgehend von dem Schlüsselbegriff des Christentums, daß «Gott das geworden ist, was wir sind, um uns zu dem zu machen, was Er ist» (hl. Irenäus). Der Himmel wurde Erde, damit die Erde Himmel werde; Christus wiederholt in der äußeren und geschichtlichen Welt das, was zu allen Zeiten in der inneren Welt der Seele stattfindet. Im Menschen wird der Geist zum Ich, damit das Ich reiner Geist werde; der Geist oder Intellekt – *intellectus,* nicht *mens* oder *ratio* – wird zum Ich, indem er im Denken Gestalt annimmt in Form von Erkenntnissen, von Wahrheit, und das Ich wird GEIST oder INTELLEKT, indem es sich mit diesem vereint.[1] Damit ist das Christentum eher eine Lehre der

lichsten und unvereinbarsten Dinge in einem einzigen Gleichmachen und Relativieren vermischen.

1 1. Kor. 2,10–12: «Uns hat es Gott geoffenbart durch den Geist; denn der Geist erforscht alles, auch die Tiefen Gottes. Oder wer hat erkannt, was dem Menschen eigen ist, außer der Geist des Menschen, der in ihm ist? Ebenso erkennt niemand, was Gott eigen ist, als der Geist Gottes. Nun aber haben wir den Geist empfangen – nicht den Geist der Welt, sondern den Geist, der von Gott kommt, um zu erkennen, was uns von Gott geschenkt ward.» – Für Dante sind die Verdammten diejenigen, «die der Erkenntnis Gut verloren haben» (*Hölle* III,18), was sich ebenso auf den

Einung, oder *die* Lehre der Einung, als die Lehre der Einheit: Der Ursatz (*principium*) vereint sich mit der Manifestation, damit diese sich mit dem Ursatz vereine; daher die Liebessymbolik und das Vorherrschen des «bhaktischen» Weges. Gott ist «wegen seiner unermeßlichen Liebe» Mensch geworden (hl. Irenäus), und der Mensch muß sich ebenfalls durch die «Liebe» mit Gott vereinen – welchen willens-, gefühls- oder erkenntnismäßigen Sinn man diesem Worte auch beilegen mag. «Gott ist Liebe»: Er ist – als Dreifaltigkeit – Einung, und Er will die Einung.

Was ist nun der Inhalt des GEISTES (*Esprit*), oder anders gefragt, was ist die weisheitsmäßige Botschaft Christi? Denn was diese Botschaft ist, ist in unserem Mikrokosmos auch der ewige Inhalt des GEISTES (*Intellect*). Diese Botschaft oder dieser Inhalt ist: Liebe Gott mit all deinen Kräften, und – kraft dieser Liebe – liebe deinen Nächsten wie dich selbst. Das bedeutet: Vereine dich – denn «lieben» ist wesentlich «sich vereinen» – mit dem GEIST-HERZEN (*Cœur-Intellect*), und im Zusammenhang damit, oder als Voraussetzung für diese Einung, gib allen Hochmut und alle Leidenschaft auf und erkenne den Geist in jedem Geschöpf. «Was ihr einem jener Geringsten getan habt, das habt ihr Mir getan!» – Das Geist-Herz – der «Christus in uns» – ist nicht allein Licht oder Einsicht, sondern auch Wärme oder Seligkeit, also «Liebe»: Das «Licht» wird «warm» in dem Maße, in dem es zu unserm Wesen wird.[1]

Diese Botschaft des GEISTES (*Esprit*) – oder diese ihm innewohnende Wahrheit – läßt im Bild das Kreuz ahnen, denn es bestehen hier zwei Ausdehnungsweisen, eine «vertikale»

mikrokosmischen und menschlichen Widerschein des göttlichen Geistes wie auf diesen selbst beziehen kann.

1 Darum setzt die «Liebe» (*mahabbah*) der Sufi keineswegs einen *bhaktischen* Weg voraus, so wenig wie der Gebrauch dieses Begriffes durch die shivaitischen Vedantisten eine zweiheitliche Sicht wie die der Vaishnava beinhaltet.

und eine «horizontale», nämlich die Liebe zu Gott und die Liebe zum Nächsten oder die Einung mit dem Geist und die Einung mit der menschlichen Umgebung, diese als Kundgebung des Geistes oder «mystischer Leib» betrachtet. Ein wenig anders gesehen, sind diese beiden Ausdehnungsweisen jeweils durch Erkenntnis und Liebe vertreten, man «erkennt» Gott und man «liebt» den Nächsten, oder auch: Man liebt Gott um so mehr, je mehr man ihn erkennt, und man erkennt den Nächsten dann am besten, wenn man ihn liebt. Über den schmerzvollen Aspekt des Kreuzes ist zu sagen, daß es vom Gesichtspunkt der Gnosis her mehr als von jedem anderen, und in uns selbst wie auch unter den Menschen, zutiefst wahr ist, daß «das Licht in der Finsternis geschienen hat, aber die Finsternis hat es nicht begriffen».[1]

Das ganze Christentum ist in der Dreifaltigkeitslehre ausgedrückt, und diese stellt im Grunde eine Lehre der Einung dar; sie betrachtet die Einung bereits *in divinis*: Gott präfiguriert in seinem Wesen die Beziehungen zwischen Ihm selbst und der Welt, Beziehungen, die übrigens nur in der Vorstellung «äußerlich» werden.

Wie bereits bemerkt, legt die christliche Religion die Betonung mehr auf den «erscheinungshaften» Inhalt des Glaubens als auf dessen wesentliche und verwandelnde Eigenschaft; wir sagen «mehr» und sprechen von «Betonung», um anzudeuten, daß es sich hier um keine bedingungsfreie Bestimmung handelt; die Dreifaltigkeit gehört nicht dem Bereich der Erscheinungen an, aber sie ist nichtsdestoweniger

1 Die gnostische Dimension – und wir verstehen dieses Wort immer in seiner etymologischen und zeitlosen Bedeutung – erscheint so deutlich wie möglich in der folgenden Stelle des kürzlich entdeckten Thomas-Evangeliums: Nachdem Christus zu den Aposteln gesprochen hat, geht er mit Thomas hinaus und sagt ihm drei Worte oder Sätze. Als Thomas allein zurückkommt, bedrängen ihn die andern Apostel mit Fragen; er sagt ihnen, daß sie ihn steinigen würden, wenn er ihnen auch nur ein einziges dieser Worte anvertraute, und dann würde Feuer aus den Steinen hervorbrechen, um sie zu verzehren.

bestimmt durch die Christus-Erscheinung. In dem Maße, in dem der Gegenstand des Glaubens «grundsätzlich» ist, deckt er sich mit dem «erkenntnismäßigen» oder betrachtenden Wesen des Glaubens;[1] in dem Maße, in dem der Inhalt des Glaubens «erscheinungshaft» ist, wird er «willensbetont» sein. Das Christentum ist – *grosso modo* – ein «daseinsmäßiger» Weg[2], der in der Gnosis «intellektualisiert» wurde, der Islam dagegen ein «zur Erscheinung gebrachter, erkenntnismäßiger» Weg, was besagt, daß er auf eine mittelbare oder unmittelbare Weise, je nachdem, ob es sich um Sharî'ha oder Haqîqah handelt, zunächst erkenntnishaft ist. Der Muslim, fest in seiner nach Einheit strebenden Überzeugung – wo die Gewißheit im Grunde eins ist mit dem wesentlichen Inhalt der Erkenntnis und mithin mit dem Absoluten[3] – sieht in den Erscheinungen leicht Versuchungen, «Gott mit etwas anderem zu verbinden» (*shirk, mushrik*), während der Christ, ausgerichtet auf das Christus-Ereignis und die Wunder, die wesentlich daraus herrühren, ein angeborenes Mißtrauen gegen die Erkenntnis hegt, die er gern herabsetzt zur «Weisheit gemäß dem Fleische», um ihr die paulinische Nächstenliebe entgegenzustellen, und gegen das, was er für die Anmaßungen des «menschlichen Geistes» hält.

Wenn das Christentum vom Gesichtspunkt der «Verwirklichung» oder des «Weges» her die «Liebe zu Gott» einsetzt

1 Das drückt man damit aus, wenn man sagt, die Seele sei von Geburt an «christlich» – oder «muslimisch», entsprechend den Religionen – und es seien die Menschen, die sie gegebenenfalls von ihrem angeborenen Glauben abwenden oder ihn, im Gegenteil, bestätigen. Man wird hier an Platons «Erinnern» denken.

2 Gegründet auf das Element *Sat* («Sein») der Veden und nicht unmittelbar auf das Element *Chit* («Bewußtsein»), obwohl der Logos wesentlich mit dem zweiten Element in Zusammenhang steht, was die gnostische Dimension eröffnet. Der Geist wurde Erscheinung, damit die Erscheinung Geist werde.

3 Es versteht sich jedoch von selbst, daß diese Bestimmung für jede Gnosis gilt.

– in Erwiderung der göttlichen Liebe zum Menschen, da Gott selbst «Liebe» ist –, so verfährt der Islam, wie wir gesehen haben, mittels der «Aufrichtigkeit des Glaubens an die Einheit»; und man weiß, daß dieser Glaube alle die Konsequenzen einbegreifen muß, die sich vernunftgemäß aus seinem Inhalt ergeben, der die Einheit oder das Absolute ist. Da ist zunächst al-Imân, die Annahme der Einheit durch das Erkenntnisvermögen; darauf – da wir individuell und kollektiv existieren – al-Islâm, die Unterwerfung des Willens unter die Einheit oder die Idee der Einheit; dieses zweite Element geht zurück auf die Einheit, insofern es eine Zusammenfassung auf der Ebene des Mannigfaltigen ist; und schließlich gibt es al-Ihsân, den Glaubensweg, welcher die beiden vorangehenden Elemente bis in ihre höchsten Folgerungen entfaltet oder vertieft. Unter seinem Einfluß wird al-Imân «Verwirklichung» oder «gelebte Gewißheit» – das «Erkennen» wird zum «Sein» –, während al-Islâm, anstatt sich auf eine bestimmte Anzahl vorgeschriebener Haltungen zu begrenzen, sämtliche Ebenen unseres Wesens umfaßt. Von vornherein sind der Glaube und die Unterwerfung kaum mehr als symbolische, auf ihrer Ebene nichtsdestoweniger wirksame Haltungen. Vermöge des Ihsân wird Imân zu Gnosis oder «Teilhabe» an der göttlichen Erkenntnis und der Islâm zur «Auslöschung» im göttlichen Sein. Da die Teilhabe an Gott ein Geheimnis ist, hat niemand das Recht, sich zum Mu'min zu erklären (d. h. zum «Gläubigen», welcher Imân besitzt), aber man kann durchaus von sich behaupten, Muslim zu sein («gehorsam», sich nach dem Islâm richtend). Der Imân ist ein Geheimnis zwischen dem Knecht und dem Herrn, wie auch der Ihsân, der dabei die (geistige) Stufe (*maqâm*) oder das «Geheimnis» (*sirr*), die sprachlich nicht mehr faßbare Wirklichkeit bestimmt. Im einenden Glauben – mit umfassenden Folgen – wie in der umfassenden Gottesliebe handelt es sich darum, der zerstreuenden und tödlichen Vielfalt all dessen zu entgehen, das – da es «anders als Er» ist – nicht ist; es gilt, der Sünde zu entkommen, denn diese schließt eine tatsächlich «umfassende» Liebe zum Geschöpf oder zum Geschaffenen in sich, die folglich von Gott-Liebe abgewandt und vergeudet ist, um dessentwillen, was unterhalb unserer unsterblichen Person ist. Hier gibt es einen Prüfstein, welcher die Bedeutung der Religionen und Weisheitslehren deutlich erweist: Es ist die «Sammlung» auf die Wahrheit mit dem Ziel der Wiederentdeckung dessen, was wir jenseits des Todes und dieser Todeswelt hier auf Erden liebten. Dies alles aber ist für uns in einem geometrischen Punkt verborgen, der uns zunächst wie eine vollständige Verarmung erscheint und der das in einem bestimmten, verhältnismäßigen Sinne und in bezug auf unsere trügerische Welt des Reichtsums, der unfruchtbaren Teilung in tausend Facetten und Reflexionen auch ist. Die Welt ist eine Bewegung, welche den Ansatz ihres Zerfalls bereits in sich trägt, eine Entfaltung, welche überall die Zeichen ihrer Beschränktheit offenbart, in die das göttliche Leben und der göttliche Geist sich verirrt haben – nicht durch einen widersinnigen Zufall, sondern weil dieses Zusammentreffen des trägen Daseins mit dem lebendigen göttlichen Bewußtsein eine Möglichkeit ist, folglich etwas, das nicht nicht sein kann und das durch die Unendlichkeit des Absoluten selbst gegeben ist.

*

Hier werden einige Worte über den Vorrang der Betrachtung nötig. Es ist bekannt, daß der Islam diese höchste Aufgabe des Menschen durch das Hadîth über den Ihsân bestimmt, welcher befiehlt, «Allah anzubeten, als sähest du ihn», denn «wenn du ihn nicht siehst, so sieht Er doch dich». Das Christentum spricht seinerseits zuerst von der Liebe zu Gott und danach von der Liebe zum Mitmenschen; diese letztere – darauf muß im Interesse der ersteren bestanden werden – kann nicht allumfassend sein, da die Liebe zu uns selbst es nicht ist; der Mensch als «ich» oder als «anderer» – ist nicht Gott.[1] Wie dem auch sei, aus sämtlichen überlieferten Bestimmungen der höchsten Aufgabe des Menschen geht hervor, daß derjenige, der der Betrachtung fähig ist, kein Recht hat, sie zu vernachlässigen, daß er vielmehr «aufgerufen» ist, sich ihr zu widmen, das heißt, daß er, um nur so viel zu sagen, weder gegen Gott noch gegen seinen Nächsten sündigt, wenn er dem evangelischen Beispiel der Maria und nicht dem der Martha folgt, denn die Betrachtung enthält das Tun, nicht umgekehrt. Wenn das Tun auch die Betrachtung tatsächlich hindern kann, so steht es ihr doch nicht grundsätzlich entgegen, ebensowenig wie es über das Erforderliche oder die Standespflichten hinaus auferlegt ist. Wir dürfen nicht aus Demut zusammen mit uns selbst Dinge herabsetzen, die uns übersteigen, denn dann verliert unsere Tugend allen Wert und jeden Sinn. Die Geistigkeit auf einen «demütigen» Utilitarismus – nämlich auf einen verschleierten Materialismus – einzuengen heißt, Gott eine Schmähung zufügen, einmal, weil man gleichsam sagt, Gott sei es nicht wert, daß man sich zu ausschließlich mit Ihm befasse, und zum andern, weil man das Erkenntnisvermögen, diese Gottesgabe, unter die überflüssigen Dinge einordnet.

Abgesehen davon und unter einem umfassenderen Blickwinkel ist es wesentlich zu verstehen, daß der «metaphysische Gesichtspunkt» bedeutungsgleich ist mit «Innerlichkeit»: Die Metaphysik ist keiner Form der Geistigkeit «fremd», folglich ist es unmöglich, etwas zugleich metaphysisch und von außen zu betrachten. Übrigens versagen es sich die, welche für sich selbst den Grundsatz des Außer-Erkenntnishaften beanspruchen, wonach sich jede mögliche Urteilsfähigkeit ausschließlich aus einer tätigen Teilnahme

1 Das erwähnte Hadîth läßt die menschliche Nächstenliebe nicht unerwähnt, denn bevor es den Ihsân näher bestimmt, bestimmt es den Islâm, der unter anderem darin besteht, «den Zehnten» (*zakâh*) zu entrichten.

ergibt, keineswegs für geistige Formen, an denen sie in keiner Weise teilhaben, «erkenntnismäßig» und «wohl wissend, was sie tun», Regeln aufzustellen.[1]

Die Erkenntnis kann das Wesen eines geistigen Weges sein, unter Voraussetzung einer beschaulichen Sinnesart und eines im wesentlichen leidenschaftslosen Denkens; eine Exoterik kann als solche diesen Weg nicht bilden, aber sie kann, wie es im Islam der Fall ist, dafür empfänglich machen durch ihre grundsätzliche Sehweise, ihre Rangordnung und ihre Atmosphäre. Vom rein sharaitischen Gesichtspunkt aus beschränkt sich die Erkenntnis für den Islam auf die Verantwortlichkeit; so gesehen ist jeder verantwortliche Mensch ein Erkennender, womit gesagt ist, daß man den verantwortlichen Menschen im Hinblick auf die Erkenntnis bestimmt und nicht allein im Hinblick auf die willensmäßige Freiheit.[2]

*

Wir haben am Anfang dieses Buches gesehen, daß sich der Islam auf das Wesen der Dinge gründet in dem Sinne, daß er die Voraussetzung zu unserm Heil in unserer Gottförmigkeit sieht, nämlich im Umfassenden des menschlichen Erkenntnisvermögens, weiter in der Freiheit des Willens und endlich in der Gabe der Sprache, unter der Voraussetzung, daß diese Fähigkeiten jeweils – dank eines «objektiven» göttlichen Eingreifens – die Gewißheit, die sittliche Ausgewogenheit und das einende Gebet vermitteln. Wir haben auch

1 Indem sie zum Beispiel behaupten, das vedische oder sufische Absolute sei nur ein «natürliches» Absolutes, «ohne Leben» und folglich trügerisch etc.

2 «Sie werden sagen: Wenn wir gehört hätten oder verstanden hätten (*na'qilu*, mit Erkenntnis, Verstand: *'aql*), gehörten wir jetzt nicht zu den Gefährten des Höllenfeuers» (Koran LXVII,10). – Die islamische Wertschätzung des Erkenntnisvermögens wird unter anderem in folgendem Hadîth deutlich: «Unser Herr Jesus hat gesagt: Es war mir nicht unmöglich, Tote zu erwecken, aber die Törichten zu heilen war mir unmöglich.»

gesehen, das diese drei Weisen der Gottförmigkeit und ihre Inhalte in der islamischen Überlieferung in etwa durch die Dreiheit Imân-Islâm-Ihsân (Glaube-Gesetz-Weg) vertreten sind. Von einer Gottförmigkeit zu sprechen heißt, sich auf Eigenschaften beziehen, welche dem Göttlichen eignen, und tatsächlich ist Gott «Licht» (*Nûr*[1]), «Leben» (*Hayât*) oder «Wille» (*Irâdah*) und «Wort» (*Kalâm, Kalimah*); dieses Wort ist das Schöpfungswort *kun* («sei!»)[2]; aber was bei Gott Schöpferkraft ist, ist beim Menschen verwandelnde, vergöttlichende Kraft; während das göttliche Wort ins Leben ruft, führt das menschliche Wort, das ihm antwortet – die «Erwähnung Allahs» – zurück zu Gott. Das göttliche Wort ruft zuerst ins Leben, darauf offenbart es; das menschliche Wort übermittelt zuerst, und danach verwandelt es; es gibt die Wahrheit weiter, und indem es sich an Gott wendet, verwandelt und vergöttlicht es den Menschen; der göttlichen Offenbarung entspricht die menschliche Weitergabe, dem Schöpfungsvorgang die Vergöttlichung. Das Wort hat beim Menschen nur die Aufgabe der Vermittlung der Wahrheit und der Vergöttlichung; es ist entweder wahrhafte Rede oder Gebet.[3]

Wir möchten diese ganze Lehre in einige Worte zusammenfassen: Um die Bedeutung des Korans als Sakrament zu verstehen, muß man wissen, daß er das unerschaffene Urbild der Gabe der Sprache ist, daß er das ewige Wort Got-

1 Das unendliche «Bewußtsein», frei von aller Vergegenständlichung.

2 Daher das Wort *kawn*, die «Welt», «das, was da ist». *Al-kawn al-kabir* ist der Makrokosmos, *al-kawn aç-çaghîr* der Mikrokosmos.

3 «Eure Rede aber sei: Ja, ja; nein, nein; was darüber ist, das ist vom Übel» (Matth. 5,37). – Dem ist die «Wahrhaftigkeit» (*ikhlâç*) zu vergleichen, welche der wesentliche Gehalt des Ihsân ist, nach folgender überlieferten Bestimmung: «Die wirkende Tugend (die geistige Verwirklichung, *al-ihsân*) besteht darin, daß du Gott anbetest, als würdest du ihn sehen, und wenn du ihn nicht siehst, so sieht Er doch dich.» Die wahrhafte Rede ist das Zeichen der rechten Absicht, die im Islam alles ist. «Führe uns auf dem rechten Pfad» (*eç-çirât al-mustaquîm*), sagt die Fâtihah.

tes ist (*kalâmu 'Llâh*) und daß der Mensch und Gott einander in der geoffenbarten Rede begegnen, im Logos, der die Gestalt der gegliederten menschlichen Sprache angenommen hat, damit der Mensch durch diese Sprache das ungegliederte und rettende Wort des Ewigen wiederfinde. Dies alles erklärt die unermeßliche heilbringende Gewalt des «gott-tragenden» Wortes, seine Fähigkeit, eine göttliche Kraft zu übermitteln und eine Legion von Sünden auszulöschen.[1]

Die zweite Grundlage des Weges ist, wie zu Beginn dieses Kapitels gesagt, die betrachtende oder tätige Sammlung oder das Gebet in all seinen Formen und Stufen. Der Träger dieser Sammlung – oder des wesentlichen Gebets – ist im Islam die «Erwähnung» oder das «Gedenken» (*dhikr*)[2], das vom Hersagen des gesamten Korans bis zum mystischen Hauch reicht, welchen das letzte *hâ* des Namens *Allâh* oder des Anfangs-*hâ* des Namens *Hua*, «Er», versinnbildlicht. Alles, was sich vom göttlichen Namen sagen läßt – zum Beispiel, daß «alle Dinge auf Erden verflucht sind, außer dem Gedenken an Allah», oder daß «nichts den Zorn Allahs so fernhält wie dieses Gedenken» –, läßt sich ebenso vom

1 «Und Adam empfing Worte von seinem Herrn» (Koran I,38). – Das «WORT» stellt in einer besonderen trinitarischen Theologie das «WISSEN» dar, welches das Sein von sich selbst hat. «Denn der Vater ist größer als ich» (Joh. 14,28): Das SEIN an sich ist erhabener als der «Bewußtseins»-Pol, obwohl dieser seiner innersten Natur nach in Wirklichkeit das Sein ist. Übrigens hat auch das Sein einen «Bewußtseins»-Aspekt gegenüber dem Über-Sein, in dem Sinne, daß es die diesem innewohnenden Möglichkeiten zum Zweck ihrer Kundgebung auf verschiedene Weise Gestalt annehmen läßt; aber das Über-Sein ist dennoch das höchste «Selbst», dessen unendliches Wissen eben aufgrund seiner Unendlichkeit ungeteilt ist.

2 «Den, der Mich in seinem Innern erwähnt (*fî nafsihi*), erwähne Ich in Mir, und wer Mich in einer Versammlung erwähnt, den erwähne Ich in einer Versammlung, die besser ist als die seine» (*Hadîth qudsî*). Die «bessere Versammlung» ist die des Himmels. – Nach einem anderen Hadîth derselben Gruppe: «Ich geselle Mich dem zu, der Mich erwähnt.»

Herzen und vom Geist sagen[1] und, erweiternd, von der metaphysischen Erkenntnis und der betrachtenden Sammlung. Im Herzen sind wir mit dem reinen Sein und im Geist mit der umfassenden Wahrheit vereint, beides fällt im Absoluten zusammen.[2]

Die Sammlung erscheint im Islam als die «Aufrichtigkeit» des Gebets; das Gebet ist nur dann vollgültig, wenn es aufrichtig ist, und diese Aufrichtigkeit ist es – folglich also die Sammlung –, welche das Dhikr «öffnet», das heißt, ihm erlaubt, einfach zu sein und dabei eine unermeßliche Wirkung zu haben.[3] Auf den Einwand, daß das Stoßgebet etwas Einfaches und Äußerliches sei, daß es weder tausend Sünden auslöschen noch den Wert von tausend guten Taten haben könne, antwortet die Überlieferung, daß auf seiten des Menschen das ganze Verdienst zunächst in der Absicht liegt, welche uns das Gebet sprechen läßt – ohne solche Absicht würden wir es nicht sprechen –, und dann in unserer Andacht, in unserm «Gegenwärtigsein» angesichts der Gegenwart Gottes; daß dieses Verdienst jedoch nichts ist verglichen mit der Gnade.

Das «Gottgedenken» ist zugleich das Selbstvergessen; umgekehrt ist das Ich eine Art Verdichtung des Vergessens Gottes. Das Gehirn ist gleichsam das Organ dieses Vergessens,[4] es ist wie ein Schwamm voll von Bildern dieser Welt

1 «Himmel und Erde können Mich nicht fassen, aber das Herz meines gläubigen Knechts enthält Mich» (*Hadîth qudsî*).

2 «O du glücklicher Mensch», singt Djâmî, «dessen Herz durch die Anrufung (*dhikr*) erleuchtet wurde; in ihrem Schatten wurde die fleischliche Seele überwältigt, der Geist der Vielfalt vertrieben, der Anrufende (*dhâkir*) in die Anrufung verwandelt und die Anrufung in den Angerufenen (*madhkûr*)!»

3 Auf das «Streben nach Vergegenwärtigung» (*istihdâr*) des Knechtes antwortet die «Gegenwart» (*hudûr*) des Herrn.

4 Der gefallene Mensch ist *per definitionem* «Vergessenheit»; dementsprechend ist der Weg «Gedenken» oder «Erinnerung». Ein arabisches Sprichwort, daß auf der phonetischen Verbundenheit der Wörter *nasiya*

der Zerstreuung und Dumpfheit und auch von den zugleich zersplitternden und verhärtenden Strebungen des Ich. Das Herz ist das verborgene Gedenken an Gott, versteckt in der Tiefe unseres «Ich»; beim Gebet ist es, als wenn das Herz, heraufgestiegen an die Oberfläche, den Platz des Gehirns eingenommen hätte, welches fortan beruhigt ist durch einen heiligen Schlummer, welcher eint und lindert und dessen wesentlichste Spur in der Seele der Friede ist. «Ich schlafe, doch mein Herz wacht.»[1]

Wenn Ibn Arabî und andere – in Übereinstimmung mit dem Koran und der Sunnah – fordern, «sich vor und während der Anrufung von der Hoheit Allahs durchdringen zu lassen», dann handelt es sich dabei nicht bloß um eine ehrfurchtsvolle Haltung, die in der Vorstellungskraft und im Gefühl wurzelt, sondern um ein Anpassen all unseres Seins an den «unbewegten Beweger», kurz, um ein Zurückkehren zu unserem maß-gebenden Urbild, zur reinen Substanz Adams, der «geschaffen ist nach dem Bilde Gottes». Das steht übrigens in unmittelbarem Zusammenhang mit der Würde, deren Rolle in den Ämtern des Priesters und des Königs deutlich in Erscheinung tritt: Der Priester und der König stehen über dem Volk vor dem göttlichen Sein, und sie sind zugleich «etwas von Gott», wenn man so sagen kann. In einem gewissen Sinne geht die Würde des Dhâkir, des Beters, wieder ein in das «Bild», welches die Gottheit in Hinsicht auf ihn annimmt, oder anders gesagt, diese Würde – das «heilige Schweigen» oder «Nicht-Handeln» – ist selbst das Bild des göttlichen Ursatzes. Der Buddhismus bietet dazu ein besonders anschauliches Beispiel: Das sakramentale Buddhabild ist zugleich «göttliche Gestalt» und «menschliche Vollkommenheit», es unterstreicht die Verbindung zwi-

(«vergessen») und *insan* («Mensch») beruht, sagt, daß das erste vergeßliche Wesen (*awwalu nāsin*) der erste Mensch (*awwalu 'nnās*) war.

1 Der Prophet hat gesagt: «Bewahre Gott in deinem Herzen, dann wird Gott dich bewahren.»

schen dem Irdischen und dem Himmlischen. All das aber trifft allein auf das betrachtende Gebet zu, und genau das ist es, worum es sich beim Dhikr der Sufi handelt.

Der Name *Allâh,* welcher der Wesenskern sämtlicher möglicher Formeln des Korans ist, enthält zwei Silben, die durch das verdoppelte *lam* verbunden sind; das *lam* ist gleichsam der körperliche Tod, der dem Jenseits und der Auferstehung vorausgeht, oder der geistige Tod, welcher die Erleuchtung und die Heiligkeit herbeiführt, und diese Entsprechung läßt sich auf das All ausdehnen, entweder in einem ontologischen oder in einem zyklischen Sinn: Zwischen zwei Wirklichkeitsstufen, gleich, ob man sie in bezug auf ihre Abhängigkeit oder auf ihre Aufeinanderfolge hin betrachtet, gibt es immer eine Art Auslöschung;[1] das drückt auch das Wort *illâ* («wenn es nicht ist») in der Shahâdah aus.[2] Die erste Silbe des Namens bezieht sich, nach einer Auslegung, die sich aufdrängt, auf die Welt und auf das Leben, insofern, als sie göttliche Kundgebungen sind, und die zweite auf Gott und auf das Jenseits oder die Unsterblichkeit. Während der Name mit einer Art Lücke zwischen der Stille und der Äußerung (der *hamzah*) beginnt, gleich einer *Creatio ex nihilo,* endet er mit dem unbegrenzten Hauch, welcher symbolisch in die Unendlichkeit mündet – das bedeutet, daß das *hâ* am Ende die überseinshafte «Nicht-Zweiheit» bezeichnet[3] –, und das zeigt an, daß zwischen dem anfänglichen Nichts der Dinge und dem transzendenten Nicht-Sein

1 Im vorgeschriebenen Gebet des Islam, welches Phasen der Demütigung und der Erhebung enthält – oder genauer, des Niederbeugens und der Wiederaufrichtung, sodann des Niederfallens und der Ruhe –, beziehen sich die ersteren auf den Tod oder die «Auslöschung» und die zweiten auf die Auferstehung oder die Unsterblichkeit, die «Fortdauer»; den Übergang von einer Phase zur andern bezeichnet das Takbîr: «Gott ist größer» (*Allâhu akbar*).

2 Das ist die «enge Pforte» des Evangeliums.

3 Das ist durch die Formel ausgedrückt: «Allah ist weder Er selbst noch anderes als Er selbst» (*Allâhu lâ hua wa-lâ ghairuhu*). Dieser Satz ist

kein gleiches Maß besteht. Der Name *Allâh* umfaßt folglich alles, was «ist»,[1] vom Absoluten bis zum letzten Staubkorn, während der Name *Hua*, «Er», der das End-*hâ* «personifiziert», das Absolute als solches in seiner sprachlich nicht mehr faßbaren Transzendenz und seinem unverletzbaren Geheimnis andeutet.

Unfehlbar liegt in den göttlichen Namen selbst eine Gewähr für ihre Wirksamkeit. Im Amidismus[2] fließt die rettende Gewißheit in der Ausübung der Anrufung aus dem «ursprünglichen Gelübde» des Amida. Das läuft jedoch im Grunde darauf hinaus, zu sagen, daß diese Gewißheit bei jeder entsprechenden Übung anderer Überlieferungsformen sich von der Bedeutung herleitet, die im Mantra oder im göttlichen Namen enthalten ist. Wenn somit die Shahâdah dieselbe Gnade enthält wie das «ursprüngliche Gelübde»,[3] so aufgrund ihres Inhalts: Weil sie der Ausdruck der Wahrheit schlechthin ist und weil die Wahrheit durch ihr Wesen befreit; sich mit der Wahrheit zu vereinen, unser Sein damit zu durchtränken und unser Sein in sie hineinzuversetzen bedeutet, der Herrschaft des Irrtums und der Bosheit zu entrinnen. Nun ist die Shahâdah nichts anderes als der lehrliche Ausdruck des Namens *Allâh*; sie entspricht genau dem *ehje asher ehje* des brennenden Dornbuschs in der Thora. Durch derartige Formeln kündigt Gott an, «daß Er ist», folglich, was Sein Name bedeutet,

auch, in einer anderen Bedeutung, auf die Eigenschaften (*çifât*) Gottes anwendbar.

1 *Al-ulûhiyah* – die «Allâhheit» – wird tatsächlich als die «Summe der Geheimnisse der Wirklichkeit» bestimmt (*jumlatu haqâ'iq al-Wujûd*).

2 Dieser vom Japanischen abgeleitete Begriff wird hier gebraucht, weil er im Abendland gewöhnlich einen auf der Anrufung gegründeten Buddhismus bezeichnet, der chinesisch war, ehe er japanisch wurde, und indisch, ehe er chinesisch wurde; dessenungeachtet erlebte er in Japan eine außergewöhnliche Blüte.

3 Wir könnten das gleiche von den Namen Jesus und Maria sagen und von den Stoßgebeten, in denen sie enthalten sind.

und darum sind solche Formeln – Mantras – ebensoviele Gottesnamen.[1]

Wir sagten, die Bedeutung des Namens *Allâh* sei: *Lâ ilaha illâ 'Llâh*, das besagt, daß die kosmische Manifestation trughaft und allein der metakosmische Ursatz wirklich ist. Um der größeren Klarheit willen müssen wir hier eine Haqîqah wiederholen, die wir bereits im Kapitel über den Koran berührt haben: Da vom Standpunkt der Manifestation – unserm eigenen, insofern wir existieren – die Welt unbestreitbar eine gewisse Wirklichkeit besitzt, muß auch die Wahrheit, die diese Welt auf bejahende Weise betrifft, in der ersten Shahâdah enthalten sein. Sie ist es, in Gestalt der zweiten Shahâdah – *Muhammadun Rasûlu 'Llâh* –, welche aus dem Wort *illâ* («wenn nicht») der ersten Shahâdah hervorgeht, und sie bedeutet, daß die Manifestation eine bedingte Wirklichkeit besitzt, die den Ursatz widerspiegelt. Diese Bezeugung stellt der uneingeschränkten Verneinung der vergänglichen Dinge – der «Akzidenzien», wenn man will – eine bedingte Bejahung entgegen, die der Manifestation, insofern sie das Göttliche widerspiegelt, oder anders gesagt, die der Welt als göttliche Manifestation. *Muhammad* ist die im Hinblick auf die Vollkommenheit betrachtete Welt; *Rasûl* bezeichnet die Beziehung zwischen Ursache und Wirkung und bindet damit die Welt an Gott. Wenn sich der Geist auf der Ebene der absoluten Wirklichkeit befindet, ist die relative Wahrheit von der umfassenden Wahrheit aufgesogen: Vom Gesichtspunkt der Wortsymbole her erweist sie sich dann als gleichsam zurückgezogen in den metaphysischen Konditional des Wortes *illâ*. Da es außer Allah nichts gibt, muß auch die Welt in Ihm einbegriffen sein und kann nichts «anderes als Er» (*ghairuhu*) sein. Das ist der Grund, weshalb die Manifestation «der Ursatz ist», insofern dieser «das Äußere» (*Ezh-Zhâhir*), während der Ursatz als solcher «das Innere»

1 Tatsächlich wird die Shahâdah als ein «Gottesname» betrachtet.

(*Al-Bâtin*) ist. So enthält der Name *Allâh* alles, was ist, und übersteigt alles, was ist.[1]

Um die Stellung der Weiheformel (der Basmalah) innerhalb dieses Gesamts von Bezügen genau zu bestimmen, fügen wir hinzu: So wie die zweite Shahâdah aus der ersten hervorgeht – aus dem Wort *illâ*, welches zugleich ontologischer «Isthmus» und Weltachse ist –, geht die Basmalah aus dem verdoppelten *lam* in der Mitte des Namens Allâh hervor;[2] während aber die zweite Shahâdah – die Bezeugung des Propheten – eine aufwärtsgerichtete und befreiende Bewegung bezeichnet, bezeichnet die der Basmalah eine schöpferische, offenbarende oder erbarmende Herabkunft. Tatsächlich beginnt sie mit *Allâh* (*bismi 'Llahi*) und endet mit *Rahîm*,

1 «Ich harrte aus bei dieser Übung, bis mir offenbart wurde: ‹Gott hat von Sich selbst gesagt, daß er der Erste (*Al-Awwal*) und der Letzte (*Al-Akhir*) ist, der Innere (*Al-Bâtin*) und der Äußere (*Ezh-Zhâhir*).› Ich wehrte mich gegen diese Rede, indem ich mich auf mein Üben sammelte, aber je mehr ich mich anstrengte, sie von mir zu weisen, um so unaufhörlicher drang sie auf mich ein; endlich antwortete ich: ‹Ich verstehe, daß Gott der Erste und der Letze und der Innere ist; aber daß er auch der Äußere wäre, verstehe ich nicht, denn außen sehe ich nichts als das All.› Ich erhielt diese Erwiderung: ‹Hätte Gott mit dem Wort ‚der Äußere' etwas anderes als die daseienden Dinge bezeichnen wollen, dann wären diese nicht äußerlich, sondern innerlich; ich sage dir aber: er (Gott) ist der Äußere!› In diesem Augenblick begriff ich plötzlich die Wahrheit, daß nichts außerhalb Gottes ist und daß das All außer Ihm nichts ist...» (Aus den *Rasâ'il* des Sheikh Moûlay Al-Arabî Ed-Darqâwî).

2 Die vier Wörter der Basmalah (*Bismi 'Llâhi 'Rrahmânî 'Rrahîm*) werden als vier Paradiesesflüsse vorgestellt, die unter dem Thron Gottes entspringen, welcher Er-Rûh ist. Das *lam* im höchsten Namen und das *illâ* in der Bezeugung entsprechen dem «Thron» in dem Sinne, daß sie «eröffnen», das eine die Silbe *Lâh* und das andere den Namen *Allâh*, folglich die «transzendentalen Ausdehnungsweisen». Wir geben diese Erläuterungen – die sich aus der Natur der Dinge ergeben –, um zu zeigen, wie die Formeln oder Grundsymbole in Verbindung mit der Übung der Anrufung und den weisheitsmäßigen Lehren die gesamte Botschaft übermitteln, ein wenig vergleichbar einem Kristall, der den ganzen Raum in sich zusammenfaßt.

während die zweite Shahâdah mit *Muhammad* beginnt und mit *Allâh* endet (*rasûlu 'Llâh*). Die erste Shahâdah ist – mit der zweiten, welche sie in sich enthält – gleichsam der Inhalt oder die Botschaft der Basmalah, aber sie ist auch ihr Ursprung, denn der Höchste Name «bedeutet» die Shahâdah, sobald man sie auf unterscheidende oder beschreibende Weise betrachtet. In diesem Falle kann man sagen, die Basmalah gehe aus dem göttlichen *illâ* hervor. Die Basmalah unterscheidet sich von der Shahâdah durch die Tatsache, daß sie ein «Ausgehen» bezeichnet, das von den Worten «im Namen von» (*bismi*) angezeigt wird, während die Shahâdah entweder der göttliche «Inhalt» oder die «Botschaft» ist: Sie ist entweder die Sonne oder das Bild der Sonne, aber nicht der Strahl, obwohl man sie, von einem anderen Gesichtspunkt her, auch als eine «Leiter» auffassen könnte, welche das kosmische «Nichts» mit der reinen Wirklichkeit verbindet.

In dem Hadîth: «Den, der Gott so stark anruft, daß seine Augen überfließen vor Furcht und die Erde von seinen Tränen überflutet wird, wird Gott am Tage der Auferstehung nicht bestrafen», handelt es sich nicht ausschließlich um die Gabe der Tränen, auch nicht um Bhakti, sondern vor allem um die «Verflüssigung» unserer nach-paradiesischen Verhärtung, um ein Schmelzen oder eine Lösung, wofür die Tränen – zuweilen auch der schmelzende Schnee – das überlieferte Symbol bilden. Aber nichs verbietet uns, die Reihe der Schlüsselbilder weiter zu verfolgen, zum Beispiel bei der Symbolik der Augen innezuhalten und zu bedenken, daß das rechte Auge der Sonne, der Tätigkeit, der Zukunft entspricht und das linke Auge dem Mond, der Vergangenheit, der Passivität: Das sind zwei Ausdehnungsweisen des Ich, deren erste sich auf die Zukunft bezieht, als den Keim der Illusion, und die zweite auf die Vergangenheit, insofern sie eine Anhäufung ich-stärkender Erfahrungen ist. Anders gesagt: Die Vergangenheit des Ich, wie auch seine Zukunft – das, was wir sind und das, was wir werden oder besitzen wollen – müssen in der überwältigenden Gegenwart einer überpersönlichen Betrachtung «schmelzen», daher die «Furcht» (*khashyah*), von der in dem angeführten Hadîth die Rede ist. «Seine Augen gehen über» (*fâdhat 'aynâhu*) und «die Erde ist überflutet» (*yuçîbu 'l-ardh*): Es gibt eine innere und eine äußere Verflüssigung, die äußere entspricht der inneren; wenn das Ich «verflüssigt» ist, erscheint die äußere Welt – aus der es weitgehend gewoben ist – als mit hineingezogen in denselben alchimistischen Vorgang, in dem Sinne, daß sie «durchsichtig» wird und daß der Betrachtende Gott überall oder alles in Gott sieht.

*

Betrachten wir nun das Gebet aus der allgemeinsten Sicht: Um vollkommen oder «aufrichtig» zu sein, muß die Anrufung Gottes inbrünstig sein, ebenso muß die Sammlung, um vollkommen zu sein, rein sein; auf der Ebene der gefühlsmäßigen Frömmigkeit ist der Schlüssel zur Sammlung die Inbrunst. Auf die Frage, wie der Mensch der Lauheit entkommen und die Inbrunst oder die Sammlung verwirklichen kann, lautet die Antwort, daß der Eifer davon abhängt, wie weit wir uns unseres Ziels bewußt sind. Der gleichgültige oder faule Mensch weiß sich zu beeilen, wenn ihm eine Gefahr droht oder wenn ihn etwas Angenehmes verführt,[1] was darauf hinausläuft, zu sagen, daß der Anlaß zum Eifer ent-

1 «Selig, die nicht sehen und doch glauben», sagt das Evangelium, und wir finden den gleichen Gedanken in dem Hadîth des Ihsân: «... Und wenn du Ihn nicht siehst, sieht Er dich dennoch.» Weit entfernt davon, diese Lehren aufheben zu wollen, versetzt die Gnosis sie auf ein etwas anderes Gebiet, denn der Unterschied besteht nicht allein zwischen der irdischen Unwissenheit – welche einen «Glauben» erfordert – und dem himmlischen Wissen, sondern auch zwischen dem lehrlichen Wissen und der einenden Verwirklichung; an sich ist das Wissen keineswegs «blind», nur in Hinsicht auf die Verwirklichung «in der Tiefe».

weder die Furcht oder die Liebe sein können. Aber dieser Anlaß kann auch – und mit um so größerem Recht – die Erkenntnis sein; auch sie liefert uns – in dem Maße, in dem sie wirklich ist, hinreichende Gründe für glühenden Eifer, andernfalls man annehmen müßte, daß der Mensch – und zwar jeder Mensch – nur unter dem Einfluß von Drohungen oder Versprechungen zu handeln fähig ist, was zweifellos für Kollektive zutrifft, nicht aber für sämtliche Individuen.

Die Tatsache unseres Daseins selbst ist ein Gebet und verpflichtet uns zum Gebet, so daß wir sagen könnten: Ich bin, darum bete ich; *sum ergo oro.* Das Dasein ist etwas Doppeldeutiges, und daraus folgt, daß es uns auf zweierlei Weise zum Gebet verpflichtet: erstens durch seine Eigenschaft als göttliche Äußerung, als verdichtetes und in Abschnitte gegliedertes Mysterium, und zweitens durch seinen entgegengesetzten Aspekt der Verkettung und des Untergangs, so daß wir «an Gott denken» müssen, nicht allein weil wir, da wir Menschen sind, nicht umhinkönnen, sofern wir unserer Natur treu bleiben, uns von dem göttlichen Grund des Daseins Rechenschaft zu geben, sondern auch, weil wir durch denselben Umstand genötigt sind festzustellen, daß wir im Innersten mehr sind als das Dasein und daß wir im Exil leben in einem Hause, das brennt.[1] Einerseits ist das

1 Wie das Dasein, ist auch das Feuer etwas Doppeldeutiges, denn es ist zugleich Licht und Hitze, Gottheit und Hölle. In unserem Buch *Castes et Races* haben wir auf eine indische Lehre hingewiesen, wonach das Feuer, insoweit es die Strebung hat aufzusteigen und insoweit es erleuchtet, *sattwa* entspricht, während das Wasser, insofern es sich waagerecht ausdehnt und fruchtbar macht, *rajas* vergleichbar ist, wobei die Erde dann ihrer Bewegungslosigkeit und erdrückenden Masse wegen *tamas* zuzuordnen ist. Es versteht sich jedoch von selbst, daß das Feuer in einem anderen Zusammenhang seiner verzehrenden und «leidenschaftlichen» Hitze wegen *rajas* zugehört, in diesem Falle entspricht allein das Licht *sattwa.* Dies ist die Dreiheit, nicht der sichtbaren Elemente – Feuer, Wasser und Erde –, sondern der sinnlich wahrnehmbaren Wirkung des Sonnenfeuers: Helligkeit, Wärme und – negativ – Finsternis. Die reine

Dasein eine Woge schöpferischer Freude, alle Schöpfung preist Gott: Dasein ist Gott preisen, ob als Wasserfall, als Baum, Vogel oder Mensch. Andererseits aber ist es: nicht Gott sein, folglich bedeutet es unausweichlich, in gewisser Hinsicht im Gegensatz zu Ihm zu stehen; dieses Dasein umschlingt uns wie ein Nessushemd. Wer nicht weiß, daß das Haus brennt, hat keinerlei Grund, um Hilfe zu rufen; ebenso wird ein Mensch, der nicht weiß, daß er im Begriff steht zu ertrinken, nicht nach dem rettenden Tau greifen; aber zu wissen, daß wir zugrunde gehen, bedeutet entweder zu verzweifeln oder zu beten. Wirklich zu wissen, daß wir nichts sind, weil die ganze Welt nichts ist, bedeutet, sich dessen zu erinnern, «was ist»,[1] und sich durch dieses Erinnern zu befreien.

Wenn ein Mensch einen Alptraum hat und mitten im Traum beginnt, Gott um Hilfe anzurufen, wird er unfehlbar erwachen; das zeigt zweierlei: Zunächst, daß die bewußte Erkenntnis des Absoluten im Schlaf gleichsam als getrennte Persönlichkeit weiterbesteht – folglich bleibt unser Geist außerhalb unserer Täuschungszustände –, und zweitens zeigt es, daß der Mensch, wenn er Gott anruft, schließlich auch aus dem großen Traum des Lebens und der Welt, des Ich, erwachen wird. Wenn ein Anrufen die Mauer des Traumes durchbrechen kann, warum sollte es nicht auch die Mauer jenes umfassenderen und zäheren Traumes, den des Daseins, durchbrechen?

Helligkeit ist kalt durch Transzendenz; die Finsternis ist es durch Verlust. Geistig gesprochen, läßt die Finsternis erstarren, während das Licht belebt.

1 Derartige Ausdrücke berücksichtigen nicht die Begrenztheit des «Seins»; hier wird dieses Wort in äußerlicher Weise gebraucht, in bezug auf die Welt und ohne uns über die innere Unbegrenztheit des Göttlichen irgendeine Meinung anzumaßen. Das hingegen tut die Theologie, der Sufismus eingeschlossen, der nicht zögert, von der «Existenz» (*wujûd*) Allahs zu sprechen; es ist der Zweck – der für den Gnostiker auf der Hand liegt – und nicht der Wortlaut, der die erforderliche Bedeutung begründet.

An solchem Anrufen ist keinerlei Eigensucht, da das reine Gebet die innigste und kostbarste Gestalt der Selbsthingabe ist.[1] Der gewöhnliche Mensch ist auf der Welt, um zu empfangen, und selbst wenn er Almosen gibt, bestiehlt er Gott – und sich selbst – in dem Maße, in dem er glaubt, seine Gabe sei alles, was Gott und sein Nächster von ihm fordern können; «die Linke wissen lassend, was die Rechte tut», erwartet er ständig etwas von seiner Umgebung, bewußt oder unbewußt. Es gilt das innere Schenken zur Gewohnheit zu machen; ohne das sind sämtliche Almosen nur zur Hälfte Gaben; und was man Gott schenkt, wird eben damit allen Menschen geschenkt.

*

Wenn man von dem Gedanken ausgeht, daß die Erkenntnis und die Sammlung, oder die Lehre und die Methode die Grundlagen des Weges sind, ist es angebracht hinzuzufügen, daß diese beiden Bestandteile des Weges nur kraft der Gewähr einer Überlieferung gültig und wirksam sind, folglich kraft eines «Siegels», das vom Himmel kommt. Die Erkenntnis bedarf der Überlieferung, der göttlichen Offenbarung, die in der Zeitlichkeit eine feste Form erhalten hat und einer menschlichen Gesellschaft angepaßt wurde, um in uns lebendig werden zu können oder um nicht in Abweichungen zu verfallen, und das Gebet verschmilzt mit der Offenbarung selbst oder geht aus ihr hervor, wie wir gesehen haben. Anders gesagt: Die Bedeutung der Rechtgläubigkeit, der Überlieferung, der Offenbarung liegt darin, daß die Mittel zur Verwirklichung des Absoluten «unabhängig von uns» dem Absoluten entstammen müssen; «in uns persön-

1 «Die letzte Stunde wird erst dann kommen, wenn niemand mehr auf Erden ist, der ruft: Allah, Allah!» (Hadîth). – Tatsächlich sind es die Heiligkeit und die Weisheit, und damit das allheitliche und wesentliche Gebet, welche die Welt erhalten.

lich» kann Erkenntnis nur im Rahmen einer «gegenständlichen» göttlichen Formulierung des allheitlichen Wissens entstehen.

»Aber dieses Element «Überlieferung» fordert gerade seines unpersönlichen und formellen Charakters wegen eine personale und freie Ergänzung, nämlich die Tugend; ohne diese wird die Rechtgläubigkeit zum «Pharisäertum», subjektiv natürlich, denn ihre tatsächliche Unzerstörbarkeit steht nicht in Frage.

Wenn wir die Metaphysik als die Unterscheidung zwischen dem Wirklichen und dem Nicht-Wirklichen bestimmt haben, so bestimmen wir die Tugend als die Umkehrung der Beziehung zwischen *ego und alter*: Da diese Beziehung eine natürliche aber trügerische Umkehrung wirklicher «Verhältnisse» und gerade dadurch ein «Fall» und ein Bruch des Gleichgewichts ist – die Tatsache, daß zwei Personen glauben, «ich» zu sein, beweist, daß keiner recht hat, denn es ist widersinnig, da das «Ich» logischerweise einzig ist –, wird die Tugend zur Umkehrung dieser Umkehrung, folglich zur Berichtigung unserer Gefallenheit; sie wird in einer gewissen bedingten aber wirksamen Weise das «Ich-Selbst» in dem «andern» sehen oder umgekehrt. Das zeigt deutlich die weisheitsmäßige Aufgabe der Tugend: Die Nächstenliebe – weit entfernt davon, lediglich Rührseligkeit oder Zweckmäßigkeitsdenken zu sein – führt einen Bewußtseinszustand herbei, der auf das Wirkliche, nicht auf das Trügerische abzielt; sie verleiht unserem persönlichen Sein, unserer willenshaften Natur, einen Anblick des Wirklichen und beschränkt sich nicht auf ein Denken, das zu nichts verpflichtet. Ebenso die Demut: Richtig aufgefaßt, verwirklicht sie in uns das Bewußtsein unserer Nichtigkeit vor dem Absoluten und unserer Unvollkommenheit im Vergleich zu anderen Menschen; wie jede Tugend ist sie zugleich Ursache und Wirkung. Die Tugenden sind, wie die geistigen Übungen, nur auf andere

Weise, Mittel, dem, was der Geist erkennt, eine feste Gestalt zu geben.[1]

Ein Irrtum, der allzuleicht in den Köpfen derer entsteht, die sich als Reaktion gegen eine konventionelle Religiosität mit Metaphysik befassen, besteht darin, zu glauben, die Wahrheit bedürfe nicht Gottes – des personhaften Gottes, der uns sieht und hört – und überdies auch nicht unserer Tugenden. Sie habe nichts zu tun mit dem Menschlichen, folglich sei es für uns hinreichend, zu wissen, daß die göttliche Ursache nicht die Manifestation ist, und so fort, als ob diese Vorstellungen uns davon befreiten, Menschen zu sein, und uns gefeit machten gegen die Härte der Naturgesetze – um nur das mindeste zu sagen. Wenn das Schicksal es nicht gewollt hätte – und das Schicksal ist kein Ergebnis unserer Vorstellungen von Lehre –, hätten wir weder ein Wissen noch überhaupt Leben; Gott ist in allem, was wir sind, er allein kann uns Leben verleihen, uns erleuchten und beschützen.

Das gleiche gilt für die Tugenden: Die Wahrheit bedarf gewiß nicht unserer guten persönlichen Eigenschaften, sie kann sogar jenseits dessen liegen, was uns als Schicksal bestimmt ist, aber wir brauchen die Wahrheit und müssen uns ihren Forderungen beugen, die nicht ausschließlich gedanklicher Art sind;[2] da wir da sind, muß unser Sein – was immer

1 Die Sentimentalität, womit man die Tugenden umgibt, erleichtert ihre Verfälschung. Für viele bedeutet Demut das Verachten eines Verstandes, den man nicht besitzt. Der Teufel hat sich der Nächstenliebe bemächtigt und einen demagogischen gott-losen Utilitarismus und einen Beweisgrund gegen die Betrachtung daraus gemacht, so als hätte Jesus Martha gegen Maria unterstützt. Die Demut wird Unterwürfigkeit und die Nächstenliebe Materialismus; diese Tugend möchte tatsächlich den Beweis dafür liefern, daß man ohne Gott auskommen kann.

2 «Wenn einer von Gott spricht, ohne wahre Tugend zu besitzen», sagt Plotin, «dann sind das lediglich leere Worte.» Hier handelt es sich nicht um schlichte, der Rechtgläubigkeit gemäße Aussagen, sondern um spontane Rede, die aus unmittelbarer Erkenntnis herrühren dürfte.

der Inhalt unseres Geistes sein mag – auf allen Ebenen in Einklang sein mit seinem göttlichen Ursprung. Die kataphatischen, folglich ein wenig «individualistischen» Tugenden sind die Zugänge zu den apophatischen Tugenden, und diese sind von der Gnosis nicht zu trennen; die Tugenden bezeugen die Schönheit Gottes. Es ist unvernünftig und verderblich – für einen selbst wie für andere –, die Wahrheit zu denken und die Großherzigkeit außer acht zu lassen.

Es mag hier angebracht sein, deutlich zu machen, daß wir «apophatisch» die Tugenden nennen, die nicht von Menschen «hervorgebracht» sind, sondern im Gegenteil vom Wesen des Seins ausgehen: In bezug auf uns bestehen sie vor uns, so daß unsere Aufgabe im Hinblick auf sie darin besteht, zu beseitigen, was sich in uns ihrer Ausstrahlung entgegenstellt, nicht aber sie «tatsächlich» hervorzubringen; hierin liegt der ganze Unterschied zwischen dem individuellen Bemühen und der einigenden Erkenntnis. Es ist auf jeden Fall widersinnig zu glauben, der Sufi, der behauptet, über eine bestimmte oder sogar über jede Tugend hinauszusein, wäre deshalb aller der Eigenschaften ledig, welche den Adel des Menschen ausmachen und ohne die es keine Heiligkeit gibt. Er unterscheidet sich einzig darin, daß er diese Eigenschaften nicht mehr als «seine» Eigenschaften «lebt», daß er sich folglich keines «persönlichen» Verdienstes mehr bewußt ist, wie das bei den gewöhnlichen Tugenden der Fall ist.[1] Es handelt sich hierbei um eine ursächliche oder wesenhafte Verschiedenheit, obwohl von einem anderen, allgemeineren und weniger praktischen Gesichtspunkt her gesehen jede

1 In seinen *Hikam* sagt Ibn 'Atâ-Illâh: «Wenn du Ihn erst erreichen kannst, nachdem du all deine Makel gelöscht und deinen Egoismus beseitigt hast, wirst du Ihn niemals erreichen. Aber wenn Er dich zu sich führen will, wird Er deine Eigenschaften mit Seinen Eigenschaften und deine Wesenszüge mit Seinen Wesenszügen überdecken und wird dich mit Sich vereinen durch das, was dir von Ihm zuteil wird und nicht durch das, was Ihm von dir zukommt.»

Tugend oder sogar jede kosmische Eigenschaft in einer apophatischen Bedeutung betrachtet werden könnte, das heißt, gemäß dem seinsmäßigen Wesen der Erscheinungen; die Frommen drücken das auf ihre Weise aus, wenn sie ihre Tugenden allein der Gnade Gottes zuschreiben.

Den Geboten des Korans entsprechend erfordert das «Gedenken an Gott» die Grundtugenden und – im Zusammenhang mit ihnen – die Werke der Tugend, die je nach den Umständen erforderlich werden. Die grundlegenden und allgemeinen Tugenden, die von der menschlichen Natur nicht zu trennen sind, sind die Demut oder die Selbstverleugnung; die Nächstenliebe oder die Großherzigkeit; die Wahrhaftigkeit oder Aufrichtigkeit und die Unparteilichkeit; sodann die Wachsamkeit oder Beharrlichkeit; die Genügsamkeit oder die Geduld und schließlich die «Seinseigenschaft» der einenden Frömmigkeit, der geistigen Formbarkeit und der Anlage zur Heiligkeit.[1]

Alles bisher Gesagte erlaubt, die Bedeutung der Tugenden und Moralgesetze begreiflich zu machen; die Moralgesetze sind Handlungsweisen, die bestimmten geistigen Perspektiven und besonderen materiellen und gedanklichen Voraussetzungen entsprechen, dagegen stellen die Tugenden innere Schönheiten dar, welche von diesen Handlungsweisen getragen und durch sie verwirklicht werden. Jede Tugend und jede Moral ist eine Art Ausgewogenheit oder, genauer, eine

1 Diese Aufzählung, wovon man in unseren früheren Werken verschiedene Fassungen finden wird, ist eine Zusammenstellung, die wir aus dem Wesen der Dinge ableiten. Das Sufitum stellt verschiedene Einteilungen der Tugenden auf und unterscheidet dabei sehr feine Verzweigungen; es besteht auch nachdrücklich auf der Apophatik der übernatürlichen Tugenden und sieht in diesen Begleiterscheinungen des GEISTES (*Esprit*) ebensoviele Maqâmat («geistige Stationen»). Die Natur liefert uns viele Bilder der Tugenden und auch der Manifestationen des Geistes. Die Taube, der Adler, der Schwan und der Pfau spiegeln jeweils die Reinheit, die Kraft, den beschaulichen Frieden und die geistige Großherzigkeit oder die Entfaltung der Gnade wider.

Art und Weise, an der allheitlichen Ausgewogenheit teilzuhaben, und geschähe das auch auf Kosten einer äußerlichen und unechten Ausgewogenheit. Indem der Mensch sich in der Mitte hält, entgeht er den Wechselfällen des erregten Außenbereiches; dies ist der Sinn des taoistischen «Nicht-Handelns». Die Moral ist eine Handlungsweise, die Tugend jedoch eine Weise, zu sein – ganz und gar man selbst zu sein, jenseits des Ich, oder einfach das zu sein, was ist.[1] Man könnte sich auch folgendermaßen ausdrücken: Die verschiedenen Formen der Moral sind die Rahmen der Tugenden und zugleich ihre Anwendung auf Gemeinschaften; die Tugend der Gemeinschaft ist ihre vom Himmel gewollte Ausgewogenheit. Die Formen der Moral sind verschieden, aber die Tugend, so wie wir sie bestimmten, ist überall dieselbe, weil der Mensch überall Mensch ist. Diese einheitliche Moral des Menschengeschlechts geht Hand in Hand mit seiner geistigen Einheit: Die Perspektiven und Dogmen weichen voneinander ab, aber es gibt nur eine Wahrheit.

*

Ein weiteres Grundelement des Weges ist die Symbolik, welche sich in der heiligen Kunst wie auch in der unberührten Natur offenbart. Gewiß haben die sinnlich wahrnehmbaren Formen nicht die Bedeutung von Wort- oder Schriftsymbolen, dennoch erfüllen sie, je nach den Umständen, eine sehr wertvolle Aufgabe als «Umrahmung» oder «geistige Anregung», von der wichtigsten, der rituellen Bedeutung zu schweigen, die sie annehmen können. Zudem hat die Symbolik die Besonderheit, das Äußere mit dem Inneren, das Sinnenhafte mit dem Geistigen zu verbinden, und übersteigt

1 Nach dem hl. Thomas von Aquin «ist die Wahrheit das höchste Ziel der Welt und die Betrachtung der Wahrheit die wesentliche Tätigkeit der Weisheit... Ihrem Wesen nach sind die Tugenden nicht notwendig Teil der Betrachtung, doch sind sie eine unerläßliche Voraussetzung dazu».

damit, grundsätzlich oder tatsächlich, die Aufgabe, einfach «Hintergrund» zu sein.

Die heilige Kunst ist zunächst die sichtbare und hörbare Form[1] der Offenbarung, danach ihre unerläßliche liturgische Überkleidung. Die Form muß der angemessene Ausdruck des Inhalts sein; auf keinen Fall darf sie ihm widersprechen; sie kann nicht der Willkür einzelner preisgegeben werden, ihrer Unwissenheit oder ihren Vorlieben. Aber es gilt, verschiedene Stufen der heiligen Kunst zu unterscheiden, folglich verschiedene Ebenen von Unbedingtheit oder Bedingtheit;[2] außerdem ist der bedingte Charakter der Form als solcher zu berücksichtigen. Der «kategorische Imperativ» der geistigen Unversehrtheit der Form kann nicht hindern, daß das Formale gewissem Wechsel unterworfen ist. Die Tatsache, daß die Meisterwerke der heiligen Kunst erhabene Äußerungen des Geistes sind, darf uns nicht vergessen lassen, daß – von diesem Geist selbst aus gesehen – auch sie in ihren gewichtigsten Äußerungen bereits als Zugeständnisse an die «Welt» erscheinen und an das Wort aus dem Evangelium erinnern: «Wer das Schwert zieht, wird durch das Schwert umkommen.» Denn wenn der Geist einer so weitgehenden Vergegenständlichung bedarf, ist er bereits nahe

1 Zum Beispiel ist das Vortragen des Korans, das nach verschiedenen Stilarten geschehen kann, eine Kunst; man kann unter den Stilen wählen, aber man darf ihnen nicht das Geringste hinzufügen, man kann den Koran auf diese oder jene Weise psalmodieren, damit jedoch nicht auf irgendeine andere. Die Psalmodien bringen verschiedene geistige Rhythmen zum Ausdruck.

2 Es gibt zunächst die heilige Kunst im strengsten Sinne des Wortes, so wie sie im Tabernakel des Moses erscheint, wo Gott selbst die Formen und Materialien vorschreibt; dann gibt es die heilige Kunst, die gemäß der Begabung eines bestimmten Volkes entfaltet wurde; und endlich die ausschmückenden Aspekte der heiligen Kunst, wo die Begabung eines Volkes sich am freiesten offenbart, immer jedoch in Übereinstimmung mit einem Geist (*esprit*), der sie übersteigt. Die Begabung ist nichts ohne ihre Bestimmung durch eine geistige Sehweise.

daran, zu verschwinden; die Vergegenständlichung als solche trägt in sich das Gift der Äußerlichkeit und damit der Erschöpfung, der Unbeständigkeit und des Verfalls; das Meisterwerk ist gleichsam belastet mit Trauer, es ist bereits ein «Schwanengesang». Man hat zuweilen den Eindruck, daß die Kunst durch das Zuviel ihrer Vollkommenheiten dazu dient, den Mangel an Weisheit oder Heiligkeit zu ersetzen. Die Wüstenväter bedurften keiner Säulengänge noch Kirchenfenster; die Menschen unserer Zeit hingegen, die die heilige Kunst am stärksten im Namen des «reinen Geistes» verachten, verstehen sie am wenigsten, und sie bedürften ihrer am meisten.[1] Wie dem auch sei, nichts Edles kann jemals verlorengehen: Sämtliche Schätze der Kunst und der Natur finden sich vollkommen und uneingeschränkt wieder in der göttlichen Glückseligkeit. Der Mensch, der sich dieser Wahrheit voll bewußt ist, kann nicht umhin, sinnlich faßbaren Ausprägungen als solchen gegenüber gleichmütig zu bleiben.

Es gibt jedoch auch die ursprüngliche Symbolik der unberührten Natur; die Natur ist ein offenes Buch, eine Offenbarung des Schöpfers, ein Heiligtum und sogar in gewisser Hinsicht ein Weg. Die Weisen und Einsiedler haben zu allen Zeiten die Natur gesucht, dort fühlten sie sich fern der Welt und dem Himmel nahe; rein und fromm, und dennoch unergründlich und furchtbar, war sie zu allen Zeiten ihre Zuflucht. Wenn wir wählen müßten zwischen dem allerprächtigsten Tempel und der unberührten Natur, unsere Wahl würde auf sie fallen; die Zerstörung sämtlicher Werke von Menschenhand wäre nichts, verglichen mit der Zerstörung

1 Die Kunst ist immer ein Prüfstein für die «Unterscheidung der Geister»: Das wahre Heidentum zeigt sich in der Ausdrucksweise der Kunst, z. B. im Naturalismus der Griechen und Römer wie auch, nicht weniger auffällig, in der brutalen und zugleich verweichlichten Riesenhaftigkeit der babylonischen Plastik. Erinnern wir uns auch der alptraumhaften dekadenten frühmexikanischen Kunst.

der Natur.[1] Die Natur bietet zugleich Spuren des irdischen und Vorzeichen des himmlischen Paradieses.

Und doch kann man sich von einem anderen Gesichtspunkt her fragen, was kostbarer ist, die Höhepunkte der heiligen Kunst als unmittelbare Eingebungen Gottes oder die Schönheiten der Natur als göttliche Schöpfungen und Symbole.[2] Die Sprache der Natur ist zweifellos ursprünglicher und umfassender, aber weniger menschlich als die Kunst und nicht so unmittelbar faßlich; es erfordert mehr geistiges Wissen, ihre Botschaft freisetzen zu können, denn die äußeren Dinge sind, was wir sind, nicht an sich, aber im Hinblick auf ihre Wirkungskraft.[3] Hier besteht die gleiche oder doch nahezu gleiche Beziehung wie zwischen den überlieferten Mythologien und der reinen Metaphysik. Die beste Antwort auf diese Frage ist, daß die heilige Kunst, deren dieser oder jener Heilige persönlich «nicht bedarf», dennoch seine Heiligkeit nach außen kenntlich macht, das heißt, genau das, was für den Heiligen die künstlerische Vergegenständlichung überflüssig machen kann.[4] Durch die Kunst ist

1 In der fernöstlichen Kunst, die viel weniger «menschenbezogen» ist als die Kunst des Abendlandes und der nahöstlichen Antike, bleibt das Menschenwerk zutiefst mit der Natur verbunden, so sehr, daß es mit dieser eine Art organischer Einheit bildet. Die Kunst Chinas und Japans enthält keine «heidnischen» Elemente wie die frühe Kunst des Mittelmeerraumes; in ihren wesentlichen Äußerungen ist sie niemals sentimental noch hohl und erdrückend.

2 Was wäre vorzuziehen: Werke wie die strenge Jungfrau von Torcello bei Venedig, die rotschimmernden Gebetsnischen der Moschee von Córdoba, die Götterbilder Indiens und des Fernen Ostens – oder das Hochgebirge, das Meer, der Wald, die Wüste? So gestellt, ist die Frage tatsächlich nicht zu beantworten, denn jede Seite – die Kunst wie die Natur – hat ihr Für und Wider.

3 Das trifft auch auf die Kunst zu, aber in geringerem Maße, eben darum, weil die Sprache der Kunst über den Menschen geht.

4 Wir sagen «überflüssig machen kann», nicht «muß», denn die Kunst kann für einen bestimmten Heiligen eine Rolle spielen, die dem gewöhnlichen Menschen verborgen bleibt.

diese Heiligkeit oder diese Weisheit mit all ihrer menschlichen *Materia,* welche die unberührte Natur nicht bieten kann, auf wunderbare Weise greifbar geworden. In einem gewissen Sinne liegt die «weitende» und «erquickende» Wirkung der Natur darin, daß sie überhaupt nicht menschlich, sondern engelhaft ist. Zu sagen, man zöge die «Werke Gottes» den «Werken der Menschen» vor, hieße dennoch die Frage unangemessen vereinfachen, weil bei der Kunst, welche die Bezeichnung «heilig» verdient, Gott der Urheber ist; der Mensch ist nur das Werkzeug und das Menschliche nur das Material.[1]

Die Natursymbolik steht in Zusammenhang mit unserer menschlichen Erfahrung: Wenn sich das Sternengewölbe dreht, dann tut es das, weil die himmlischen Welten Gott umkreisen. Die Erscheinung ist nicht allein durch unseren irdischen Standort veranlaßt, sondern auch – und vor allem – durch ein transzendentes Urbild, das keineswegs täuschend ist und das sogar unseren Ort im Raum geschaffen zu haben scheint, um zu ermöglichen, daß unsere geistige Perspektive das ist, was sie ist. Folglich spiegelt die irdische Täuschung ein wirkliches Verhältnis wider, und dieser Zusammenhang ist von größter Bedeutung, weil er zeigt, daß es die Mythen sind – noch immer im Zusammenhang mit der ptolemäischen Astronomie –, welche das letzte Wort haben. Wie bereits bei anderen Gelegenheiten bemerkt, liefert die moderne Wissenschaft zwar sichtlich genaue Beobachtungen, da sie aber die Bedeutung und Tragweite der Symbole nicht kennt, kann sie *de iure* den mythologischen Begriffen in dem, was an ihnen geistig und folglich gültig ist, nicht wider-

1 Das Bild des Buddha vereint auf das ausdrucksvollste die «Kategorien», die hier behandelt werden: zunächst die Erkenntnis und die Sammlung; sodann die Tugend, die jedoch von den beiden vorausgehenden Elementen aufgenommen ist; danach die Überlieferung und die Kunst, die von dem Bild selbst versinnbildlicht werden, und schließlich die Natur, dargestellt durch den Lotos.

sprechen. Sie ändert lediglich die symbolischen Gegebenheiten, oder anders gesagt, sie zerstört die Erfahrungsgrundlagen der Mythologien, ohne die Bedeutung der neuen Gegebenheiten erklären zu können. Aus unserer Sicht überlagert diese Wissenschaft mit einer Symbolik von unendlich komplizierter Sprache eine andere Symbolik, die metaphysisch ebenso wahr, aber menschlicher ist – etwa als übersetzte man einen Text in eine andere, schwierigere Sprache –, aber sie weiß nicht, daß sie eine Sprache entdeckt und daß sie stillschweigend einen neuen metaphysischen Ptolemäismus hervorbringt.

Die Weisheit der Natur findet sich im Koran viele Male bestätigt, worin «für die, welche mit Verständnis begabt sind», Nachdruck gelegt wird auf die «Zeichen» der Schöpfung, was auf den Zusammenhang zwischen der Natur und der Erkenntnis deutet; das Himmelsgewölbe ist der Tempel der ewigen *Sophia*. Das gleiche Wort, «Zeichen» (*âyât*), bezeichnet die Verse des «Buches»; wie die Erscheinungen der zugleich unberührten und mütterlichen Natur offenbaren sie Gott, indem sie aus der «Mutter des Buches» herausquellen und durch den jungfräulichen Geist des Propheten übermittelt werden.[1] Der Islam ist, wie das frühe Judentum, besonders naturnahe dadurch, daß er im nomadischen Wesen verankert ist; seine Schönheit ist die Schönheit der Wüste und der Oase; der Sand ist für ihn ein Urbild der Reinheit – man benützt ihn für die Waschungen, wenn es kein Wasser gibt –, und die Oase läßt das Paradies ahnen. Die Symbolik des Sandes ähnelt der des Schnees: Beide bedeuten einen tiefen einenden Frieden, gleich der Shahâdah, welche Frieden und Licht ist und schließlich die Knoten und das in sich Widersprüchliche des Daseins auflöst oder die vergänglichen Verdichtungen auf den reinen, unwandelbaren Urstoff zurück-

1 Im Verlauf des vorhergehenden Kapitels haben wir darauf hingewiesen, als von dem Segenswunsch für Mohammed die Rede war.

führt, indem sie sie wieder in sich aufnimmt. Der Islam ist aus der Natur hervorgegangen; die Sufi kehren dahin zurück, das ist der Sinn dieses Hadîth: «Der Islam hat im Exil begonnen und wird im Exil enden.» Mit ihrer Neigung zum Erstarren und ihren Keimen der Verderbnis stehen die Städte im Gegensatz zur immer jungfräulichen Natur; die einzige Rechtfertigung und Gewähr für ihren Bestand liegt darin, Heiligtümer zu sein; eine sehr bedingte Gewähr, denn der Koran sagt: «Und es gibt keine Stadt, die Wir (Allah) nicht zerstören oder streng bestrafen werden vor dem Tage der Auferstehung» (XVII,60). Das alles macht verständlich, warum der Islam im Rahmen unvermeidlicher Seßhaftigkeit den Geist des Nomadentums erhalten wollte: Die islamischen Städte bewahren stets den Eindruck einer Pilgerschaft durch Raum und Zeit; überall spiegelt der Islam die heilige Unfruchtbarkeit und die Strenge der Wüste wider, aber auch in dieser Atmosphäre des Todes gibt es das heitere und köstliche Überströmen der Quellen und Oasen; die Moscheen wiederholen die spröde Anmut der Palmenhaine, während das Weiß und die Eintönigkeit der Städte von einer wüstengleichen und dadurch geradezu grabesmäßigen Schönheit sind. Am Grunde der Leere des Daseins und hinter seinen Trugbildern ist der ewige Reichtum göttlichen Lebens.

*

Kehren wir jedoch zurück zu unserm Ausgangspunkt, der metaphysischen Wahrheit als der Grundlage des Weges. Da diese Wahrheit aus der Esoterik hervorgeht – zumindest bei den Überlieferungen mit dem Gegensatz von Esoterik und Exoterik –, müssen wir hier die Frage beantworten, ob es eine «esoterische Rechtgläubigkeit» gibt oder nicht, oder ob da nicht vielmehr ein begrifflicher Widerspruch oder ein Mißbrauch der Sprache besteht. Die ganze Schwierigkeit, da, wo sie in Erscheinung tritt, liegt in einer zu engen Auffassung des Begriffs der «Rechtgläubigkeit» einerseits und der metaphysischen Erkenntnis andererseits; tatsächlich ist zwischen zwei «Orthodoxien» zu unterscheiden, deren eine äußerlich und formgebunden und die andere innerlich und formfrei ist; die erstere ist auf das Dogma bezogen, also auf die «Form», und die zweite auf die allumfassende Wahrheit, also auf das «Wesen». Nun sind beide in der Esoterik verbunden in dem Sinne, daß das Dogma der Schlüssel zur unmittelbaren Erkenntnis ist; ist diese erst erreicht, ist die Form selbstverständlich überschritten, doch ist die Esoterik nichtsdestoweniger notwendig an die Form gebunden, von der sie ihren Ausgang nahm und deren Symbolik immer gültig bleibt.[1] Die islamische Esoterik, zum Beispiel, wird niemals die Grundlagen des Islam ablehnen, auch dann nicht, wenn sie gelegentlich der einen oder anderen exoterischen Behauptung oder Auslegung widerspricht; wir sagen sogar, daß das Sufitum dreifach orthodox ist, zunächst, weil es in der Form des Islam und nirgends sonst seinen Ursprung hat, zweitens, weil seine Verwirklichungen und Lehren der Wahrheit und nicht dem Irrtum entsprechen, und drittens, weil es dem Islam stets verbunden bleibt, da es sich als das «Mark» (*lubb*) dieser und keiner anderen Religion betrachtet. Trotz der Kühnheiten, die Ibn Arabî in Worten geäußert hat, ist er nicht Buddhist geworden und hat die Dogmen und Gesetze der Sharî'ah nicht verworfen, und damit ist gesagt, daß er sich nicht von der Rechtgläubigkeit entfernt hat, weder von der des Islam noch überhaupt von der Wahrheit.

Wenn eine Formulierung dem einen oder anderen exoterischen Gesichtspunkt zu widersprechen scheint, erhebt sich die Frage, ob sie richtig oder falsch, nicht aber, ob sie «kon-

1 Hierin liegt eine der Bedeutungen jenes Gebots des Korans: «Betretet die Häuser durch ihre Pforten» (II, 189). Es gibt keine Tarîqah ohne Sharî'ah. Diese ist der Kreis und jene der Radius, die Haqîqah ist der Mittelpunkt.

formistisch» oder «frei» ist; im Bereich der reinen Erkenntnis haben die Begriffe «Freiheit», «Unabhängigkeit», «Eigentümlichkeit» keinerlei Sinn, ihre Gegensätze übrigens genausowenig. Wenn die reinste Esoterik die vollständige Wahrheit enthält – was ihr Daseinszweck ist –, kann sich die Frage nach der «Rechtgläubigkeit» im religiösen Sinne selbstverständlich nicht stellen. Das unmittelbare Wissen von den Mysterien kann nicht «islamisch» oder «christlich» sein, ebenso wie der Anblick eines Berges der Anblick eines Berges ist und nichts anderes. Von einer «nicht-orthodoxen» Esoterik zu reden ist nicht weniger widersinnig, denn das liefe darauf hinaus zu behaupten, erstens, diese Esoterik sei an keinerlei Form gebunden – in diesem Falle hätte sie weder Autorität noch Berechtigung, nicht einmal irgendwelchen Nutzen –, und zweitens, daß sie nicht das initiatische oder «alchimistische» Ergebnis eines geoffenbarten Weges wäre, daß sie also keinerlei formelle und «tatsächliche» Sicherheit böte. Diese Überlegungen müßten verständlich machen, daß die vorgefaßte Meinung, die alles mit «Anleihen» oder «Synkretismus» erklären will, schlecht begründet ist, denn die Weisheitslehren müssen, da sie wahr sind, übereinstimmen, und wenn der Grund völlig gleich ist, ergibt es sich zwangsläufig, daß auch die Aussagen es sind. Daß ein besonders geglückter Ausdruck von einer fremden Lehre aufgegriffen werden kann, liegt ebenfalls in der Natur der Sache – das Gegenteil wäre anormal und unerklärlich –, aber das ist kein Grund, diesen Ausnahmefall zu verallgemeinern und ihn *ad absurdum* zu führen; das wäre, als wollte man daraus, daß die Dinge einander zuweilen beeinflussen, schließen, daß sämtliche Entsprechungen in der Natur aus einseitigen oder wechselseitigen Einflüssen herrührten.[1]

1 Ein ähnlicher Fehler ist es zu behaupten, alles nähme seinen Anfang bei geschriebenen Texten; auch das ist eine irreführende Verallgemeinerung. «Die Germanen besaßen eine eigene Schrift, aber – wie Caesar Lutetius gegenüber bemerkt – es war streng verboten, sich ihrer zu bedienen: alles

Die Frage nach den Anfängen des Sufitums wird gelöst durch die wesentliche Unterscheidung (*furqân*) der islamischen Lehre zwischen Gott und der Welt; diese Unterscheidung hat etwas Vorläufiges durch die Tatsache, daß die göttliche Einheit, bis zur letzten Konsequenz betrachtet, die durch jede Unterscheidung gesetzte Zweiheit gerade ausschließt, und hier liegt gewissermaßen der Ausgangspunkt der ursprünglichen und wesentlichen Metaphysik des Islam. Folgendes ist zu berücksichtigen: Die unmittelbare Erkenntnis ist an sich ein Zustand reiner «Bewußtheit» und keine Theorie; folglich ist nichts Erstaunliches daran, daß die vielschichtigen und verfeinerten Formulierungen der Gnosis nicht von Anfang an und nicht auf einmal geäußert wurden und daß man sogar für die Zwecke der Dialektik gelegentlich auf platonische Begriffe zurückgreifen konnte. Das Sufitum ist die «Aufrichtigkeit des Glaubens», und diese «Aufrichtigkeit» – die ganz und gar nichts mit der «Offenheit» unserer Zeit zu tun hat – ist auf der Ebene der Lehre nichts anderes als eine geistige Schau, die nicht auf halbem Wege innehält, sondern, im Gegenteil, aus dem Begriff der Einheit die strengsten Schlüsse zieht. Das Ergebnis ist nicht nur die

Wissen mußte von Mund zu Mund weitergegeben und allein durch das Gedächtnis bewahrt werden. In Peru duldete man bis in verhältnismäßig neuere Zeit nur geknüpfte Schnüre» (Ernst Fuhrmann, *Reich der Inka*, Hagen, 1922). Platon sagt: «Jeder ernste Mensch wird sich wohl hüten, ernste Fragen schriftlich zu behandeln.» Die Rabbis hingegen sind der Ansicht, es sei «besser, die Thora zu entweihen, als sie zu vergessen», an anderer Stelle heißt es: «Heutzutage sagen die alten Weisen, die noch unter ihnen leben (bei den Sioux), daß es beim Herannahen des Endes eines Zyklus, wenn die Menschen überall unfähig geworden sind, die Wahrheiten zu verstehen und vor allem zu verwirklichen, die ihnen zu Beginn offenbart worden sind..., erlaubt und sogar wünschenswert wäre, dieses Wissen ans Licht zu bringen. Denn die Wahrheit schützt sich durch ihr Wesen selbst gegen ihre Entweihung, und es kann sein, daß sie so diejenigen erreicht, welche fähig sind, tief in sie einzudringen» (Joseph Epes Brown, Vorwort zum Buch *The Sacred Pipe*, University of Oklahoma Press).

Vorstellung des Nicht-Seins der Welt, sondern auch die des höchsten Einsseins (*Identité Suprême*) und der entsprechenden Verwirklichung: die «Einheit der Wirklichkeit» (*wahdat al-Wudjûd*).[1]

Wenn die Vollkommenheit oder die Heiligkeit für den Israeliten und den Christen darin besteht, «Gott von ganzem Herzen, von ganzer Seele und mit all deiner Kraft»[2] oder «mit all deinem Sinnen und Denken»[3] zu lieben – bei den Israeliten durch die Thora und den Gehorsam gegenüber dem Gesetz, bei den Christen durch das «Liebes-Opfer» aufgrund von Berufung –, so liegt für den Muslim die Vollkommenheit darin, mit all seinem Sein zu «glauben», daß «es keinen Gott gibt außer der Gottheit», in einem allumfassenden Glauben, dessen schriftmäßiger Ausdruck das bereits angeführte Hadîth ist: «Die geistige Tugend (Ihsân, deren Aufgabe es ist, sowohl den Imân als auch den Islâm, den Glauben und den Gehorsam, ‹aufrichtig› zu machen) besteht darin, Gott zu verehren, als wenn du Ihn sähest, und wenn du Ihn nicht siehst, so sieht Er doch dich.»[4] Da, wo der Jude und der Christ die Inbrunst, also die Ganzheit der Liebe einsetzen, setzt der Muslim die «Aufrichtigkeit», also die Ganzheit des Glaubens ein, der, indem er sich verwirklicht, Gnosis, Vereinigung, Geheimnis der Nicht-Andersheit wird.

Von der Weisheitslehre des Islam her gesehen, kann das Christentum als die Lehre vom Erhabenen betrachtet wer-

1 Die Verwirklichung der Einheit (*wâhidiya, ahadiyah*) durch die «verwandelnde Tugend» (*ihsân*) ist die Einung (*tawhîd*).

2 Deut. 6,5.

3 Math. 22,37.

4 Wie Ihsân und Taçawwuf («Sufitum») Synonyme sind, ist dieses Hadîth die Definition der Esoterik schlechthin und zeigt deutlich, daß diese im Islam darin besteht, «gänzlich zu glauben», wegen der Überzeugung, daß *Lâ ilaha illâ 'Llâh* der Pfeiler des ganzen kultischen Gefüges ist. Vergessen wir nicht, daß die Bibel von Abraham sagt, Gott habe ihm seinen Glauben zur Gerechtigkeit angerechnet; der Islam bezieht sich gerne auf Abraham.

den, nicht als die Lehre vom Absoluten; es ist die Lehre von einem erhaben Bedingten,[1] das durch seine Erhabenheit rettet – wir denken hier an das göttliche Opfer –, das aber dennoch und notwendigerweise seine Wurzel im Absoluten hat und demzufolge dahin führen kann. Wenn wir von dem Gedanken ausgehen, das Christentum «sei das Absolute, welches relativ geworden ist, damit das Relative Absolutes werde»[2] – um eine bekannte alte Formel frei wiederzugeben –, dann befinden wir uns damit völlig im Bereich der Gnosis, und die vom Islam «empfundene» Einschränkung trifft nicht mehr zu. Allgemeiner und abgesehen von der Gnosis muß aber auch gesagt werden, daß das Christentum einen Standpunkt einnimmt, wo die Betrachtung des Absoluten als solches zunächst nicht im Spiel ist; die Betonung liegt auf dem «Mittel» oder dem «Mittler», der gewissermaßen das Ziel aufnimmt; das Ziel ist gleichsam gewährleistet durch die Göttlichkeit des Mittels. Mit alledem soll gesagt sein, daß das Christentum im Grunde eine Lehre von der Einung ist und daß es sich darin ganz offensichtlich wieder mit dem islamischen und insbesondere dem sufischen «Unitarismus» trifft.[3]

1 Das beweist die Lehre von den trinitarischen «Beziehungen». Gleichwohl scheint die Orthodoxie in dieser Hinsicht weniger «verschlossen» zu sein als der Katholizismus – zumindest ein gewisser Katholizismus.

2 Ebenso: Wenn Christus eine «Objektivation» des göttlichen Intellekts ist, dann ist das Geist-Herz des Gotterkennenden eine «Subjektivation» Christi.

3 Die gesamte christliche Sehweise und die ganze Christus-Gnosis sind in dem Worte enthalten: «Wie Du, Vater, in mir und ich in Dir, daß auch sie eins seien, so wie wir eins sind... Ich habe die Herrlichkeit, die Du mir gegeben hast, auch ihnen gegeben, damit sie eins seien, gleichwie wir eins sind: Ich in ihnen und Du in mir...» (Joh. 17,21–23). – Christus ist gleichsam der rettende Gottesname in Menschengestalt: Alles, was man von dem einen sagen kann, gilt auch für den andern; er ist nicht allein der GEIST (*Intellect*), der als «Licht der Welt» zwischen dem Wirklichen und dem Nicht-Wirklichen unterscheidet, sondern er ist im Hinblick auf die «äußere» oder «gegenständliche» göttliche Manifestation der Gottesname

In der Geschichte des Christentums gibt es so etwas wie ein verborgenes Sehnen nach dem, was wir die «islamische Dimension» nennen könnten, wobei wir uns auf die Entsprechung zwischen den drei Sehweisen der «Furcht», der «Liebe» und der «Erkenntnis» – auf die Reiche des «Vaters», des «Sohnes» und des «Heiligen Geistes» – und den drei monotheistischen Religionen, Judentum, Christentum und Islam, beziehen. Vom Gesichtspunkt der «Typologie» her ist der Islam tatsächlich die kultische Gestaltwerdung der Gnosis, daher seine metaphysische Reinheit und seine irdische Wirklichkeitsnähe. Mit seinem Bestehen auf dem «Buch» und dem freien Willen und seinem Zurückweisen eines sakramentalen Priestertums und des Zölibats ist der Protestantismus die stärkste Äußerung dieses Sehnens,[1] wenn auch nicht auf überlieferungstreue, sondern auf moderne Weise und im rein «typologischen»[2] Sinne. Doch hat es frühere und tiefer schürfende Äußerungen gegeben, wie die Bewegungen eines Amalrich von Bène und Joachim von Fiore, beide im 12. Jahrundert, nicht zu vergessen die Montanisten im Ausgang der Antike. In demselben Zusammenhang ist bekannt, daß die Muslime die Ankündigung des Parakleten im Evangelium des Johannes auf den Islam bezogen deuten, was, selbstverständlich ohne die christliche Auslegung auszuschließen, im Licht der Dreiheit «Furcht–Liebe–Erkenntnis», von der wir bereits sprachen, verständlich wird. Wollte

das «Wort»), der durch seine «erlösende» Kraft die Rückführung des Nicht-Wirklichen in das Wirkliche bewirkt.

1 Er war zugleich eine Reaktion der germanischen Welt gegen die Welt des Mittelmeeres und des Judentums. Wie dem auch sei, wenn die germanische Gottesweisheit – in dem, was sie Gültiges hat – im protestantischen Bereich zur Blüte kommen konnte, dann dank der sehr indirekten Analogien, die wir bereits hervorhoben, und nicht aufgrund des Antikatholizismus der Lutheraner.

2 Entsprechend hat sich der jüdische Messianismus auf gefährliche Weise mit dem modernen Fortschrittsdenken verbunden, außerhalb der jüdischen Orthodoxie natürlich.

jemand darauf hinweisen, daß es ja innerhalb des Islam umgekehrt eine Tendenz zur christlichen Möglichkeit oder der «Herrschaft des Sohnes» gegeben hat, dann erwidern wir, daß die Spuren davon im Schiismus und der Bektâshîyah zu suchen sind, also im persischen und türkischen Raum.

In der Ausdrucksweise der Veden ist die Grundaussage des Christentums «Ātman ist Mâyâ geworden, damit Mâyâ Ātman werde»; die des Islam wäre, «es gibt keinen Ātman außer dem einzigen Ātman» und für das *Muhammadun Rasûlu 'Llâh*: «Mâyâ ist die Manifestation von Ātman.» In der christlichen Formulierung besteht eine Zweideutigkeit, insofern als Ātman und Mâyâ nebeneinandergestellt sind; man könnte verstehen, daß letztere mit vollem Recht neben ersterem besteht, daß sie eine jenem gleiche Wirklichkeit besitzt; diesem möglichen Mißverständnis begegnet der Islam auf seine Weise. Oder auch: Sämtliche Theologien – oder Theosophien – lassen sich in etwa auf diese beiden Grundformen zurückführen: Gott-Sein und Gott-Bewußtheit oder Gott-Objekt und Gott-Subjekt oder auch: Gott objektiv, «absolut anders», und Gott subjektiv, zugleich immanent und transzendent. Das Judentum und das Christentum gehören zur ersten Art; der Islam auch, insofern er Religion ist, aber zugleich ist er gleichsam der religiöse und «objekthafte» Ausdruck des Gott-Subjektes, und deshalb behauptet er sich nicht durch die Erscheinung oder das Wunder, sondern durch die Gewißheit, deren Inhalt oder «Antrieb» die «Einheit» ist, also die Absolutheit. Darum besteht auch ein gewisser Zusammenhang zwischen dem Islam und der Gnosis oder der «Herrschaft des Geistes». Die umfassende Bedeutung von «Ātman, der Mâyâ wurde, damit Mâyâ Ātman werde» ist, daß es sich hier um die Herabkunft des Göttlichen, des Avatâra, des Heiligen Buches, des Symbols, des Sakraments, der Gnade in jeder faßlichen Gestalt, folglich auch der Lehre oder des Gottesnamens handelt; das führt uns zurück zu dem *Muhammadun Rasûlu 'Llâh*. Die Betonung wird entweder auf das göttliche Gefäß gelegt, wie im Christentum – dann aber hat dieses Gefäß notwendigerweise auch einen Aspekt des Inhalts,[1] folglich der «Wahrheit» – oder auf den Inhalt «Wahrheit», wie im Islam und erst recht in allen Formen der Gnosis, und dann stellt sich dieser Inhalt unausweichlich unter dem formalen Aspekt des enthaltenden Gefäßes dar, also der «göttlichen Erscheinung» oder des Symbols.[2] Das Gefäß ist das «Wort, das Fleisch geworden ist», und der Inhalt ist die Absolutheit der Wirklichkeit oder des göttlichen Selbst, im Christentum ausgedrückt durch das Gebot, Gott zu lieben mit all unserm Sein und unsern Nächsten wie uns selbst, «da alles Ātma[3] ist».

Die Verschiedenheit der Religionen und ihre Gleichwertigkeit in Hinsicht auf das Wesentliche ist – aus höchster erkenntnishafter sufischer Sicht – durch die natürliche Verschiedenheit der empfangenden Kollektive gegeben: Jeder einzelne Empfänger hat seinen besonderen Herrn, das gleiche gilt von den psychologischen Kollektiven.[4] Der «Herr»

1 «Ich bin der Weg, die Wahrheit und das Leben.»

2 Der Koran ist eine gegenständliche göttliche «Herabkunft», ein «Zeichen» und ein «Erbarmen», was sich mit der zweiten Bedeutung der Shahâdah deckt.

3 Oder Allah, in seinem Aspekt als *Ezh-Zhâhir* («der Äußere»), in der Sprache der Sufi.

4 Al-Hallâj sagt in seinem *Dîwân*: «Ich habe über verschiedene Religionen nachgedacht und mich bemüht, sie zu verstehen, und ich habe gefunden, daß sie aus einem einzigen Ursprung hervorgehen und zahlreiche Verzweigungen haben. Verlange also nicht von einem Menschen, er solle eine bestimmte Religion annehmen, denn das würde ihn von seiner Hauptquelle abziehen; in ihr (der Quelle) erhellen sich alle die Erhabenheiten und Bedeutungen; also wird er sie begreifen.» – Massignon spricht in seiner Übersetzung von *«dénominations confessionelles»* («konfessionellen Bezeichnungen») für *adyân,* was in diesem Zusammenhang durchaus zutrifft. – Dieser Universalismus ist im Judentum durch Enoch, Melchisedek und Eliah angedeutet und im Christentum durch die beiden heiligen Johannes sowie auf niederer Ebene durch den «christusnahen» Exorzisten, welcher Christus selbst nicht nachfolgte («Wer nicht gegen uns ist,

ist das Schöpfer-Sein, insofern es eine bestimmte Seele oder Seelengattung betrifft und «betrachtet» und von ihnen im Licht ihrer eigenen Wesenheiten betrachtet wird, welche ihrerseits aus besonderen göttlichen Möglichkeiten hervorgehen, denn Gott ist «der Erste» (*Al-Awwal*) und «der Letzte» (*Al-Akhir*).

Eine Religion ist eine Form – folglich eine Grenze –, welche das Grenzenlose «enthält», wenn dieses Paradox erlaubt ist; jede Form ist bruchstückhaft dadurch, daß sie notwendig andere formale Möglichkeiten ausschließt. Die Tatsache, daß die Formen – wenn sie unversehrt, das heißt vollkommen «sie selbst» sind – jeweils auf ihre Weise die Ganzheit darstellen, hindert nicht, daß sie in Hinsicht auf ihre Besonderheit und ihr gegenseitiges Einanderausschließen bruchstückhaft sind. Um den – metaphysisch unannehmbaren – Grundsatz der Absolutheit einer bestimmten religiösen Erscheinung zu wahren, kommt man dahin, sowohl die ursätzliche Wahrheit – das heißt das wahrhaft Absolute – als auch den Geist (*intellect*) zu leugnen, der sich ihrer bewußt wird. Man überträgt auf die Erscheinung als solche die Eigenschaften der Absolutheit und Gewißheit, welche der Wahrheit und dem Geist eigen sind, was zu zweifellos geschickten philosophischen Versuchen führt, die aber vor allem von ihrem inneren Widerspruch leben. Es ist widersprüchlich, eine Gewißheit, die beansprucht, ganzheitlich zu sein, einerseits auf die Ordnung des Erscheinungshaften und andererseits auf die mystische Gnade zu gründen und dafür eine verstandesmäßige Zustimmung zu fordern. Eine Gewißheit von erscheinungshafter Art kann von einer Erscheinung herrühren, aber eine grundsätzliche Überzeugung nur aus Grund-

ist für uns»), und den Hauptmann von Kapernaum. – Im Islam findet sich dieser Universalismus in Al-Khadir oder Al-Khidr personifiziert (Koran XVIII,60–82), dem «Unsterblichen», den man zuweilen mit Elias gleichsetzt – und durch Uways El-Qaranî, Hanîf des Jemen und Schutzpatron der 'Arifûn, derer, die Gott erkennen.

sätzlichem, was auch der jeweilige und zufällige Anlaß zu der Erkenntnis sein mag; wenn die Gewißheit aus der Erkenntnis herrührt, und sie muß daher kommen in eben dem Maße, in dem die zu erkennende Wahrheit Tiefe besitzt, dann deshalb, weil sie sich da aufgrund ihres innersten Wesens bereits vorfindet.

Andererseits: Wenn das, was an sich *in divinis* Offensichtlichkeit ist, in einem bestimmten Bereich – dem menschlichen und gegebenenfalls geschichtlichen – heilige Erscheinung wird, dann vor allem deshalb, weil das vorbestimmte Gefäß eine Gemeinschaft ist, also ein vielfaches Subjekt, das sich daher in Einzelwesen gliedert und sich über die Dauer und die vergänglichen Einzelwesen hinaus entfaltet. Die Gesichtspunkte weichen erst dann voneinander ab, wenn sich die heilige Erscheinung im Bewußtsein der Menschen von der ewigen Wahrheit trennt, die sie offenbart und die man nicht mehr «wahrnimmt» – und wenn deshalb die Gewißheit «Glaube» wird und sich nur noch auf die Erscheinung beruft, auf das gegenständliche göttliche Zeichen, das äußere Wunder oder – was auf dasselbe hinausläuft – auf das verstandesmäßig begriffene und tatsächlich auf die Erscheinung eingeschränkte Prinzip. Wenn die heilige Erscheinung als solche tatsächlich zum ausschließlichen Träger der Gewißheit wird, ist der ursprüngliche und über den Erscheinungen stehende Geist auf die Ebene der weltlichen Erscheinungen herabgewürdigt, als ob das reine Erkenntnisvermögen nur für Bedingtes tauglich wäre und als ob das «Übernatürliche» in himmlischer Willkür läge und nicht in der Natur der Dinge. Wenn wir zwischen der «Substanz» und den «Akzidenzien» unterscheiden, stellen wir fest, daß die Erscheinungen von diesen und das Erkenntnisvermögen von jener abhängen. Aber das Auftreten von Religion ist selbstverständlich eine unmittelbare oder von der Mitte ausgehende Manifestation des Elements «Substanz», während das Erkenntnisvermögen in seiner menschlichen Entfaltung allein vom Ausdruck her notwendig der Zufälligkeit dieser Welt der Formen und Bewegungen zugehört.

Daß das Erkenntnisvermögen eine unbewegte und andauernde Gnade ist, macht es in den Augen gewisser Leute zu etwas bloß «Natürlichem», was letztlich bedeutet, es zu leugnen; in diesem Zusammenhang ist das Leugnen des Geistes – weil nicht alle Welt Zugang dazu hat – ebenso falsch wie das Leugnen der Gnade, weil nicht jeder sie genießt. Einige werden sagen, die Gnosis sei etwas Luziferisches, sie wolle die Religion ihres Inhalts entleeren und ihr die Fähigkeit zum Übernatürlichen absprechen, aber wir könnten ebensogut sagen, das Bemühen, der religiösen Erscheinungswelt oder der Ausschließlichkeit, die sie einbegreift, metaphysische Absolutheit zuzuerkennen, sei der geschickteste Versuch, die normale Ordnung der Dinge umzukehren, indem man – im Namen einer Gewißheit, die aus dem Bereich der Erscheinungen und nicht aus dem Ursätzlichen und Erkenntnishaften gewonnen ist – die unmittelbar einleuchtenden Inhalte leugnet, welche der Geist in sich trägt. Der Geist ist der Prüfstein für die Erscheinung; wenn das Umgekehrte ebenfalls wahr ist, dann doch in einem mehr mittelbaren Sinn und auf eine viel bedingtere und äußerlichere Weise. Am Anfang einer Religion oder innerhalb einer kultischen Welt, die in sich noch eine Einheit darstellt, stellt sich das Problem tatsächlich nicht.

Der Beweis für die erkenntnismäßige Transzendenz des Geistes besteht darin, daß er, obwohl daseinsmäßig abhängig vom Sein, insofern dieses sich manifestiert, das Sein in gewisser Weise übersteigen kann, denn er kann es – im Hinblick auf die Schöpfung – als eine Begrenzung der göttlichen Wesenheit bestimmen, welche «Über-Sein» oder göttliche «Ansichheit» (höchstes Selbst) ist. Man könnte fragen, ob es möglich ist, daß sich der Geist über die Religionen stellen kann, insofern sie geistige und historische Erscheinungen sind, oder ob es außerhalb der Religionen einen «unabhängigen» Punkt gibt, welcher es gestattet, der einen oder anderen religiösen «Besonderheit» zu entkommen. Darauf erwidern wir: durchaus, weil der Geist die Religion bestimmen und ihre formalen Grenzen feststellen kann. Wenn man jedoch unter «Religion» die innere Unendlichkeit der Offenbarung versteht, ist es selbstverständlich, daß der Geist diese nicht übersteigen kann, oder vielmehr stellt sich die Frage dann gar nicht mehr, denn der Geist hat teil an dieser Unendlichkeit und ist sogar eins mit ihr in Hinsicht auf seine innerste Natur, da, wo sie am reinsten «sie selbst» und am schwersten zugänglich ist.

In der Symbolik des Spinnennetzes, die in unseren früheren Büchern bereits gelegentlich erwähnt wurde, stellen die Radien die wesentliche «Selbigkeit» und die Kreise die daseinsmäßige «Entsprechung» dar, was auf eine überaus einfache, aber auf jeden Fall angemessene Weise den ganzen Unterschied zwischen den Elementen «Erkenntnis» und «Erscheinung» wie auch ihren Zusammenhang zeigt, und da aufgrund dieses Zusammenhangs keines der beiden Elemente im reinen Zustand erscheint, könnte man – um keinen wesentlichen Bedeutungsunterschied auszulassen – im Fall der Erkenntnisse auch von einer «ununterbrochenen Entsprechung» und im Fall der Erscheinungen von einem «unterbrochenen Einssein» reden. Jede Gewißheit – insbesondere logischer und mathematischer Art – entstammt dem göttlichen Geist, dem einzigen, den es gibt; doch geht sie durch den daseinsmäßigen oder erscheinungshaften Filter des Verstandes, oder genauer, durch die Filter, welche den Verstand von seiner höchsten Quelle trennen. Es ist das «unterbrochene Einssein» des Sonnenlichts, das, selbst noch durch mehrere farbige Gläser gefiltert, stets wesentlich das gleiche Licht bleibt. Bei der «ununterbrochenen Entsprechung» zwischen den Erscheinungen und der göttlichen Ursache, welche sie aushaucht, ist es offensichtlich, daß das Symbol als Erscheinung nicht das ist, was es versinnbildlicht

– die Sonne ist nicht Gott, und darum geht sie unter –, ihr Dasein ist dennoch ein Aspekt oder eine Weise des göttlichen Daseins[1] an sich. Das erlaubt uns, die Entsprechung als «ununterbrochen» zu bezeichnen, wenn wir sie im Hinblick auf ihre ontologische Bindung an das reine Sein betrachten, obwohl eine solche Terminologie, die hier gänzlich behelfsmäßig verwendet wird, logisch widersprüchlich und praktisch wertlos ist. Die Entsprechung ist ein unterbrochenes Einssein, und das Einssein ist eine ununterbrochene Entsprechung;[2] hierin liegt, um es noch einmal zu sagen, der ganze Unterschied zwischen der heiligen oder symbolischen Erscheinung und der grundsätzlichen Erkenntnis.[3]

*

Man hat der Gnosis den Vorwurf gemacht, eine Übersteigerung des «menschlichen Erkenntnisvermögens» zu sein. Bei diesem Ausdruck wird der Irrtum schnell greifbar, denn metaphysisch ist die Erkenntnis vor allem Erkenntnis und nichts anderes; menschlich ist sie nur in dem Maße, in dem sie nicht mehr gänzlich sie selbst ist, das heißt da, wo sie von der Substanz zum Akzidens wird. Für den Menschen und sogar für jedes Wesen sind zwei Bezüge zu berücksichtigen: der des «konzentrischen Kreises» und der des «zentripetalen Strahles»[4]: Gemäß dem ersteren ist die Erkenntnis begrenzt durch eine bestimmte Daseinsebene, sie wird folglich be-

1 Natürlich kein «Teil».

2 Das Einssein setzt von vornherein zwei Glieder voraus, genau jene, die sich einseitig und unumkehrbar als eins erweisen; das bedeutet, daß einer augenscheinlichen Verschiedenheit eine einzige Wirklichkeit zugrunde liegt, daher das Wesen der Entsprechung.

3 Man könnte das genauer bestimmen, indem man von «unwesentlich unterbrochenem Zusammenhang» und «im wesentlichen zusammenhängender Unterbrechung» spricht.

4 Hierin liegt der ganze Unterschied zwischen der Entsprechung und dem wesentlichen Einssein, wobei eines stets ein Aspekt des andern ist.

trachtet, insofern sie von ihrer Quelle getrennt oder lediglich eine Brechung derselben ist; gemäß dem letzteren ist die Erkenntnis alles, was sie aufgrund ihrer innersten Natur ist, ungeachtet ihrer zufälligen Lage in einem gegebenen Fall. Das an Pflanzen erkennbare Wissen «ist» – soweit es unfehlbar ist – Gottes Wissen, es gibt kein anderes; das trifft mit um so größerem Recht auf das Erkenntnisvermögen des Menschen zu, wo dieses Wissen, aufgrund seiner Uneingeschränktheit und Transzendenz, höherer Entsprechungen fähig ist. Es gibt nur ein einziges Subjekt, das allumfassende höchste Selbst, und seine existentiellen Brechungen oder Verästelungen sind Es selbst oder nicht Es selbst, gemäß dem Bezug, unter dem sie betrachtet werden. Entweder man begreift diese Wahrheit, oder man begreift sie nicht; es ist unmöglich, sie jedem Bedürfnis nach ursächlichem Zusammenhang anzupassen, so wie es unmöglich ist, Begriffe wie das «relativ Absolute» oder die «metaphysische Transparenz» der Erscheinungen jedermann begreiflich zu machen. Der Pantheismus sagt: «Alles ist Gott», mit dem Hintergedanken, daß Gott nichts anderes ist als das Gesamt der Dinge. Die wahre Metaphysik wird ganz im Gegenteil zugleich sagen: «Alles ist Gott» und «Nichts ist Gott», aber hinzufügen, daß Gott nichts außer Ihm selbst ist und daß Er nichts von dem ist, was sich auf dieser Welt befindet. Es gibt Wahrheiten, die man nicht anders als durch Antinomien ausdrücken kann, was ganz und gar nicht heißt, daß diese in diesem Falle ein philosophisches «Verfahren» darstellten, das zu einer bestimmten «Schlußfolgerung» führen muß, denn die unmittelbare Erkenntnis steht über den Zufälligkeiten des Verstandes; man darf die Schau nicht mit der Äußerung verwechseln. Im übrigen sind die Wahrheiten nicht darum tief, weil sie für den, der sie erkennt, schwer auszudrücken sind, sondern weil sie für den, der sie nicht kennt, schwer zu begreifen sind; daher das Mißverhältnis zwischen der Einfachheit des Symbols und der gelegentlichen Vielschichtigkeit der Denkschritte.

*

Zu behaupten, wie einige das getan haben, daß sich das Erkenntnisvermögen in der Gnosis hochmütig an Stelle Gottes setzt, heißt, nicht zu wissen, daß es seiner Natur nach nicht verwirklichen kann, was wir das «Sein» des Unendlichen nennen können. Die reine Erkenntnis vermittelt davon einen angemessenen und wirklichen Abglanz – oder ein Gefüge von Widerspiegelungen –, aber sie übermittelt nicht unmittelbar das «göttliche Sein», sonst würde uns die geistige Erkenntnis unmittelbar mit ihrem Gegenstand vereinen. Der Unterschied zwischen Glaube und Erkenntnis – dem Grundglauben der Religion und der metaphysischen Gewißheit – ist vergleichbar mit dem Unterschied zwischen einer Beschreibung und einer Schau: Die eine stellt uns so wenig auf einen Berggipfel wie die andere, aber die Schau unterrichtet uns über die Eigenschaften des Berges und über den Weg, der einzuschlagen ist. Vergessen wir jedoch nicht, daß ein Blinder, der ohne Unterbrechung geht, schneller vorankommt als ein gewöhnlicher Mensch, der bei jedem Schritt innehält. Wie immer dem auch sei, die Schau vereint das Auge mit dem Licht, sie vermittelt eine richtige und einheitliche Erkenntnis[1] und gestattet Abkürzungen da, wo die Blindheit zum Vorwärtstasten nötigt, mag das den moralisierenden Verächtern des Geistes auch mißfallen, die sich weigern zuzugeben, daß auch der Geist eine Gnade ist, aber eine

1 Auf den Einwand, daß selbst die, die wir als überlieferungstreue Metaphysiker gelten lassen, einander widersprechen können, erwidern wir, daß das im Bereich der Anwendungen zutreffen mag, wo es immer vorkommen kann, daß einem Tatsachen unbekannt sind, niemals aber auf dem Gebiet der reinen Grundsätze, welche allein von absolut entscheidender Bedeutung sind, welcher Ebene sie auch angehören mögen.

Gnade, die unbewegt und «auf natürliche Weise übernatürlich» ist.[1] Indessen sind die Erkenntnisse, wie wir bereits sagten, nicht die ganze Gnosis; diese umfaßt die Mysterien der Einung und mündet unmittelbar in das Unendliche, wenn man so sagen darf. Das «Nicht-Erschaffensein» des Sufi im vollen Wortsinn (*eç-çûfi lam yukhlaq*) betrifft zunächst nur das überpersönliche Wesen des Geistes (*intellect*) und nicht den Zustand des Aufgehens in der Wirklichkeit, den der Geist uns «wahrnehmen» läßt oder «bewußtmacht». Die allumfassende Erkenntnis übersteigt unendlich weit alles, was beim Menschen als «Intelligenz» erscheint, eben deshalb, weil sie ein nicht vergleichbares Mysterium des «Seins» ist. Hier liegt der ganze, mit Menschenworten nicht mehr beschreibbare Unterschied zwischen der Schau und der Verwirklichung; in der Verwirklichung wird die «Schau» zum «Sein», und unser Dasein verwandelt sich in Licht. Aber selbst die gewöhnliche geistige Schau – die Erkenntnis, welche widerspiegelt, aneignet und unterscheidet, ohne deshalb eine ontologische Verwandlung zu bewirken – übersteigt bereits über jedes Maß hinaus das einfache Denken, die folgernde und «philosophische» Tätigkeit des Verstandes.

*

Die metaphysische oder esoterische Dialektik bewegt sich zwischen der Einfachheit der Symbolik und der Vielfalt der Widerscheine. Diese letztere – und das ist ein Punkt, den zu verstehen die Menschen der Neuzeit Mühe haben – kann man ständig verfeinern, ohne der Wahrheit damit einen Fingerbreit näher zu kommen; anders gesagt, ein Denken kann

1 Das Menschsein mit allem, was es von der Tierheit unterscheidet, ist ebenso eine Gnade. Wenn hier ein wenig Mißbrauch mit der Sprache getrieben wird, so geschieht das darum, weil die metaphysische Wahrheit uns dazu zwingt, denn die Wirklichkeit der Dinge ist den Begrenzungen der Wörter nicht unterworfen.

sich in tausend Verästelungen aufteilen und sich mit allen möglichen Vorsichtsmaßnahmen umgeben und dennoch äußerlich und «weltlich» bleiben, denn auch die größte Kunstfertigkeit des Töpfers wird den Lehm nicht in Gold verwandeln. Man kann sich eine Sprache vorstellen, die hundertmal entwickelter ist als die, die wir gewöhnlich gebrauchen, denn hier gibt es keine grundsätzlichen Grenzen. Jede Formulierung ist auf ihre Art notwendigerweise «naiv», und man kann stets bestrebt sein, ihr mit einigem Aufwand an logischem oder phantastischem Blendwerk Glanz zu verleihen. Das beweist einerseits, daß die Reflexivität als solche einer Aussage nichts Wesentliches hinzufügt und daß andererseits – rückschauend – die verhältnismäßig einfachen Aussagen der Weisen vergangener Zeiten mit einer Bedeutungsfülle befrachtet waren, die man nicht mehr ohne weiteres darin erkennen kann und deren Dasein man gerne leugnet. Nicht eine bis zum Widersinn getriebene Reflexivität kann uns ins Herz der Erkenntnis führen. Wer auf dieser Ebene mit Nachforschen und zögerndem Tasten vorgehen will, wer forscht und abwägt, hat nicht begriffen, daß man nicht sämtliche Arten von Wissen derselben «Ordnung» von Logik und Erfahrung unterstellen kann und daß es Wirklichkeiten gibt, die entweder sofort oder überhaupt nicht begriffen werden.

Nicht ohne Zusammenhang mit dem soeben Gesagten ist die Frage nach den beiden Weisheiten, der metaphysischen auf der einen und der mystischen auf der anderen Seite: Es wäre ganz verfehlt, mit Hilfe der Autorität bestimmter mystischer oder «einender» Formulierungen die Rechtmäßigkeit erkenntnishafter Begriffsbestimmungen zu leugnen, zumindest für jemanden, der sich selbst außerhalb des Zustandes befindet, um den es sich handelt, denn es kommt tatsächlich vor, daß Betrachtende im Namen der unmittelbaren Erfahrung die lehrhaften Formulierungen ablehnen, die für sie «Worte» geworden sind, was sie nicht immer hindert, andere Formulierungen derselben Art und letztlich desselben Wertes vorzuschlagen.[1] Hier geht es darum, das Gebiet des eigentlich Erkenntnishaften oder Lehrlichen, das die ganze Rechtmäßigkeit und mithin die ganze Wirkungskraft besitzt, welche ihm die Natur der Dinge auf seiner Ebene verleiht, nicht mit dem der inneren Erfahrung, dem Bereich der ontologischen «Wahrnehmungen» oder des mystischen «Wohlgeruchs» oder «Geschmacks» zu verwechseln. Das wäre ebenso falsch, wie die Genauigkeit einer Landkarte zu bestreiten, weil man eine wirkliche Reise unternommen hat, oder zu behaupten, weil man zum Beispiel von Norden nach Süden gereist ist, das Mittelmeer läge «oben» und nicht «unten» wie auf der Landkarte.

Die Metaphysik hat gleichsam zwei große Ausdehnungsweisen, eine «aufsteigend», bei der es sich um allheitliche Grundsätze und die Unterscheidung zwischen dem Wirklichen und dem Schein handelt, die andere «absteigend», worin es sich im Gegensatz dazu um das «göttliche Leben» unter kreatürlichen Umständen handelt, also um das zutiefst und insgeheim «Göttliche» der Wesen und Dinge, denn «alles ist Âtman». Die erste Ausdehnungsweise kann «unbewegt» genannt werden, sie bezieht sich auf die erste Shahâdah und die «Auslöschung» (*fanâ*), die «Vernichtung» (*istihlâk*), während die zweite als «bewegt» erscheint und sich auf die zweite Shahâdah und das Fortbestehen (*baqâ*) bezieht. Verglichen mit der ersten, ist die zweite Ausdehnungsweise geheimnisvoll und widersprüchlich, sie scheint der ersten in bestimmten Punkten zu widersprechen, oder sie ist auch gleich einem Wein, an dem sich das All berauscht. Doch darf man niemals aus den Augen verlieren, daß diese zweite Ausdehnungsweise in der ersten unausgesprochen bereits ent-

1 In *L'unité transcendante des religions* haben wir auf eine Eigenheit dieser Art aufmerksam gemacht, im Zusammenhang mit dem «Traktat über die Einheit» (*Risâlat al-Ahadiya*), der, zu Recht oder Unrecht, Ibn Arabî zugeschrieben wird, auf jeden Fall aber unmittelbar auf seine Lehre zurückgeht.

halten ist, auch nicht, daß die zweite Shahâdah von der ersten abgeleitet ist, nämlich von dem «Schnittpunkt», dem *illâ,* so daß die unbewegte (statische) «elementare» oder «trennende» Metaphysik sich selbst genügt und keinerlei Vorwurf verdient von seiten derer, welche die berauschenden Paradoxe der Erfahrung der Einung genießen. Was in der ersten Shahâdah das Wort *illâ* ist, ist in der ersten Metaphysik der Begriff der allheitlichen Ursächlichkeit. Wir gehen von dem Gedanken aus, daß die Welt scheinhaft ist, denn allein der göttliche Ursatz ist wirklich; da wir jedoch in der Welt sind, fügen wir den Vorbehalt an, daß die Welt Gott widerspiegelt; und aus diesem Vorbehalt entspringt die zweite Metaphysik, von der her gesehen die erste gleichsam ein unzureichender Dogmatismus ist. Es handelt sich hier gewissermaßen um den Vergleich zwischen den Vollkommenheiten der Unvergänglichkeit und des Lebens: Die eine kann ohne die andere nicht bestehen, und es wäre eine verderbenbringende «optische Täuschung», die Lehre im Namen der Verwirklichung zu mißachten oder die letztere im Namen der ersteren abzuleugnen. Da indessen der erste Irrtum gefährlicher ist als der zweite – welcher übrigens in der reinen Metaphysik kaum aufkommt und wenn, dann darin besteht, den «Buchstaben» der Lehre in seinem formalen Partikularismus zu überschätzen –, wollen wir zur Ehre der Lehre an ein Wort Christi erinnern: «Himmel und Erde werden vergehen, aber meine Worte werden nicht vergehen.» Die indische oder hinduistisch-buddhistische Lehre der Upâyas berücksichtigt diese Dimensionen des Geistigen durchaus: Die Begriffe sind wahr, entsprechend den Ebenen, auf die sie bezogen sind, sie können überschritten werden, auf ihrer jeweiligen Ebene aber bleiben sie immer wahr, und diese Ebene ist ein Aspekt des absolut Wirklichen.

Im Hinblick auf das Absolute, insofern es göttliche Ansichheit und undenkbare Selbstheit ist, ist die metaphysische Lehre gewiß von Bedingtheit befleckt, doch bietet sie nichtsdestoweniger unbedingt sichere Richtungspunkte und «angemessene Annäherungen», ohne die der menschliche Geist nicht auskommt; und das zu begreifen sind die vereinfachenden «Konkretisierer» unfähig. Die Lehre verhält sich zur Wahrheit wie der Kreis oder die Spirale zur Mitte.

Der Begriff des «Unterbewußten» kann nicht nur in einem bloß psychologischen, also zweitrangigen, sondern auch in einem geistigen Sinne aufgefaßt werden; zwar müßte man in diesem Falle vom «Überbewußten» reden, jedoch hat das Überbewußte ebenfalls einen «unterirdischen» Aspekt im Verhältnis zu unserem gewöhnlichen Bewußtsein, genauso wie das Herz, das einem versunkenen Heiligtum vergleichbar ist, welches – sinnbildlich gesprochen – dank der Einheitverwirklichung wieder an die Oberfläche gelangt. Wir berufen uns hier auf diesen chthonischen Anblick, um – wenigstens behelfsmäßig – von einem «geistigen Unterbewußtsein» reden zu können. Doch darf man dabei keinen Augenblick an den niederen, bloß vitalen Seelenbereich denken, das heißt an den passiv-chaotischen Traum des Menschen oder der Menschengruppen.

Das geistige Unterbewußte, so wie wir es verstehen, wird aus alledem gebildet, was der Geist (*intellect*) verborgen und unausgesprochen enthält. Der Geist «weiß» aus seinem eigenen Grunde heraus alles, was gewußt werden kann; wie das Blut, das die kleinsten Adern des Körpers durchfließt, durchquert er alle die Ichs, aus denen das All gewoben ist, und mündet, in «vertikaler» Richtung, in die Unendlichkeit. Mit anderen Worten: Die erkenntnisfähige Mitte des Menschen, welche tatsächlich «unterbewußt» ist, hat nicht allein Kenntnis von Gott, sondern auch vom Wesen des Menschen und von seiner Bestimmung;[1] das erlaubt

1 Die Voraussagen, nicht allein die der Propheten, sondern auch die der Schamanen im Zustand der Trance, erklären sich aus dieser kosmischen Gleichartigkeit des Erkenntnisvermögens, mithin des «Wissens». Der Schamane vermag sich mit einem Unterbewußtsein in Verbindung zu

uns, die göttliche Offenbarung als eine «übernatürlich natürliche» Manifestation dessen darzustellen, was die Art Mensch in ihrer keimhaft vorhandenen und verschütteten Allwissenheit über sich selbst und über Gott «weiß». Die Erscheinung der Prophetie zeigt sich somit wie eine Art Erwachen des allheitlichen Bewußtseins auf menschlicher Ebene, das im Kosmos in verschiedenen Graden der Wachheit oder Benommenheit überall gegenwärtig ist. Aber wie die Menschheit verschieden ist, ist auch dieses Aufbrechen von Wissen verschieden – nicht in Hinsicht auf den wesentlichen Gehalt, sondern in Hinsicht auf die Form, und da ist abermals ein Aspekt des «Bewahrungsinstinkts» der Kollektive oder ihrer «unterbewußten» Weisheit; denn die rettende Wahrheit muß den empfangenden Gefäßen entsprechen, sie muß für jeden erkennbar und wirklich sein. Bei der göttlichen Offenbarung spricht letztlich immer das höchste Selbst, und da Sein Wort Ewigkeitscharakter besitzt, «übersetzen» es die menschlichen Empfänger – an ihrer Wurzel und aus ihrem Wesen heraus, nicht bewußt oder absichtlich – in die Sprache der jeweiligen räumlichen und zeitlichen Gegebenheiten.[1] Die individualisierten Bewußtheiten sind ebensoviele Schleier, welche das blendende Licht des durch nichts eingeschränkten Bewußtseins des göttlichen Selbst fil-

setzen, welches die vergangenen und die zukünftigen Begebenheiten enthält und zuweilen bis in die Bereiche des Jenseits vordringt.

1 Das bedeutet, daß die «Übersetzung» sich bereits in Gott vollzieht im Hinblick auf ein bestimmtes menschliches Gefäß; nicht das Gefäß bestimmt Gott, sondern Gott bestimmt im voraus das Gefäß. Im Fall mittelbarer Eingebung (Sanskrit: *smriti,* Texte zweiter Ordnung) – also bei heiligen Kommentaren, die nicht zu verwechseln sind mit der «Offenbarung» (*shruti,* Texte unmittelbarer Eingebung) – ist die Rolle des Gefäßes nicht einfach existentiell, sondern aktiv in dem Sinne, daß es dem GEIST (*Esprit*) gemäß «ausgelegt», statt unmittelbar vom Geist her zu empfangen.

tern und anpassen.[1] Für die sufische Gnosis ist die gesamte Schöpfung ein ineinandergreifendes Spiel empfangender kosmischer Gefäße und göttlicher Enthüllungen von unendlicher Mannigfaltigkeit und Feinheit.

Es ist nicht Zweck dieser Betrachtungen, anderen Spekulationen eine weitere hinzuzufügen, sondern ahnen zu lassen – wenn nicht jedem Bedürfnis nach Kausalität zu beweisen –, daß das Religiöse als Erscheinung, so «übernatürlich» es dem Begriffe nach ist, auch eine «natürliche» Seite hat, die auf ihre Art für die Wahrhaftigkeit der Erscheinung bürgt. Das heißt: Die Religion – oder die Weisheit – ist dem Menschen von Natur aus eigen, er wäre kein Mensch, wenn seine Anlage nicht einen Bereich für die Entfaltung des Absoluten umfaßte, er wäre auch kein Mensch – «Bild Gottes» – wenn seine Natur ihm nicht erlaubte, sich trotz seiner «Verhärtung» und durch diese hindurch alles bewußtzumachen, was «ist», und ebenso alles, was in seinem höchsten Interesse liegt. Die Offenbrung verleiht also all der Erkenntnis Ausdruck, welche die unberührten Dinge besitzen, sie entspricht – nur auf unendlich viel höherer Ebene – der Unfehlbarkeit, welche die Zugvögel nach Süden führt und die Pflanzen dem Licht zukehrt.[2] Sie ist alles, was wir in der angelegten Fülle

1 Das tun sie auf zweierlei Weise oder auf zwei Stufen, je nachdem, ob es sich um mittelbare oder unmittelbare, göttliche oder erkenntnismäßige Eingebung handelt.

2 Damit soll nicht einfach auf die Eingebung angespielt werden, welche bewirkt, daß die Gläubigen der himmlischen Botschaft folgen, sondern auf die «natürliche Übernatur» der Art Mensch, welche die Offenbarungen hervorruft, so wie in der Natur ein bestimmtes Gefäß einen entsprechenden Inhalt anzieht. Was das «natürlicherweise Übernatürliche» anlangt oder umgekehrt, was insgesamt auf das gleiche hinausläuft, so sei hinzugefügt, daß die Engel in bezug auf den GEIST (*Intellect*) ein ergänzendes Beispiel bieten: Die Engel sind die «objektiven» Kanäle des Heiligen Geistes, so wie der Geist sein «subjektiver» Kanal ist. Die beiden Vermittlungsweisen verschmelzen übrigens in dem Sinne, daß jede Erkenntnis *Er-Rûh*, den GEIST (*Esprit*), durchläuft.

unseres Seins wissen, und alles, was wir lieben und was wir sind.

*

Der ursprüngliche Mensch, der Mensch vor dem Verlust der paradiesischen Harmonie, sah die Dinge von innen, in ihrer Urbeschaffenheit und in der Einheit. Nach dem Fall sah er sie nur noch von außen und in ihrer Zufälligkeit, mithin außerhalb Gottes. Adam ist der Geist (*rûh*) oder der Verstand (*'aql*), und Eva ist die Seele (*nafs*); durch die Seele – die «horizontale» Ergänzung zum «vertikalen» Geist und der daseinsmäßige Pol des reinen Erkenntnisvermögens – oder durch den Willen kam die Bewegung zur Äußerung und Zerstreuung. Die versucherische Schlange, welche der kosmische Dämon dieser Bewegung ist, kann nicht unmittelbar auf das Erkenntnisvermögen einwirken, folglich muß sie den Willen verführen: Eva. Wenn der Wind über einen vollkommen ruhigen See geht, wird der Widerschein der Sonne gestört und teilt sich auf; so hat sich auch der Verlust des Paradieses vollzogen – der göttliche Widerschein ist zerbrochen. Der Weg besteht in der Rückkehr zur Schau der Unschuld, zur inneren Dimension, wo alle Dinge in der Einheit sterben und wiedergeboren werden – in jenem Absoluten, welches zugleich mit den ihm zugehörenden Begleitern, der Ausgewogenheit und der Unverletzlichkeit, der ganze Inhalt und der Bestehensgrund des Menschengeschlechtes ist.

Und diese Unschuld ist auch die «Kindheit, die sich nicht um das Morgen sorgt». Der Sufi ist «Sohn des Augenblicks» (*ibn al-waqt*), was vor allem bedeutet, daß er sich der Ewigkeit bewußt ist und daß er sich durch sein «Gedenken an Allah» im «zeitlosen Augenblick» der «himmlischen Gegenwart» befindet. Das bedeutet aber auch und als Folge davon, daß er stets im göttlichen Willen verharrt, daß er nämlich begreift, daß der gegenwärtige Augenblick das ist, was Gott von ihm fordert. Er wird also nicht mehr begehren, «vorher» oder «nachher» zu sein oder im Genuß dessen zu sein, was sich tatsächlich außerhalb des göttlichen «Jetzt» befindet – dieses unersetzlichen Augenblicks, in dem wir wirklich Gott gehören, des einzigen Augenblicks, in dem wir ihm tatsächlich gehören wollen können.

Es soll nun kurz, aber auch möglichst genau zusammengefaßt werden, was der Weg im Islam grundsätzlich bedeutet. Dieser Abschluß des Buches wird zugleich – und noch einmal – die streng an den Koran gebundene und muslimische Eigenart des Weges der Sufi hervorheben.[1]

Erinnern wir uns zunächst an die entscheidende Tatsache, daß der Taçawuf (Weg) gemäß der Überlieferung mit dem Ihsân zusammenfällt und daß Ihsân bedeutet, «daß du Gott verehrst, als wenn du Ihn sähest, und wenn du Ihn nicht siehst, so sieht Er doch dich». Der Ihsân – der Taçawwuf – ist nichts anderes als die vollkommen «aufrichtige» (*mukhliçah*) «Anbetung» (*'ibâdah*) Gottes, die vollständige Übereinstimmung von Erkenntnisvermögen und Willen mit ihrem «Inhalt» und ihrem göttlichen Urbild.[2]

Das Wesentliche der Anbetung – mithin in einem gewissen Sinne die Anbetung als solche – besteht darin, zu glauben, daß *Lâ ilaha illâ 'Llâh* und, daraus sich ergebend, daß *Muhammadun Rasûlu 'Llâh.* Der Beweis: Nach islamischer Lehre und innerhalb des Bereichs ihrer «Rechtsprechung» ist ein Mensch nur dann mit Gewißheit verdammt, wenn ihm der Glaube an diese Sätze fehlt. Der Muslim ist nicht

1 Die dialektischen Entlehnungen, die im Zusammentreffen mit der griechischen Weisheit stets möglich und sogar unvermeidlich sind, fügen der inneren Wahrheit (*haqîqah*) des Weges (*taçawwuf*) nichts hinzu, sondern beleuchten sie nur.

2 Der üblichen Ausdrucksweise der Sufi folgend, formuliert der Sheikh Al-Allaoui genauer, daß der Beginn des Ihsân die «Wachsamkeit» (*murâqabah*), sein Ende dagegen die «unmittelbare Betrachtung», (*mushâhadah*) ist.

dadurch schon verdammt, daß er nicht betet oder nicht fastet; denn er kann daran gehindert sein, und die Frauen sind unter bestimmten körperlichen Voraussetzungen davon ausgenommen. Er ist auch nicht notwendig verdammt, wenn er den Zehnten nicht entrichtet: Die Armen – besonders die Bettler – sind davon ausgenommen, was, wie auch in den vorerwähnten Fällen, zumindest ein Anzeichen für eine gewisse Relativität ist. Um so weniger ist einer verdammt allein deshalb, weil er die Pilgerfahrt nicht durchführen kann; der Muslim ist nur dann verpflichtet, sie zu unternehmen, wenn er das kann. Was den heiligen Krieg anlangt, so findet er nicht immer statt, und selbst wenn er stattfindet, sind die Kranken, die Invaliden, Frauen und Kinder nicht verpflichtet, daran teilzunehmen. Notwendig aber ist man verdammt – immer im Rahmen des Islam oder in einem übertragenen Sinne – wenn man nicht glaubt, daß *Lâ ilaha illâ 'Llâh* und daß *Muhammadun Rasûlu 'Llâh*; dieses Gesetz kennt keine Ausnahme, denn es ist in gewisser Weise eins mit dem, was den Sinn des Menschseins ausmacht. Also ist es unbestreitbar dieser Glaube, welcher das Wesentliche am Islam ausmacht; und es ist die «Aufrichtigkeit» (*ikhlâç*) dieses Glaubens oder dieses Annehmens, welche den Ihsân oder Taçawwuf bildet. Mit anderen Worten: Es ist allenfalls denkbar, daß ein Muslim, der es zum Beispiel während seines ganzen Lebens versäumt hat, zu beten oder zu fasten, trotz allem und aus Gründen, die sich unserer Kenntnis entziehen, die aber für das göttliche Erbarmen zählen, gerettet wird. Hingegen ist es nicht denkbar, daß ein Mensch, der leugnet, daß *Lâ ilaha illâ 'Llâh,* gerettet wird, weil dieses Leugnen ihn offensichtlich seiner Eigenschaft als Muslim, also der *Conditio sine qua non* des Heils berauben würde.[1]

Die Aufrichtigkeit des Glaubens schließt, entsprechend

1 Im christlichen Bereich würde man von der «Sünde wider den Heiligen Geist» sprechen.

unseren Fähigkeiten, auch seine Tiefe mit ein; wer von Fähigkeit spricht, spricht von Berufung.[1] Wir müssen in dem Maße begreifen, in dem wir erkenntnisfähig sind, nicht in dem Maße, in dem wir das nicht sind und wo keine Entsprechung zwischen dem erkennenden Subjekt und dem zu erkennenden Objekt besteht. Auch die Bibel lehrt – in beiden Testamenten –, daß wir Gott «lieben» sollen mit all unseren Kräften; das Erkenntnisvermögen kann also nicht ausgeschlossen sein, um so weniger, als gerade es kennzeichnend ist für den Menschen und ihn von den Tieren unterscheidet. Der freie Wille wäre ohne das Erkenntnisvermögen undenkbar.

Der Mensch ist geschaffen aus uneingeschränktem oder transzendentem Erkenntnisvermögen – also auch fähig sowohl zur Abstraktion wie zur übersinnlichen unmittelbaren Schau – und aus freiem Willen, und deshalb gibt es eine Wahrheit und einen Weg, eine Lehre und eine Methode, einen Glauben und einen Gehorsam, einen Imân und einen Islâm; der Ihsân als ihre Vollendung und Krönung ist zugleich in ihnen und über ihnen. Man kann auch sagen, es gibt einen Ihsân, weil es im Menschen etwas gibt, das nach der Ganzheit oder etwas Absolutem oder Unendlichem verlangt.

Das Wesentliche der Wahrheit ist die Unterscheidung von Zufälligem und Absolutem; und das Wesentliche des Weges ist das anhaltende Bewußtsein der absoluten Wirklichkeit. Wer in dem geistigen Kontext, um den es hier geht, von «Wesentlichem» spricht, spricht vom Ihsân.

Wir haben gesagt, der Mensch bestehe aus Erkenntnisvermögen und Willen; folglich ist er aus Erkenntnissen und Tugenden geschaffen oder aus Dingen, die er weiß, und Din-

1 Indessen fordert Gott auf dieser Ebene nicht, daß wir das Ziel erreichen, das wir uns setzen und das wir verfolgen, weil wir es uns vorstellen, und auch seiner Wahrheit wegen. Die *Bhagavadgîtâ* lehrt unmißverständlich, daß Gott hier nur das Bemühen fordert und den Mißerfolg nicht bestraft.

gen, die er vollbringt, oder mit anderen Worten, aus dem, was er weiß, und dem, was er ist. Die Erkenntnisse sind durch die erste Shahâdah angedeutet und die Tugenden durch die zweite; darum kann man den Taçawwuf entweder durch Auslegung einer Metaphysik oder Erläuterung der Tugenden beschreiben. Die zweite Shahâdah ist im wesentlichen eins mit der ersten, von der sie nur eine Fortsetzung ist, so wie die Tugenden im Grunde eins sind mit den Wahrheiten und in gewisser Weise daraus hervorgehen. Die erste Shahâdah – die Shahâdah Gottes – drückt jede ursächliche Wahrheit aus, die zweite Shahâdah – die des Propheten – jede grundlegende Tugend.

Die wesentlichen Wahrheiten sind folgende: die Wahrheit der göttlichen und «einen» Wesenheit (*Dhât, Ahadiyah* im Sinne der Nicht-Zweiheit der Veden); sodann die Wahrheit des schöpferischen Seins (*Khâliq*), ebenfalls «ein-heitlicher» Ursatz – aber im Sinne einer «Bestätigung» und kraft einer «Selbstbestimmung» (*Wâhidiyah*, «Alleinsein» oder «Einzigkeit») – und wenn auch keine «Teile»[1] enthaltend, so doch Aspekte oder Eigenschaften (*çifât*).[2] Diesseits des Bereichs des Ursätzlichen oder Göttlichen gibt es einerseits den Makrokosmos – mit seiner «erzengelhaften» und gleichsam «göttlichen» Mitte (*Rûh*) – und andererseits, am äußersten Umkreis seiner Entfaltung, jene Verdichtung des allheitlichen Urstoffes, die wir «Materie» nennen und die für uns die zugleich schuldlose und tödliche Umhüllung der Existenz ist.

1 Das vertrüge sich nicht damit, daß der Ursatz unteilbar ist und daß ihm nichts zugesellt werden kann.

2 Gott «existiert» nicht – Er ist jenseits der Existenz –, aber man kann von ihm sagen, er sei «nicht inexistent», wenn einem daran liegt, die Offensichtlichkeit zu betonen, daß er «wirklich» ist, ohne zu «existieren». Auf keinen Fall kann man von Gott sagen, er sei «inexistent»; er ist «nicht existent», insofern, als er nicht vom Bereich des Existentiellen abhängt, aber «nicht inexistent», insofern, als seiner Transzendenz offensichtlich keinerlei Entbehren eignen kann.

Was die wesentlichen Tugenden anlangt, von denen wir an anderer Stelle handelten, die aber ebenfalls in dieser letzten Zusammenfassung nicht fehlen dürfen, so sind es die Vollkommenheiten der «Furcht», der «Liebe» und der «Erkenntnis», oder, mit anderen Worten, die Tugenden der «Armut», der «Großherzigkeit» und der «Aufrichtigkeit»; in einem bestimmten Sinne machen sie den Islâm aus, so wie die Wahrheiten den Imân ausmachen, und ihre Vertiefung – oder ihr qualitatives Ergebnis – das Wesen des Ihsân oder seine eigentliche Frucht. Wir könnten ferner sagen, die Tugenden bestünden im Grunde darin, an Gott zu haften gemäß einer Art Symmetrie oder einem Dreier-Rhythmus, «jetzt», «hier» und «so»; aber diese Bilder können einander auch vertreten, da jedes sich selbst genügt. Der Sufi befindet sich in der zeitlosen «Gegenwart», wo es keine Reue und keine Ängste mehr gibt; er befindet sich in der unbegrenzten Mitte, wo das Außen und das Innen verschmelzen oder einander überschreiten; sein «Geheimnis» ist die vollkommene «Einfaltigkeit» des immer jungfräulichen Urstoffes.[1] Da er nur «das ist, was er ist», ist er all «das, was ist».

Wenn der Mensch Wille ist, ist Gott Liebe; wenn der Mensch Erkenntnisvermögen ist, ist Gott Wahrheit. Wenn

1 Die Einfaltigkeit eines Stoffes ist seine Unteilbarkeit. Die Symbolik, auf die wir hier anspielen, erfordert vielleicht folgende näheren Erläuterungen: Wenn die Voraussetzungen der körperlichen Existenz Zeit, Raum, die verdichtete oder zur Materie gewordene Substanz, die Form und die Zahl sind, dann sind die drei letzten Elemente – Materie, Form und Zahl – der Inhalt der beiden ersten: der Zeit und des Raumes. Die Form und die Zahl decken sich in gewisser Weise – und auf der Ebene, um die es sich handelt – mit der Materie, von der sie jeweils die äußeren Bestimmungen der Beschaffenheit und der Menge sind; die entsprechenden inneren Bestimmungen sind einerseits die Natur der betrachteten *Materia* und andererseits ihre Ausdehnung. So wie der Begriff der «Substanz» lassen sich auch die vier anderen Begriffe der Daseinsbedingung über den Bereich des sinnlich Faßbaren hinaus ausdehnen: Sie sind keine irdischen Zufälligkeiten, sondern Widerscheine allheitlicher Ordnungen.

der Mensch gefallener ohnmächtiger Wille ist, ist Gott erlösende Liebe; wenn der Mensch verdunkeltes und irrendes Erkenntnisvermögen ist, ist Gott die erleuchtende Wahrheit, welche befreit, denn es liegt in der Natur der Erkenntnis – in der Übereinstimmung von Erkenntnisvermögen und Wahrheit –, rein und frei zu machen. Die göttliche Liebe erlöst, indem sie sich «zu dem macht, was wir sind», sie «kommt herab», um zu «erheben»; die göttliche Wahrheit befreit, indem sie dem Geist seinen «übernatürlich-natürlichen» Gegenstand und damit seine erste Reinheit zurückgibt, das heißt, indem sie daran erinnert, daß allein das Absolute «ist», daß das Zufällige «nicht ist» oder daß es, im Gegenteil, was das reine Dasein sowie, je nachdem, die reine Erkenntnis oder die «Bewußtheit» oder die strenge Analogie anlangt, «nichts anderes ist als das Absolute».[1]

Die Shahâdah, durch welche Allah sich als Wahrheit kundtut, wendet sich an das Erkenntnisvermögen, aber auch, als Folge davon, an jene Erweiterung des Erkenntnisvermögens, welche der Wille darstellt. Wenn das Erkenntnisvermögen den Grund-Sinn der Shahâdah erfaßt, unterscheidet es das Wirkliche vom Nicht-Wirklichen oder den «Urstoff» (Substanz) von den «Zufälligkeiten» (Akzidenzien). Wenn der Wille derselben Richtung folgt, haftet er am Wirklichen, am göttlichen «Urstoff»: Er «sammelt» sich und verleiht dem Geist seine Sammlung. Das Erkenntnisvermögen, das von der Shahâdah erleuchtet ist, hat letztlich nur

1 Die Entsprechung oder Symbolik betrifft jede Kundgabe von Eigenschaften; die Bewußtheit betrifft den Menschen, insofern er erkenntnismäßig über sich selbst hinausgehen kann, wobei sein Geist ins Absolute einmündet; das Dasein betrifft alle Dinge – qualitativ oder nicht, bewußt oder nicht – durch die einfache Tatsache, daß sie sich sozusagen vom Nichts abheben. Die Erscheinungen sind «weder Gott noch anderes als Er»; sie besitzen nichts aus sich selber, weder das Dasein noch die positiven Eigenschaften; sie sind göttliche Eigenschaften, auf täuschende Weise «zernagt» durch das – an sich nicht bestehende – Nichts, gemäß der Unendlichkeit der Allmöglichkeit.

einen Gegenstand und einen Inhalt, Allah, da die anderen Gegenstände oder Inhalte nur im Zusammenhang mit Ihm oder im Hinblick auf Ihn betrachtet werden, so daß die Vielfalt gleichsam in das Eine eingetaucht ist; das gleiche gilt für den Willen, gemäß dem, was Gott dem Geschöpf verleiht. Das «Gedenken» an Gott steht natürlich in Zusammenhang mit der Richtigkeit unseres Gottesbegriffes und der Tiefe unseres Verständnisses: Die Wahrheit, in dem Maße, in dem sie wesentlich ist und wir sie begreifen, nimmt unser ganzes Sein in Besitz und formt es um, nach und nach und in einem unstetigen und unvorhersehbaren Rhythmus. Indem sie in unserm Geist Form annimmt, «macht sie sich zu dem, was wir sind, um uns zu dem zu machen, was sie ist». Die Offenbarung der Wahrheit ist ein Mysterium der Liebe, so wie wiederum der Inhalt der Liebe ein Mysterium der Wahrheit ist.

Mit all diesen Betrachtungen sollte kein Bild der islamischen Esoterik gegeben werden, wie sie sich in ihrer historischen Entfaltung darstellt, sondern sie sollte auf ihre elementarsten Lehrsätze zurückgeführt werden, indem wir sie mit den Wurzeln des Islam in Verbindung brachten, die notwendigerweise auch die ihren sind. Es handelte sich weniger darum, zu wiederholen, was das Sufitum sagen konnte, als zu sagen, was es ist und was es bei aller Vielfalt seiner Entwicklungen niemals aufgehört hat zu sein. Diese Art, die Dinge zu sehen, hat es uns erlaubt – vielleicht zum Schaden des äußeren Zusammenhangs dieses Buches –, uns ausführlich bei den Berührungspunkten mit anderen überlieferungstreuen Sehweisen aufzuhalten und bei dem Gefüge dessen, was – um uns herum und in uns selbst – zugleich auf göttliche Weise menschlich und auf menschliche Weise göttlich ist.

*